UX/UI 디자인 워크숍 with AI

ChatGPT·Claude·NotebookLM 등
21가지 AI 도구로 완성하는
리서치·아이데이션·프로토타이핑 워크플로

UX/UI 디자인 워크숍 with AI

ChatGPT·Claude·NotebookLM 등
21가지 AI 도구로 완성하는
리서치·아이데이션·프로토타이핑 워크플로

지은이 **윤하린**

펴낸이 **박찬규**   엮은이 **윤가희**   디자인 **북누리**   표지디자인 **Arowa & Arowana**

펴낸곳 **위키북스**   전화 **031-955-3658, 3659**   팩스 **031-955-3660**

주소 **경기도 파주시 문발로 115 세종출판벤처타운 311호**

가격 **25,000**   페이지 **288**   책규격 **175 x 235mm**

초판 발행 **2025년 10월 28일**
ISBN **979-11-5839-638-1 (93000)**

등록번호 **제406-2006-000036호**   등록일자 **2006년 05월 19일**
홈페이지 **wikibook.co.kr**   전자우편 **wikibook@wikibook.co.kr**

Copyright ⓒ 2025 by 윤하린
All rights reserved.
First published in Korea in 2025 by WIKIBOOKS

이 책의 한국어판 저작권은 저작권자와의 독점 계약으로 위키북스에 있습니다.
신저작권법에 의해 한국 내에서 보호를 받는 저작물이므로 무단 전재와 복제를 금합니다.
이 책의 내용에 대한 추가 지원과 문의는 위키북스 출판사 홈페이지 wikibook.co.kr이나
이메일 wikibook@wikibook.co.kr을 이용해 주세요.

UX/UI DESIGN WORKSHOP WITH AI

UX/UI 디자인 워크숍 with AI

ChatGPT·Claude·NotebookLM 등

21가지 AI 도구로 완성하는

리서치·아이데이션·프로토타이핑 워크플로

윤하린 지음

위키북스

저·자·약·력

윤하린

HCI(Human-Computer Interaction, 인간-컴퓨터 상호작용) 분야 연구를 하며 생성 AI와 UX 디자이너가 효과적으로 협업할 수 있는 프로세스를 비롯하여 인공지능 시대에서 UX/UI 디자이너가 나아갈 방향성과 역량에 대한 통찰을 다양한 콘텐츠를 통해 전달하고 있습니다. 요즘 IT(https://yozm.wishket.com/magazine/@design_nonri/)에서 디논이라는 닉네임으로 활동하며 관련 글과 콘텐츠를 찾아볼 수 있습니다. 이전에 출간한 도서로는 『30가지 심리학 이야기로 풀어보는 UX 디자인』이 있습니다.

저·자·서·문

'AI와 협업하며 UX/UI 디자인을 할 수 있을까?'

이 질문에 답하기 위해 ChatGPT와 미드저니를 활용해 넷플릭스 모바일 앱을 리디자인한 작은 실험이 이 책의 출발점이었습니다(https://brunch.co.kr/@design-nonri/72). 이후 2년 반 동안 약 천여 명의 수강생을 온·오프라인에서 만나며 발전시켜 온 AI와의 협업 방법과 사례를 상세하게 기록했습니다.

이전에도 생성형 AI를 활용해 디자인 작업을 하는 다양한 사례가 존재했지만, ChatGPT가 등장하면서 나타난 가장 큰 변화 중 하나는 도구와의 관계가 아닐까 합니다. ChatGPT와 같은 생성형 AI는 인간이 질문을 던지면 답변을 제공할 수 있고, 이러한 대화를 통해 아이디어의 발산과 수렴을 반복하며 디자인 결과물을 도출해 나가는 과정은 마치 동료와 협업하며 팀 프로젝트를 진행하는 모습을 떠올리게 합니다. 즉, AI는 포토샵, 일러스트레이터와 같은 단순한 도구에서 한 단계 더 나아가 디자인 전 과정에서 인간의 업무를 지원하는 협업 파트너의 역할을 할 수 있게 되었습니다.

이로 인해 디자인 프로세스에도 변화가 나타났습니다. 이제 인간이 문제 발견부터 아이디어 도출, 결과물 제작까지 모든 과정을 직접 수행하는 것이 아니라, AI에 적절한 프롬프트를 입력하고 그 답변을 검증하며 의사결정을 내려 다음 단계로 나아가는 협업 사이클을 기반으로 작업이 이루어집니다. 그 결과 이전보다 훨씬 빠르게 초기 스케치를 만들고, 다양한 아이디어와 시안을 탐색할 수 있는 가능성이 커졌습니다. 또한 툴 사용에 능숙하지 않더라도 누구나 머릿속 아이디어를 쉽게 시각화해 전달할 수 있으며, 방대한 자료를 검토하는 작업도 훨씬 수월해졌습니다.

이러한 장점에도 불구하고, 인공지능은 인간의 지능을 구현하려는 본질적인 목적 때문에 종종 인간의 일자리를 위협하는 존재로 인식되기도 합니다. 그러나 이 책의 1장에서 살펴보듯, 기술 발전으로 사라지는 일자리 뒤에는 반드시 새롭게 생겨나는 일들이 존재합니다. 결국 그 새로운 일들을 얼마나 효과적으로 소화하느냐에 따라 새로운 시대에 적응할 수 있는 역량이 결정될 것입니다. 예를 들어, 이제 디자이너에게는 AI가 분석한 데이터를 검증하고, 빠르게 생성된 수많은 아이디어를 평가하며,

저·자·서·문

어떤 방향으로 문제를 풀어갈지 결정하는 역할이 필수적으로 요구됩니다. 이러한 역할은 기술이 고도화될수록 오히려 더 확장되고, 인간과 기술이 공존할 수 있는 방향으로 발전해 나갈 것입니다.

그래서 이 책은 단순히 AI 도구의 사용법을 설명하는 데 그치지 않고, 새로운 동료와 어떻게 협업할 수 있는지에 초점을 맞추고 있습니다. 기술은 앞으로도 끊임없이 발전할 것이며, 새로운 도구 역시 계속 등장할 것입니다. 그렇기에 어떤 AI 도구가 등장하더라도 적용할 수 있는 협업 방식, 태도, 프로세스에 대해 이야기하고자 했습니다. 특히 AI와의 커뮤니케이션에서 가장 중요한 프롬프트 작성 방법, 그리고 AI의 답변을 무조건 수용하기보다 비판적으로 검토하고 검증해야 하는 이유를 다룹니다. 더불어 디자이너라면 주목해야 할 AI 트렌드 이슈들을 소개하고, 앞으로 예상되는 변화와 AI와 공존하기 위해 고려해야 할 질문들도 던집니다. 이러한 내용들이 앞으로 등장할 새로운 AI 기술과의 협업에도 폭넓게 적용될 수 있는 주춧돌이 되기를 바랍니다.

01. 오리엔테이션 — 1

1.1 인공지능과 디자인 — 2
- 1.1.1 디자이너가 AI 활용을 배워야 하는 이유 — 2
- 1.1.2 생성형 AI의 개념과 디자인 분야에서의 활용 현황 — 5

1.2 AI와 UX 디자이너의 협업 — 7
- 1.2.1 UX 실무자들이 생각하는 AI와의 협업 — 8
- 1.2.2 AI를 사용할 때 꼭 알아야 할 한 가지: 사실 검증 — 13
- 1.2.3 AI와의 협업을 위한 프로젝트 주제 선정 방법 — 23
- 1.2.4 앞으로 사용할 AI 도구의 종류 — 24

02. UX 디자이너와 AI의 협업 과정: 데스크 리서치 — 27

2.1 프롬프트 엔지니어링 — 28
- 2.1.1 구체적인 조건 작성하기 — 29
- 2.1.2 필요한 조건에 대한 정보 얻기 — 31
- 2.1.3 맥락 제시하기 — 33
- 2.1.4 전문 용어에 대한 정의를 사전에 제시하기 — 38
- 2.1.5 하이퍼파라미터 튜닝하기 — 40
- 2.1.6 특정 정보 제외하기 — 44
- 2.1.7 추가 프롬프트를 입력하여 원하는 답변 얻기 — 46
- 2.1.8 딥 리서치(Deep Research)를 제대로 활용하기 위한 프롬프트 작성법 — 47

2.2 디지털 에스노그라피와 소셜 리스닝 — 57
- 2.2.1 에스노그라피 — 57
- 2.2.2 소셜 리스닝 (1) – Perplexity — 59
- 2.2.3 소셜 리스닝 (2) – Listly와 Claude — 64

03. UX 디자이너와 AI의 협업 과정: AI 사용자 인터뷰   71

3.1 가상의 AI 퍼소나 인터뷰 – GPTs   72
- 3.1.1 가상의 AI 퍼소나 대상 자동 인터뷰 생성   73
- 3.1.2 가상의 AI 퍼소나 대상 직접 인터뷰 진행   79

3.2 AI 퍼소나와 인터뷰하기 – Synthetic Users   84
- 3.2.1 로그인 및 인터뷰 종류 선택   85
- 3.2.2 인터뷰 배경 및 퍼소나 정보 입력하기   85
- 3.2.3 가상의 사용자 인터뷰 결과 확인하기   89
- 3.2.4 AI 가상 인터뷰 결과를 책임감 있게 사용하는 방법   92

3.3 클론 AI 인터뷰   95
- 3.3.1 GPT 장기 기억 데이터로 클론 AI 만들기   97
- 3.3.2 내면 탐구 인터뷰를 통한 클론 AI 만들기   106

04. UX 디자이너와 AI의 협업 과정: UX 모델링   117

4.1 어피니티 다이어그램   118
- 4.1.1 어피니티 다이어그램 준비하기   119
- 4.1.2 어피니티 다이어그램 정리하기 (1) – GPT 4o   121
- 4.1.3 어피니티 다이어그램 정리하기 (2) – NotebookLM   123
- 4.1.4 인터뷰 데이터 분석하기 – Lilys AI   125

4.2 사용자 모델링: 유저 퍼소나   128
- 4.2.1 최종 퍼소나 설정하기   130
- 4.2.2 퍼소나 이미지 생성하기   132
- 4.2.3 서비스 링크 기반 퍼소나 생성하기   136
- 4.2.4 퍼소나 생성을 통해 마케팅 전략 세우기   140

4.3 경험 모델링: 유저 저니맵   145
- 4.3.1 유저 저니맵 내용 생성하기 (1) – GPT-4o   146
- 4.3.2 유저 저니맵 내용 생성하기 (2) – GPTs   150
- 4.3.3 수정과 공유가 가능한 표로 만들기   153

4.3.4 유저 저니맵 시각화하기 (1) –
GPTs(Mermaid Chart, Diagram Show Me)   155

4.3.5 유저 저니맵 시각화하기 (2) –
GPTs(User journey map maker, UX GPT)   159

4.3.6 유저 저니맵 시각화하기 (3) – Claude   163

4.4 UX 모델링 템플릿   165

4.4.1 미로(Miro)   165

4.4.2 피그잼(Figjam)   167

05. UX 디자이너와 AI의 협업 과정: 프로토타이핑 및 테스트   171

5.1 스토리보드 제작   172

5.2 AI를 활용한 프로토타이핑   174

5.2.1 솔루션 도출부터 시각화까지: Claude   177

5.2.2 웹 페이지 생성 AI: Relume, Readdy   183

5.2.3 모바일 프로토타이핑 AI: Galileo AI, Motiff   188

5.2.4 UI 화면 복제 AI: Codia, Visily AI   195

5.2.5 노코드 웹/앱 개발 AI: Bolt.new   201

5.3 프로토타입 고도화 : 디자인 애셋 생성   204

5.3.1 구글 확장 프로그램, AIPRM : 텍스트로 프롬프트 생성   206

5.3.2 구글 확장 프로그램, AIPRM : 이미지로 프롬프트 생성   207

5.3.3 midjourney : 텍스트와 이미지 프롬프트를 조합하여
디자인 애셋 생성   209

5.4 AI를 활용한 테스트   210

5.4.1 사용성 테스트 – Klever   210

5.4.2 시선 추적 – Attention Insight   214

5.4.3 A/B 테스트 – GPT 4o, Rapid A/B 테스트   220

5.4.4 UI 개선 피드백 – ChatGPT   225

목 · 차

06. 디자이너가 꼭 알아야 할 AI 트렌드 — 228

6.1 아첨하는 AI와 적대적 AI — 229
- 6.1.1 친밀한 AI, 아첨의 위험 — 230
- 6.1.2 적대적 AI vs. 아첨형 AI — 232

6.2 사용성 테스트에 참여하는 AI — 234
- 6.2.1 토스의 휴리봇 사례 — 234
- 6.2.2 인간 사용자와 유사하게 답변하도록 만드는 프롬프트 — 237

6.3 포커스 그룹 인터뷰: AI 에이전트 간의 협업 — 238
- 6.3.1 AI 에이전트 간의 소통과 협업 — 238
- 6.3.2 AI 에이전트 토론시키기 — 242

6.4 바이브 코딩: AI 에이전트 토론 프로그램 만들기 — 246
- 6.4.1 CLI 기반 프로그램 만들기 — 246
- 6.4.2 GUI 기반 프로그램 만들기 — 249
- 6.4.3 바이브 코딩 시대에 요구되는 역량 — 251

6.5 미래의 디지털 인터페이스 변화: 더 이상 앱이 필요 없는 시대 — 252

6.6 Figma Make로 주간회고 서비스 만들기 — 254
- 6.6.1 Figma Make 기본 사용법 — 256
- 6.6.2 Figma Make로 주간 회고 프로그램 만들기 — 258
- 6.6.3 Figma Make의 한계와 활용법 — 266

6.7 윤리적 이슈를 고려한 AI와 디자이너의 파트너십 — 270
- 6.7.1 UX 디자이너와 AI의 협업 과정에서 발생하는 윤리적 이슈 3가지 — 271
- 6.7.2 AI와 윤리적으로 협업하기 위해 UX 디자이너에게 요구되는 새로운 역할 3가지 — 274

01

오리엔테이션

1.1 _ 인공지능과 디자인
1.2 _ AI와 UX 디자이너의 협업

1.1 _ 인공지능과 디자인

최근 급속도로 발전하고 있는 AI 기술은 디자이너에게 새로운 도전이자 기회로 다가오고 있다. 그렇다면 왜 지금, 디자이너는 AI를 익히고 활용해야 할까? 그 이유를 구체적인 사례를 통해 살펴보고 디자인 분야에서의 인공지능 활용 현황에 대해 알아보자.

1.1.1 디자이너가 AI 활용을 배워야 하는 이유

디자이너가 왜 AI를 배워야 할까? ChatGPT(챗지피티)는 2022년 말 출시되어, 2023년 초부터 국내에서 본격적으로 활용되기 시작했다. 당시 많은 사람이 공통적으로 이런 질문을 던졌다.

> "AI 시대에 내가 살아남을 수 있을까?"
> "AI를 써보니 이것저것 참 잘 해주던데,
> 결국 내 일자리를 빼앗아 가는 것 아닐까?"
> "나는 이제 뭘 먹고 살아야 하지?"

GPT 출시 초창기에는 이러한 고민이 담긴 질문을 많이 받았다. 인터넷에서도 'UX/UI 디자이너가 AI나 ChatGPT로 대체될 확률이 클까요?', '몇 십 년 후에라도 UX/UI 디자이너가 AI로 대체될 가능성이 있다면 배우지 않으려고요'와 같은 고민을 담은 글들을 쉽게 찾아볼 수 있었다. 실제로 오프라인 워크숍에서 실무자들에게 이러한 질문에 어떻게 답할 것인지 물어보면, 많은 이들이 '그래도 배워보라고 추천하고 싶다'고 선뜻 대답하지 못한다. 더불어 실무자들과 AI를 활용한 실험을 진행한 후 소감을 나누는 자리에서 "이제 다른 직업을 찾아봐야겠다"고 말하는 사람들도 있었다. 이 책을 읽는 독자라면 한 번쯤 비슷한 생각을 했을지도 모른다.

하지만 여기 우리가 놓치고 있는 중요한 사실이 있다. AI 기술이 등장하기 이전에도 이와 비슷한 사례는 역사적으로 반복되어 왔다. 예시를 하나 들어보자. 1830년대는 사진기가 처음 세상에 모습을 드러낸 시기다. 당시 가장 큰 타격을 받은 직업은 다름 아닌 화가였다. 당시 화가의 주된 역할은 세상을 있는 그대로 재현하는 그림을 그리는 것이었다. 그러나 사진기라는 기계의 등장으로, 아무리 뛰어난 화가라 할지라도 현실을 사실적으로 재현하는 능력에서는 사진기를 따라갈 수 없었다. 그 결과 사람들은 '이제 화가라는 직업은 사라지겠구나'라고 생각하게 되었다. 하지만 현실은 정반대였다. 화가는 오히려 그 영역을 넓혀갔다. 단순히 현실 재현에 머무르지 않고, 화가 개인의 창의성을 발휘하는 '추상화'라는 장르가 본격적으로 번영하기 시작했다.

이번에는 1970년대로 가보자. 이 시기에는 은행 ATM이 세상에 처음 모습을 드러냈다. 당시 은행원의 주요 업무가 단순 출납이었기 때문에 ATM 도입 직후 많은 이들이 '은행원이 사라질 것'이라 예측했다. 하지만 실제로는 ATM이 단순 출납 업무를 대신하면서, 은행원의 역할이 고객 상담, 카드 발급, 대출, 투자 등 다양한 금융 상품을 안내하는 방향으로 확대됐다.

기술의 등장으로 인간의 역할이 줄어들 것이라고 생각하기 쉽다. 기술이 업무의 일부를 대신하면, 결국 모든 일을 빼앗길 것이라고 생각하기 때문이다. 그러나 앞서 살펴본 화가와 은행원의 사례에서 알 수 있듯이, 기술은 인간의 역할을 완전히 대체하기보다는 오히려 확장하는 방향으로 작용하는 경우가 많다.

이러한 경향은 디자인 분야에서도 마찬가지로 나타난다. 1990년대로 가보자. 이 시기는 디자인 소프트웨어가 본격적으로 등장한 시기였다. 그 이전까지 디자이너들은 연필, 종이, 자와 같은 물리적 도구를 활용하여 작업했다. 하지만 포토샵, 일러스트레이터, 인디자인 등 컴퓨터 기반 디자인 툴이 등장하면서 이러한 소프트웨어를 다루는 방향으로 디자이너의 역할이 확장됐다.

그리고 2023년에는 생성형 AI 기술이 본격적인 상용화 단계에 접어들었다. ChatGPT가 처음 등장했을 때 단 5일 만에 사용자 100만 명, 두 달 만에 1억 명을 확보하며 엄청난 반향을 일으켰다. 그 후 AI의 활용 범위는 무궁무진하게 넓어졌고, GPT 외에도 수많은 AI 기술이 쏟아져 나오며 빠르게 발전했다. 지금은 GPT-5, Claude(클로드), Grok-3(그록-3), DeepSeek(딥시크) 등 다양한 고도화된 AI 모델들을 활용할 수 있다. ChatGPT가 출시되고 2년이 채 지나지 않아 AI가 특정 지능 검사에서 대한민국 평균 IQ를 넘어섰다는 이야기도 나왔다. 참고로, 대한민국은 전 세계에서 IQ가 다섯 번째로 높은 나라로 알려져 있다. 이를 통해 AI가 인간의 지능을 빠르게 따라잡고 있다는 점을 엿

볼 수 있다. 더불어 AI 모델 사용료가 점점 낮아지고 있는데, 이는 AI 기술에 대한 접근성과 진입 장벽이 낮아졌음을 의미한다.

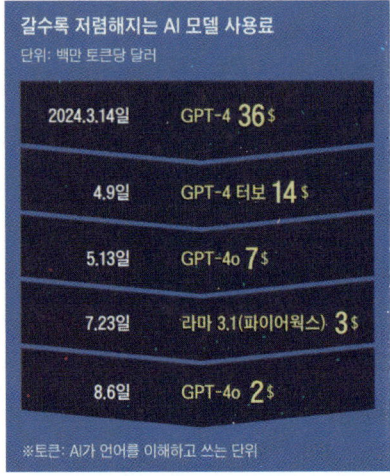

그림 1.1 갈수록 저렴해지는 AI 모델 사용료[1]

이로써 이제는 소프트웨어 도구는 물론, 다양한 AI 도구를 활용하여 디자인 작업을 수행하는 시대가 되었다. 이는 디자이너의 역할이 다시 한번 확장되었음을 의미한다. 불과 2년 전에는 상상하기조차 어려웠던 변화가 현실이 되어, 우리는 지금 다양한 AI 도구를 실무에 활용하고 있다. 따라서 디자이너는 이러한 AI 도구를 능숙하게 다룰 수 있는 역량을 갖춰야 한다. 물론 창작자로서 AI에게 일자리를 위협받을 수 있다는 불안감이 존재하는 것 또한 부정할 수 없는 현실이다. GPT가 작가로 등단하여 저작권 논란을 일으킨 사례나, AI가 그린 그림이 미술대회에서 수상했다는 뉴스는 이러한 불안감을 더욱 고조시킨다. 결국 이러한 논란 역시 '직업을 빼앗길 수 있다'는 위협감에서 비롯된 것이다.

하지만 AI 기반 UX 디자인 워크숍 커리큘럼을 고스란히 담은 이 책의 내용을 따라 AI를 직접 활용해보면 알 수 있듯이, AI가 모든 작업을 자동으로 처리하는 듯 보여도 그 이면에는 사람의 '디렉팅'이 반드시 필요하다. 가령 프롬프트를 입력하고, 다양한 결과물 중 가장 적합한 것을 선택하며, 필요에 따라 AI에게 수정을 재차 요청하는 모든 과정은 사

---

1 https://www.chosun.com/opinion/specialist_column/2024/10/02/7R77FHY5MFEEDPJWEZMXINXE7E/

람이 결정하고 주도한다. 다시 말해, 인간이 수행해야 할 영역이 완전히 소멸되지는 않는다는 것이다. 그러므로 AI와 협업하는 방법, 나아가 AI를 어떻게 효율적으로 활용할 수 있을지를 익히는 것이 중요하다. 실제로 GPT 출시 이후 거의 모든 산업 분야에서 AI의 활용 방안에 대한 논의가 활발히 전개되고 있다. 이제 어떤 분야에서 어떤 직무를 맡든 가장 중요한 역량은 AI를 효과적으로 활용하는 능력일 것이다.

한편 현재로서는 AI가 인간을 완전히 대체할 가능성은 낮을 것으로 보인다. 맥킨지의 조사에 따르면, 총 800개 직업, 2000개 직무를 분석한 결과 약 45퍼센트만이 AI로 자동화될 수 있다고 한다. 나머지 55%는 여전히 인간의 손길이 필요하다는 의미이다. 더욱이 기술 발전으로 인간의 역할이 오히려 확장된다는 점을 감안하면 앞으로 인간이 수행해야 할 업무는 줄어들기보다 오히려 늘어날 가능성이 크다.

> "앞으로 모든 직업은 AI에 의해 대체되는 것이 아니라,
> 'AI를 잘 다루는 사람'에 의해 대체될 것이다."

이런 이야기가 있는 것처럼 AI가 내 직업을 대체하거나 일자리를 빼앗을까 걱정하기보다는 AI를 어떻게 활용하여 업무 효율을 높일 수 있을지 고민하는 편이 훨씬 더 도움이 될 것이다.

1.1.2 생성형 AI의 개념과 디자인 분야에서의 활용 현황

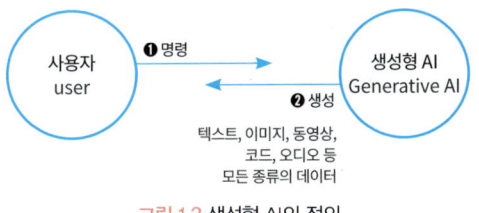

그림 1.2 생성형 AI의 정의

생성형 AI, 즉 제너레이티브 AI(Generative AI)의 개념은 이제 대부분 익숙하게 알고 있을 것이다. 정확히 말하자면, 생성형 AI는 사용자가 내린 명령에 따라 텍스트, 이미지, 동영상, 코드, 오디오 등 다양한 형태의 데이터를 생성하는 AI 기술을 뜻한다. 말 그대

로 무언가를 '생성'한다는 개념에서 비롯된 이 기술은, 사실 ChatGPT 등장 이전부터 여러 분야에서 활용되어 왔다. 예를 들어, 공항에서 얼굴 인식을 통해 게이트가 자동으로 열리는 시스템을 흔히 접할 수 있다. 이 시스템은 여러 각도에서 촬영된 승객 이미지를 입력받아, AI가 정면 사진을 새롭게 생성한다. 또한, X-ray 촬영 시 신체 내부의 스케치 이미지를 입력하면 AI가 더욱 선명하고 정확한 단일 이미지를 생성하는 방식도 활용된다. 텍스트 생성 기술도 다양한 방식으로 활용 중이다. 예를 들어 광고나 마케팅 캠페인을 진행할 때 클라이언트 정보를 입력하면, 그에 맞는 맞춤형 마케팅 메시지를 생성하는 것도 가능하다.

디자인 분야에서는 어떨까? 로고 디자인의 경우, 브랜드 이름이나 콘셉트 정보를 텍스트로 입력하면 이에 맞는 다양한 로고 디자인 시안을 자동으로 생성해주는 기술이 활용되고 있다. 제품 디자인에서는 설계 변수와 조건을 입력하면 그에 맞는 설계 옵션을 제안하거나 생성하는 방식이 사용된다. 패션 디자인에서도 콘셉트를 텍스트로 입력하면 이에 맞는 패션 이미지나 패턴 이미지를 생성하는 기술이 활용된다.

디자인 분야에서 AI는 단순히 결과물을 생성하는 데 그치지 않고, 인간과 반복적으로 상호작용하는 방식으로 활용 범위가 확장된다. 예를 들어, 인간이 프롬프트를 입력하면 AI가 결과물을 생성하고, 이를 인간이 확인한 후 다시 프롬프트를 입력해 수정하는 과정을 반복한다. AI가 생성한 디자인은 디테일이 부족할 수 있다. 따라서 인간은 콘셉트를 발전시키며 최종 결과물을 다듬고, AI는 수정 가능한 초안을 지속적으로 생성하며 서로의 강점을 활용하는 방식으로 협업할 수 있다.

이와 관련해 흥미로운 사례가 있다. 2022년 2월, 뉴욕 패션위크에서 AI 아티스트 '틸다'와 인간 디자이너가 협업한 사례다. 틸다는 LG의 초거대 AI '엑사원'을 기반으로 만든 AI 아티스트다. 인간 디자이너가 "무엇을 그리고 싶니?", "금성에 꽃이 핀다면 어떤 모습일까?"와 같은 질문을 하면, 틸다가 이미지를 생성하고 이를 디자이너가 보완해 의상을 제작한다. 뉴욕 패션위크 작업 당시, 틸다와 함께 기후 변화 위기와 지구 온난화 문제에 대해 대화하며 아이디어를 도출했지만, 항상 1~2퍼센트가 부족했다고 한다. 틸다가 제시한 아이디어가 매우 창의적이었지만, 세상에 존재하지 않는 콘셉트라 지나치게 난해했기 때문이다. 결과물을 더 친숙하게 만들기 위해 대화를 이어갔지만, AI인 틸다는 '친숙함'이라는 개념을 이해하지 못해 사람들에게 공감받는 아이디어로 발전시키지 못했다. 결국 고민 끝에 인간이 '밀리터리'라는 큰 틀의 콘셉트 키워드를 제시하자, 비로소 현실성과 창의성을 모두 갖춘 콘셉트가 도출되었다고 한다. 이 사례는 AI가 아무리 빠르게 다양한 아이디어를 생성하더라도, 인간의 디렉팅이 반드시 필요함을 보여준다. 결국 창의성과 방향성을 정하는 최종 결정권은 인간에게 있다는 점에서, AI는 보조자 또는 협력자 역할을 하게 된다.

이 책의 실습을 직접 해보면, 지금 여기서 하는 이야기를 체감할 수 있을 것이다. 모든 작업 단계마다 직접 의사결정을 해야 하는 순간이 있다. 따라서 AI와 팀 프로젝트를 진행하더라도 주도권은 항상 인간에게 있다는 점을 반드시 기억해야 한다.

지금까지 로고 디자인, 제품 디자인, 패션 디자인 등 다양한 사례를 통해 AI의 역할을 살펴봤다. 그렇다면 UX/UI 디자인 분야는 어떨까? ChatGPT가 등장하기 전까지 UX/UI 디자인 분야에서는 AI 활용 사례가 많지 않았다. 사례가 있더라도 대부분 UI 디자인 작업의 일부에 국한되어 있었고, UX 설계 과정 전반에 AI를 적용한 사례는 드물었다. UX/UI 디자인 작업은 사용자 리서치부터 데이터 분석, 인사이트 도출, 시각적 결과물 제작까지 매우 복잡한 과정을 거치기 때문이다. 이러한 특성으로 인해 과거에는 AI 활용 범위가 제한적일 수밖에 없었다.

하지만 ChatGPT의 등장으로 상황이 바뀌었다. ChatGPT 출시를 기점으로 다양한 생성형 인공지능 기술이 쏟아져 나오기 시작했고, 이제는 UX 디자인 프로세스에서 활용 가능한 AI 도구도 크게 늘었다. 범용 AI 도구라도 활용 방식에 따라 적용 가능한 분야는 달라질 수 있다. 이에 따라 이 책의 2장부터는 현존하는 생성형 AI 기술을 UX/UI 디자인 작업에 적용할 수 있는 다양한 방법과 그 결과를 비교하며 소개할 것이다.

1.2 _ AI와 UX 디자이너의 협업

이제부터는 실제 UX 디자이너들이 AI와 협업하면서 느낀 효과와 한계, 그리고 실무에 AI를 효과적으로 적용하기 위한 방법들을 살펴본다. 다양한 프로젝트 사례와 워크숍을 통해 도출된 경험과 인사이트를 중심으로 실질적인 협업 방식에 대해 알아보자.

1.2.1 UX 실무자들이 생각하는 AI와의 협업[2,3]

일반적으로 많이 사용되는 더블 다이아몬드(Double Diamond) 디자인 프레임워크[4]와 아이디오(IDEO)[5]의 디자인 싱킹(Design Thinking) 프로세스[6]를 비교해보면, 공통으로 세 단계를 중심으로 구성되어 있음을 알 수 있다. 첫째, 문제를 인식하는 단계, 둘째, 해결 방안을 도출하는 단계, 셋째, 솔루션을 구현해 최종 결과물을 산출하는 단계다.

UX 디자이너가 생성형 AI와 협업할 때도 이러한 흐름을 그대로 따른다. 다만 AI와의 협업을 위해 각 단계에서 '입력 → 생성 → 의사결정'이라는 작업 사이클이 반복된다. 예를 들어, 사용자가 AI에게 프롬프트를 입력하면 AI는 그에 따라 결과물을 생성한다. 생성된 결과물을 검토한 후, 사용자는 추가 프롬프트를 입력할지, 특정 결과를 선택해 다음 단계로 넘어갈지 결정한다. 의사결정에 따라 프롬프트를 수정하고, 새로운 결과물을 생성하고, 이를 다시 평가하는 과정을 반복한다.

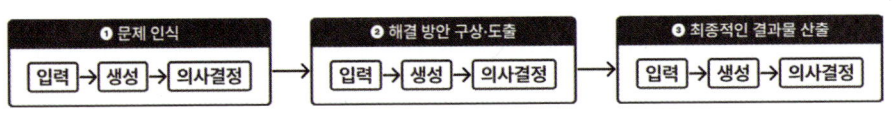

그림 1.3 AI와 UX 디자이너의 협업 프로세스

결과적으로 전체 프로세스를 하나의 흐름으로 정리하면, '문제 인식 → 해결 방안 도출 → 결과물 산출'이라는 세 단계 안에서 AI에게 입력하고 생성 결과를 확인하며 의사결정을 반복하는 협업 사이클이 포함된 구조라고 할 수 있다. 이러한 모델은 리디자인이나 신규 서비스 기획 등 어떤 주제와 방향을 선택하든, AI와 협업하는 프로젝트라면 동일하게 적용된다.

---

2 윤하린, & 전수진. (2023). 효과적인 공동창작을 위한 Uxer-AI 협업 모델 제안. 한국디자인학회 학술발표대회 논문집, 94-99.

3 Yoon, H., Oh, C., & Jun, S. (2024, May). How can I trust AI?: Extending a UXer-AI collaboration process in the early stages. In Extended Abstracts of the CHI Conference on Human Factors in Computing Systems (pp. 1-7).

4 더블 다이아몬드(Double Diamond) 프레임워크: 아이디어 발산(확장)과 수렴(집중)을 반복하며 문제를 해결하는 과정을 구조화한 프레임워크다. 문제를 발견하고(Discover), 정의하며(Define), 해결책을 개발하고(Develop), 최종 결과물을 전달하는(Deliver) 네 단계로 구성되며, 상황과 환경에 따라 발산과 수렴 단계가 추가될 수 있다.

5 아이디오(IDEO): 인간 중심 디자인(Human-centered Design)을 지향하는 세계적인 디자인 컨설팅 기업이다.

6 디자인 싱킹(Design Thinking) 프로세스: 사용자 관점에서 디자인적 사고로 문제를 해결하는 프로세스이다. 일반적으로 공감(Empathize), 문제 정의(Define), 아이디어 도출(Ideate), 프로토타입 제작(Prototype), 테스트(Test) 단계로 구성된다.

예를 들어 2023년 초 GPT가 출시된 직후에는 활용 가능한 생성형 AI 도구가 많지 않아, 주로 GPT와 미드저니만 사용해 문제를 정의하고 솔루션을 도출한 뒤, 프로토타입을 제작하는 방식으로 진행되었다. UI를 자동으로 생성해 주는 AI가 없었기 때문에 미드저니로 이미지 시안을 만든 후, 이를 바탕으로 와이어프레임을 구성하고 디자인을 완성하는 방식이었다. 이처럼 사용할 수 있는 AI 도구의 수와 종류가 제한적이더라도 앞서 소개한 협업 모델을 따라 모든 디자인 단계에서 AI와 함께 작업을 수행할 수 있었다. 그렇다면 UX/UI 디자인 실무자들은 이 프로세스를 따라 AI와 협업했을 때 어떤 생각을 했을까?

먼저 실무자들이 AI와의 협업 과정 중 어떤 부분에서 가장 큰 효과를 체감했는지 살펴보자. 가장 많이 언급된 효과는 단연 '시간 단축'이었다. 이는 다양한 인공지능 기술을 접해 본 사람이라면 어느 정도 예상할 수 있는 결과이기도 하다. AI와의 협업을 경험한 실무자들 모두가 기존의 디자인 프로세스보다 작업이 훨씬 더 빠르게 진행되었다는 점을 공통으로 강조했다. 이러한 시간 단축의 주요 원인 중 하나로 소통 시간 단축이 꼽혔다. 사람 간 커뮤니케이션은 비언어적 표현, 중복 설명, 정리되지 않은 표현 등으로 인해 시간이 오래 걸리는 경우가 많다. 반면 AI는 구조화되고 명확한 응답을 빠르게 제공하기 때문에 작업 간 소통 시간이 크게 단축된다. 그 외에도 아이디어 도출 단계에서는 제한된 시간 안에 훨씬 더 많은 아이디어를 생성할 수 있었고, 예상치 못한 창의적 결과물이 도출되었다는 점에서 매우 유용하다는 평가를 받았다.

두 번째로 많이 언급된 효과는 '비용 절감'이다. 시간적 비용뿐 아니라, 경제적 비용도 절감된다는 의견이 많았다. AI는 솔루션을 도출하고 이를 구현하는 데 필요한 시간, 비용, 인력 등 다양한 측면에서 디자인 자원의 소모를 최소화할 수 있기 때문이다. 이에 따라 실무자들은 '앞으로 AI는 기업에서 반드시 활용하게 될 것'이라는 전망을 내놓기도 했다.

또한 기존에 2~3명이 수행하던 업무를 사람 1명과 AI의 협업만으로도 처리할 수 있게 되면서 인력 감축과 그에 따른 비용 절감 효과에 대한 논의도 있었다. 이는 1인 기업이나 프리랜서처럼 혼자 일하는 사람들에게 큰 장점으로 작용할 것이라는 의견과 연결된다.

세 번째로 언급된 효과는 '작업 효율 증대'이다. 시간과 비용은 줄어드는 반면, 결과물의 창의성, 객관성, 다양성은 오히려 증가해 전체적인 작업 효율이 크게 향상될 것이라고 예측한 실무자들이 많았다. 특히 아이디어 창출 단계에서는 인간이 직접 떠올리기 어려운 다양한 관점의 결과물을 짧은 시간 안에 생성할 수 있어, 디테일한 측면에 더 많은 시간을 투입하여 전체적인 디자인 퀄리티를 높일 수 있을 것이라는 의견이 있었다.

AI가 반복적이고 신속한 생성 작업을 지원하면서 인간은 더 섬세하고 정교한 영역에 집중할 수 있게 되었다. 이러한 분업 구조가 결과물의 전반적인 품질 향상으로 이어졌다는 평가도 있었다. 이와 같은 효과는 이후 워크숍에서도 지속적으로 언급되었다. 예를 들어, 2023년 여름 오프라인 AI-UX 워크숍 참가자들은 시간 대비 효율성을 높게 평가했으며, 리서치 단계에서 정보 수집 속도를 획기적으로 줄일 수 있었다고 말했다. 당시 해당 팀은 스포티파이를 주제로 리디자인 프로젝트를 진행했으며, 기존 UI의 문제점을 빠르게 분석하고 개선안을 도출하는 데 AI를 적극 활용했다. 이 과정에서 한 참가자는 "AI가 현재 스포티파이 UI의 문제점을 놀라울 정도로 정확히 파악하더라고요."라고 말하며 놀라움을 표했다. 실제로 최신 GPT 모델은 웹 브라우징 기능을 통해 최신 정보를 실시간으로 검색하고 반영할 수 있어 정보의 시의성과 정확성 측면에서도 한 단계 더 향상되었다고 볼 수 있다.

지금까지 설명한 내용을 정리하면, 실무자들은 시간 단축, 비용 절감, 작업 효율 증대라는 세 가지 측면에서 생성형 AI의 효과를 뚜렷하게 체감했으며, AI를 활용한 협업 방식이 실무에 긍정적인 영향을 미친다는 점을 직접 경험했다. 이후 AI 기술이 발전함에 따라 솔루션 도출, 프로토타입 생성 등 후속 단계에서도 활용 가능한 도구들이 대거 등장했고, 이에 따라 더 많은 작업을 AI와 함께 수행할 수 있게 되어 이러한 효과는 더욱 극대화될 것이라 예상된다.

그러나 모든 점이 긍정적인 것은 아니었다. 그렇다면 실무자들이 AI와 협업하면서 느낀 한계점, 즉 협업을 방해하는 요소들에는 어떤 것이 있었을까? 여기서 '협업 방해 요소'란 AI 사용 과정에서 발생하는 불편함이나 한계가 결과적으로 협업의 질과 효율성에 부정적인 영향을 주는 것을 뜻한다. 이러한 요소들은 AI 사용 과정에서 발생하는 페인 포인트이자, 실무에 AI를 안정적으로 도입하기 위해 극복해야 할 과제들이다.

협업을 방해하는 요소는 총 8가지로, UX 디자인 실무자 30명을 대상으로 진행한 워크숍과 포커스 그룹 인터뷰를 통해 도출했다.

표 1.1 UXer-AI 협업 방해 요소 8가지

구분	UXer-AI 협업 방해 요소	내용
AI가 아직 익숙하지 않아서 나타나는 어려움	프롬프트 입력의 어려움	원하는 결과물을 얻기 위한 프롬프트 작성이 어렵다.
	결과물 생성에 대한 부담	비슷한 도구를 사용했음에도 결과물의 질적 차이가 커서 '나는 왜 원하는 대로 결과가 안 나올까?'라고 고민하는 모습이 관찰되었다.
	도구 선택의 어려움	다양한 생성형 AI 도구의 특징을 파악하지 못해 목적에 맞는 도구를 선택하는 데 어려움을 겪는다.
실무에서 AI를 사용할 경우, 회사 내부 지원이 필요한 문제	재정적 부담	무료 서비스와 유료 서비스 간 결과물 품질 차이가 커 유료 서비스 구매에 대한 재정적 부담을 느낀다.
	보안 우려	접속이 차단된 도구를 업무 환경에서 사용하는 것에 대한 우려가 있으며, 대체 도구를 찾으려는 시도가 관찰되었다.
UX 디자인 작업에 가장 치명적인 영향을 주는 방해 요소	할루시네이션	답변의 사실 여부나 할루시네이션 발생 여부를 확인할 수 있는 방법에 대한 질문이 다수 제기되었다.
	신뢰도 저하	근거 자료 부재로 인한 출처 불분명 및 답변 신뢰도에 대한 우려가 있다.
	의사결정의 어려움	근거 자료가 없는 상태에서는 신뢰할 만한 답변을 선별하기 어려워 의사결정에 어려움이 발생한다.

첫 번째로 가장 많이 언급된 어려움은 프롬프트 입력이었다. AI와의 협업에서 가장 핵심은 프롬프트 입력이지만, 많은 실무자가 '프롬프트를 어떻게 써야 할지 모르겠다'는 혼란을 겪었다. 특히 키워드를 너무 많이 입력하면 오히려 원하는 결과가 반영되지 않는 경우가 있었고, 동일한 프롬프트를 입력했는데도 결과물 간 편차가 커서 좌절을 느꼈다는 의견도 있었다.

또한 다양한 AI 도구가 존재하다 보니 '어떤 도구를 선택해야 할지에 대한 판단' 역시 실무자들에게 또 다른 고민거리로 작용했다. 각 도구의 특징이나 기능이 명확하게 구분되지 않아 실제 프로젝트에 어떤 도구가 가장 적합한지 판단하기 어렵다는 것이다.

이처럼 프롬프트 입력이나 결과물 생성, 적절한 도구 선택과 같은 어려움은 모두 AI 사용에 익숙하지 않기 때문에 발생하는 어려움으로 해석할 수 있다. 실제로 워크숍과 강의를 통해 다양한 AI 도구를 직접 사용해보면서 이러한 어려움은 점차 완화되는 경향을 보였다. 프롬프트 입력에도 점점 익숙해지고, 각 도구 간의 차이점과 특징을 점차 이해하게 되면서 사용 경험이 개선된 것이다.

다음으로 재정적 부담과 보안 문제에 대해 살펴보자. 재정적 부담은 무료와 유료 서비스 간의 결과물 품질 차이에서 비롯된다. AI가 등장한 초기에는 대부분의 도구가 무료로 제공되어 부담 없이 사용할 수 있었지만, 시간이 지나면서 유료 모델이 등장하고 이들 간의 성능 차이가 뚜렷해지기 시작했다. 그 결과, 실제로 비용을 지불하고 AI를 사용해야 할지에 대한 고민이 생겨났다.

보안 문제는 특히 기업 환경에서 AI 도구를 사용할 때 발생한다. 실제로 기업 교육을 위해 회사를 방문했을 때 특정 AI 도구에 대한 접속이 차단된 사례도 있었다. 이러한 상황에서는 AI 도구를 사용하면 데이터 유출이나 보안 사고로 이어질 수 있다는 우려가 생긴다. 따라서 재정적 부담과 보안 문제는 실무에서 AI를 도입할 때 조직 차원에서 지원과 정책 수립이 필요한 영역이라 할 수 있다.

다음으로 살펴볼 세 가지 문제는 AI의 활용에서 좀 더 본질적인 방해 요소들이다. 바로 할루시네이션, 데이터 신뢰성, 그리고 의사결정의 어려움이다. 할루시네이션[7]은 AI가 사실이 아닌 정보를 사실처럼 말하는 현상을 뜻한다. AI는 때때로 근거 없는 내용을 매우 그럴듯하게 설명하는데, 이로 인해 사용자가 그것을 진실로 오인할 수 있다. 이러한 문제 때문에 생성된 내용을 실제로 신뢰할 수 있는지 확인하는 과정이 반드시 필요하다.

그러나 현재 대부분의 AI는 답변에 대한 근거 자료나 출처를 명확히 제공하지 않아 사용자는 해당 답변의 출처를 확인할 수 없다. 이로 인해 답변 자체를 신뢰하기 어려운 상황이 발생한다. 결국 이러한 불확실성은 최종 의사결정을 방해하는 요소로 작용한다. 신뢰할 수 없는 데이터를 기반으로는 디자인 방향을 결정하기 어렵기 때문이다.

---

[7] 할루시네이션(hallucination, 환각): AI가 정확하지 않거나 사실이 아닌 거짓된 내용을 마치 사실처럼 말하는 현상

앞서 언급한 AI 사용 미숙이나 조직 차원의 지원이 필요한 문제와 달리, 이 세 가지 어려움은 UX 디자이너가 실무에서 AI를 활용하기 어렵게 만드는 치명적인 방해 요소다. 할루시네이션이 지속되고, 데이터를 신뢰할 수 없으며, 이로 인해 디자인적 의사결정을 내릴 수 없다면 디자이너는 결국 AI를 실무에서 사용할 수 없을 것이다.

이러한 배경에서 우리는 중요한 결론에 도달하게 된다. 바로 '검증 작업의 필요성'이다. AI와 협업하는 과정에서는 인간이 프롬프트를 입력하고, AI가 결과물을 생성하며, 이를 기반으로 의사결정을 내린다. 이 의사결정에 앞서 반드시 검증 과정이 선행돼야 한다. 생성된 결과물이 사실에 기반한 것인지, 할루시네이션은 없는지를 판단하는 검증 과정을 거쳐야만 비로소 신뢰할 만한 의사결정을 내릴 수 있다. 특히 UX 디자인은 사용자 리서치, 데이터 분석 등 데이터 기반의 작업이므로 데이터의 정확성과 신뢰도가 무엇보다 중요하다. 따라서 검증 과정은 선택이 아닌 필수 단계이며, AI와 협업을 하기 위해 반드시 실행돼야 하는 절차라고 할 수 있다. 다음으로는 사실 검증 방법을 포함해 AI와 본격적으로 협업하기 위해 준비해야 할 주요 내용을 살펴본다.

1.2.2 AI를 사용할 때 꼭 알아야 할 한 가지: 사실 검증

ChatGPT 메인 화면 하단에는 다음과 같은 메시지가 쓰여 있다.

"ChatGPT는 실수를 할 수 있습니다. 중요한 정보를 확인하세요."

자세히 보지 않으면 쉽게 지나칠 만큼 작은 글씨로 쓰여 있지만, 사실 이는 LLM(대규모 언어 모델)[8]을 사용할 때 가장 주의해야 하는 점이다. LLM의 고질적인 문제인 할루시네이션 현상 때문이다. AI는 사실이 아닌 정보도 그럴듯하게 말하며, 고도화된 언어 모델일수록 사용자의 믿음이나 기대에 부합하도록 답변하는 경향이 있다. 따라서 AI의 답변이 사실인지 확인하려면 근거나 출처를 직접 확인해 봐야 한다.

---

[8] LLM(Large Language Model, 대규모 언어 모델): 방대한 데이터를 사전 학습하여 자연어를 인식하고 생성할 수 있는 AI 모델

실제로 UX 실무자들과 AI 활용 워크숍을 진행했을 때 실무자들이 가장 우려했던 점 역시 이와 관련된 문제였다. AI 할루시네이션과 신뢰성 문제가 대두되고 있지만, AI는 답변에 대한 어떠한 근거 자료도 제시하지 않는다. 이에 실무자들은 보고서를 작성하려면 출처를 명시해야 하므로 백데이터를 어디서 확인할 수 있느냐는 질문을 많이 했다. 최근에는 답변과 관련된 웹사이트 링크를 함께 알려주는 기능을 제공하지만, 이 또한 해당 콘텐츠에 실제 답변 내용이 포함되어 있다고 확신할 수는 없다. 결정적으로 AI가 결과물을 생성하는 내부 작동 과정은 불투명[9]하므로 사용자가 이차적으로 검증하는 단계가 필요하다. ChatGPT가 권고하듯이, 중요한 정보일수록 직접 확인하는 과정이 필수로 요구된다.

1.2.2.1 답변 검증 방법: 구글 Gemini의 대답 재확인

구글 Gemini는 AI가 생성한 답변을 재확인할 수 있는 기능을 제공한다. 이 기능은 생성한 답변을 웹에 다시 검색해 일치하는 부분이 있는지를 확인해 준다. 답변 하단에 작은 원 3개로 구성된 미트볼 메뉴 아이콘을 클릭한 후 [대답 재확인] 옵션을 선택하면 해당 기능을 실행할 수 있다.

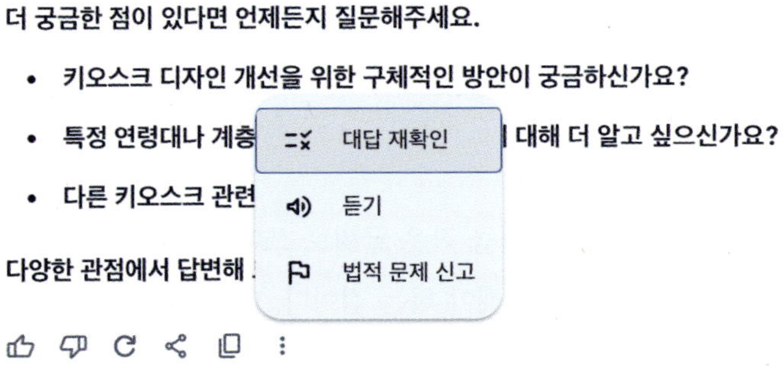

그림 1.4 구글 Gemini의 대답 재확인 기능

재확인 결과는 다음 그림과 같이 초록색과 주황색 하이라이트로 표시된다.

---

[9] AI 블랙박스 현상: AI의 내부 작동 원리를 사용자가 명확히 알기 어려운 현상

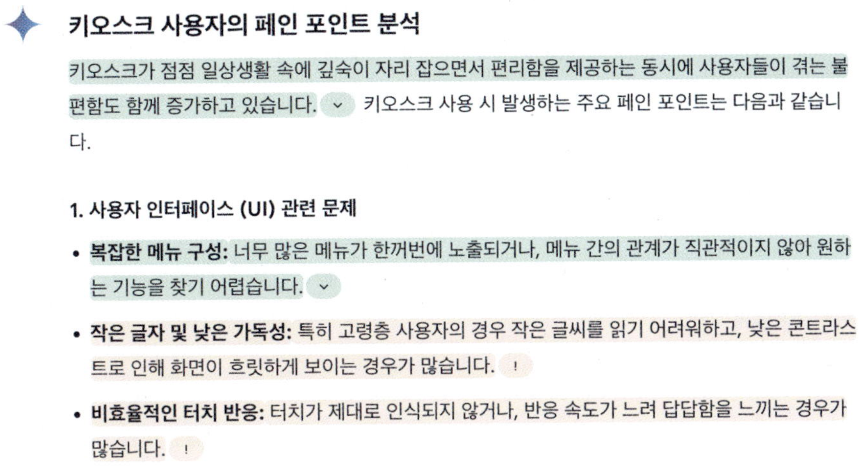

◆ **키오스크 사용자의 페인 포인트 분석**

키오스크가 점점 일상생활 속에 깊숙이 자리 잡으면서 편리함을 제공하는 동시에 사용자들이 겪는 불편함도 함께 증가하고 있습니다. 키오스크 사용 시 발생하는 주요 페인 포인트는 다음과 같습니다.

1. 사용자 인터페이스 (UI) 관련 문제

- **복잡한 메뉴 구성:** 너무 많은 메뉴가 한꺼번에 노출되거나, 메뉴 간의 관계가 직관적이지 않아 원하는 기능을 찾기 어렵습니다.
- **작은 글자 및 낮은 가독성:** 특히 고령층 사용자의 경우 작은 글씨를 읽기 어려워하고, 낮은 콘트라스트로 인해 화면이 흐릿하게 보이는 경우가 많습니다.
- **비효율적인 터치 반응:** 터치가 제대로 인식되지 않거나, 반응 속도가 느려 답답함을 느끼는 경우가 많습니다.

그림 1.5 구글 Gemini의 대답 재확인 결과

다음은 Gemini에서 제공하는 강조 표시에 관한 설명이다.

- **초록색 하이라이트:** 구글 검색에서 답변과 유사한 콘텐츠를 찾았다는 의미다. 링크가 제공되지만, Gemini가 답변을 생성할 때 사용한 링크는 아닐 수 있다.
- **주황색 하이라이트:** 구글 검색에서 답변과 다른 콘텐츠를 찾았거나 관련 콘텐츠를 찾지 못했다는 의미다. 가능한 경우 링크가 제공된다.
- **강조 표시되지 않은 텍스트:** 답변을 평가하기 위한 정보가 부족하거나 해당 내용이 사실 기반 정보를 전달하기 위한 목적이 아닐 수 있다. 현재 Gemini는 표 및 코드의 콘텐츠는 평가에서 제외한다.

위와 같은 답변 재확인 결과를 참고하여 중요한 정보를 다시 한번 검토할 수 있다. 주황색 하이라이트의 경우, Gemini가 '더 자세히 조사하여 신뢰할 수 있는 대답인지 확인해 보세요.'라고 제안하듯이, 해당 내용을 더 심층적으로 조사하여 사실 여부를 확인할 수 있다. 초록색 하이라이트의 경우, 제공된 출처 링크를 통해 내용을 확인하고 사실 여부를 검증할 수 있다.

1.2.2.2 답변 검증 방법: 오토 브라우징

오토 브라우징은 자동화를 뜻하는 '오토(auto)'와 인터넷에서 정보를 검색하는 행위를 일컫는 '브라우징(browsing)'이 결합된 용어다. 보다 정확하게는 AI가 사용자의 요청에 따라 탐색 프로세스를 스스로 사고하고 설계한 후, 여러 단계의 브라우징을 자동으로 수행하며 필요한 정보를 수집하는 기술을 뜻한다. 네이버 클로바 X는 이 기능에 대해 AI에 웹 탐색 기능을 부여함으로써 최신 정보를 제공하지 못하던 LLM의 한계를 극복할 수 있는 방안이라고 설명했다.

이 기능을 사용하려면 프롬프트에 '검색해보고 알려줘'라는 문구를 입력하면 된다. 예를 들어, ChatGPT에 '노트폴리오에 대해 검색해보고 자세하게 알려줘.'라는 프롬프트를 입력한 결과는 다음과 같다.

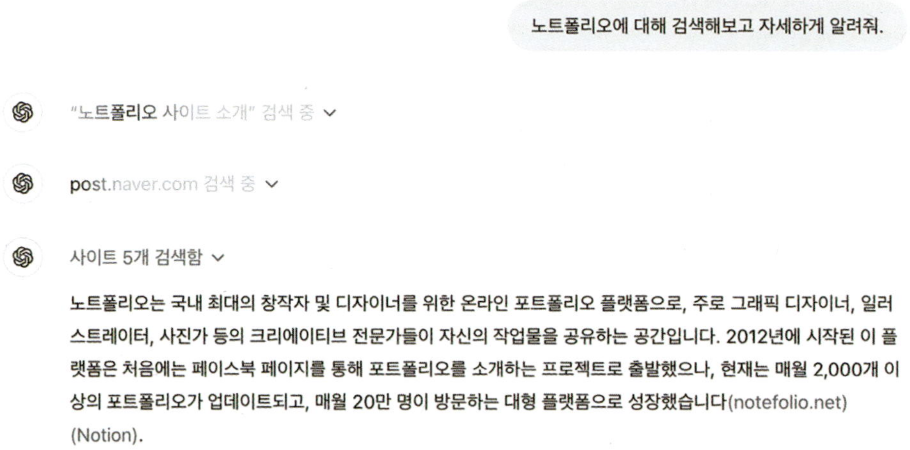

> 노트폴리오에 대해 검색해보고 자세하게 알려줘.

"노트폴리오 사이트 소개" 검색 중

post.naver.com 검색 중

사이트 5개 검색함

노트폴리오는 국내 최대의 창작자 및 디자이너를 위한 온라인 포트폴리오 플랫폼으로, 주로 그래픽 디자이너, 일러스트레이터, 사진가 등의 크리에이티브 전문가들이 자신의 작업물을 공유하는 공간입니다. 2012년에 시작된 이 플랫폼은 처음에는 페이스북 페이지를 통해 포트폴리오를 소개하는 프로젝트로 출발했으나, 현재는 매월 2,000개 이상의 포트폴리오가 업데이트되고, 매월 20만 명이 방문하는 대형 플랫폼으로 성장했습니다(notefolio.net) (Notion).

그림 1.6 오토 브라우징 결과

그러면 명령어에 대해 검색하는 과정을 순차적으로 보여준 뒤, 그 결과를 생성한다. GPT-3.5 모델을 기반으로 했던 ChatGPT는 2021년 9월까지의 정보만 학습했기 때문에 최신 정보를 찾는 데 한계가 있었고, 국내 서비스에 대한 정보도 부족해 사실과 다른 답변을 하는 경우가 많았다. 하지만 지금은 웹 검색을 통해 최신 정보는 물론 더 관련성이 높은 자료까지 찾아 정리해 준다.

여기서 한 단계 더 나아가 '서치GPT' 기능이 추가되면서 "검색해보고 알려줘."라는 프롬프트를 입력하는 대신 지구본 모양의 아이콘을 클릭한 뒤, 검색 키워드를 입력하면 웹 검색과 요약 기능이 자동으로 실행된다.

그림 1.7 서치GPT 결과

1.2.2.3 답변 검증 방법: 출처 링크 확인

앞서 웹 검색 기반의 답변 검증 기능 두 가지를 소개했다. 이 두 가지 방법을 사용할 때 가장 중요한 점은 출처 링크에 접속해 답변에 해당 내용이 실제 포함되어 있는지 확인하는 것이다. 구글 Gemini가 웹에서 답변과 유사한 정보를 찾았다고 초록색 하이라이트로 표시하더라도, 실제로 해당 내용이 완전히 일치하는지는 직접 확인해 보기 전까지는 알 수 없다. 이에 대해 구글도 "링크가 제공되지만, Gemini가 답변을 생성하는 데 사용한 링크는 아닐 수 있습니다."라고 명시하고 있다. 따라서 출처 링크에 직접 접속해서 내용을 확인하는 단계까지 수행해야 올바른 검증이 가능하다.

웹 검색을 통해 답변을 생성하는 경우에도 마찬가지다. Bing AI와 뤼튼 역시 답변에 출처 링크를 제공하지만, 실제로 해당 링크에 접속해 보면 답변과 무관한 콘텐츠인 경우가 많다. 이들 도구와 마찬가지로, 답변에 각주를 달아 출처 링크를 알려주는 Perplexity(퍼플렉시티)는 리서치 작업에 특화된 AI 도구로 알려져 있다.

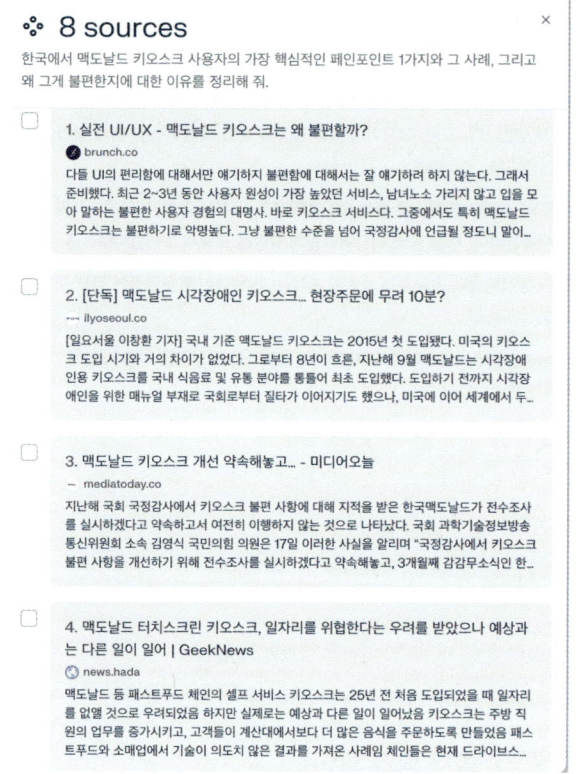

그림 1.8 Perplexity 출처 목록

실제로 제공된 출처 목록을 살펴보면, 모두 입력한 프롬프트와 높은 연관성을 지닌 내용으로 구성되어 있다. 그러나 이 경우에도 출처 링크에 접속해 내용을 확인하는 과정은 반드시 필요하다. 실제로는 일시적인 오류에 관한 내용임에도 '핵심적인 문제'로 표현되는 등 명령의 의도와 미묘하게 다른 내용이 포함될 수 있기 때문이다. 물론, ChatGPT에 '검색해 보고 알려줘'라는 프롬프트를 입력해 오토 브라우징 기능을 사용한 경우에도 출처 확인의 필요성은 동일하게 적용된다. 이에 대해 네이버 클로바 X도 "오토 브라우징은 실시간으로 정보를 탐색할 수 있지만, 신뢰성 검증이 필요할 수 있습니다."라고 설명하며 추가적인 검증의 필요성을 강조했다.

1.2.2.4 답변 검증 방법: 원본 데이터 첨부 및 확인

원본 데이터를 기반으로 답변 생성을 요청한 경우에도 웹 링크 검증과 유사한 방식으로 내용을 확인할 수 있다. 예를 들어, 사전에 진행한 인터뷰 자료를 첨부해 분석을 요청한 사례를 살펴보자.

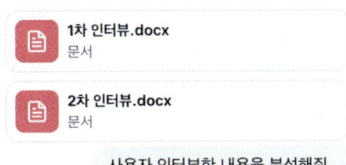

그림 1.9 인터뷰 내용 분석 요청

인터뷰 내용을 기반으로 사용자의 페인 포인트를 분석한 답변에서 '단계별 안내 부족'이라는 문제를 확인할 수 있다. 이후 원본 데이터에서 키워드 검색을 통해 해당 내용이 실제로 포함되어 있는지, 그리고 GPT가 분석한 내용과 동일한 맥락으로 전개되는지를 검증할 수 있다.

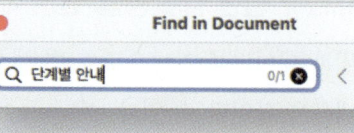

김민수: 음성 안내와 즉시 직원 도움을 받을 수 있는 기능을 생각하시는군요. 마지막으로, 이정자님께서 맥도날드 키오스크를 사용하려면 어떤 점이 가장 중요할까요?

이정자: 글씨가 크고 버튼도 좀 더 컸으면 좋겠어요. 그리고 단계별로 뭘 해야 할지 쉽게 알려주는 게 있으면 훨씬 편할 것 같아요. 메뉴 선택이 복잡하지 않고 간단했으면 좋겠고요. 아, 그리고 뭐 하나 잘못 선택해도 쉽게 되돌릴 수 있게 해주면 정말 좋겠어요.

김민수: 네, 요약하자면 더 큰 글씨와 명확한 단계별 안내, 그리고 실수했을 때 쉽게 되돌릴 수 있는 기능이 중요한 부분이네요. 말씀해주신 부분이 많은 도움이 될 것 같습니다. 오늘 인터뷰에 응해주셔서 정말 감사드립니다, 이정자님. 마지막으로 더 말씀하고 싶은 부분이 있을까요?

그림 1.10 원본 데이터 확인

이 경우에는 AI가 참고할 데이터를 직접 첨부했다는 점에서 출처에 대한 신뢰성을 확보할 수 있으며, 추가적인 검증을 통해 보다 확실한 결과를 얻을 수 있다.

최근에는 이러한 검증 작업을 보다 쉽게 수행할 수 있도록 돕는 다양한 도구들이 등장하고 있다. 예를 들어, NotebookLM(노트북LM)이나 Lilys AI(릴리스 AI)와 같은 도구는 요약되거나 분석된 결과물이 원본 파일의 어느 위치에서 추출된 것인지 직관적으로 확인할 수 있도록 지원한다.

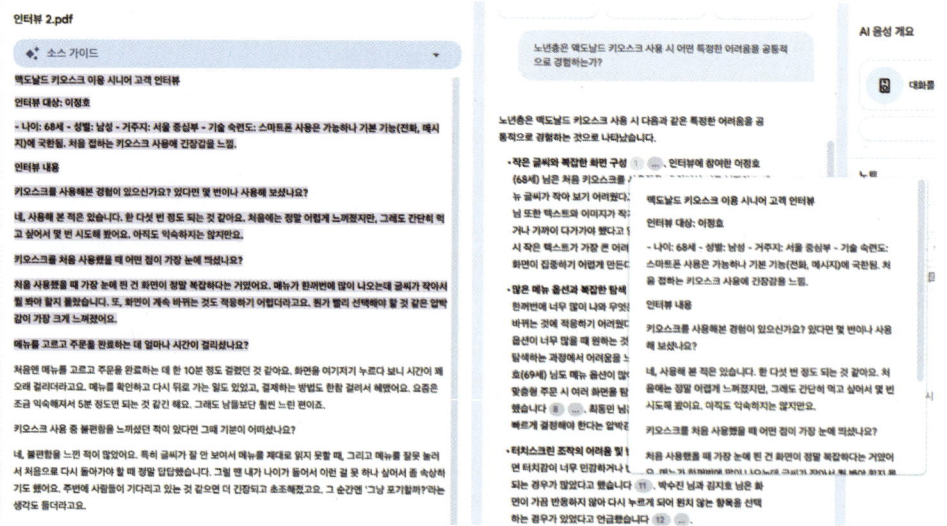

그림 1.11 NotebookLM의 출처 확인 기능

NotebookLM에 인터뷰 필사본을 업로드한 후 AI 분석 결과를 확인하면, 각 문장 옆에 출처를 나타내는 숫자가 표시된다. 해당 숫자를 클릭하면 화면 왼쪽 사이드바에서 원본 데이터 중 해당 문장이 추출된 위치가 하이라이트로 표시된다. 이 방식을 이용하면 GPT에서 키워드를 수동으로 검색해 대조하던 기존 방식보다 훨씬 빠르고 간편하게 검증 작업을 수행할 수 있다는 장점이 있다.

이러한 기능은 사용자 인터뷰와 같은 정성적 데이터를 기반으로 분석을 수행할 때 매우 유용하다. 3장에서는 이러한 도구들을 실제 프로젝트에 적용하여 사용자 인터뷰를 분석하는 방법을 소개하고, 각 도구의 사용법도 구체적으로 설명한다.

1.2.2.5 답변 검증 방법: 인공지능 집단 지성

집단 지성(collective intelligence)은 개인의 지적 능력이 아닌, 집단의 지적 능력이 상호 결합하여 더 큰 능력을 발휘하는 현상을 의미한다[10]. 그리고 AI가 발전함에 따라 인간의 상호 협업을 넘어 인간-AI 간 협업으로 그 관계가 확장되고 있으며, 나아가 AI 간 협업 관계까지도 기대할 수 있다.

예를 들어, 여러 AI 모델에 동일한 프롬프트를 입력하고 각 답변을 비교해 보자.

입력 프롬프트

넷플릭스 모바일 앱을 사용하는 사용자의 페인 포인트는 어떤 게 있어?

AI 모델별 생성 답변 중 공통적으로 언급한 부분

ChatGPT 첫 번째 답변	제한된 사용자 지정 옵션: 사용자는 재생 목록을 만들거나 시청 기록을 보다 자세하게 볼 수 있는 등 시청 경험을 더 많이 제어하기를 원할 수 있습니다. 현재 사용자 인터페이스는 모든 사용자를 만족시키기에 충분한 사용자 지정 옵션을 제공하지 않을 수 있습니다.
ChatGPT 두 번째 답변	개인화: 사용자 인터페이스는 개인화된 권장사항을 제공하고 사용자가 재생 목록, 즐겨찾기 및 시청 기록과 같은 기능을 사용하여 시청 환경을 쉽게 지정할 수 있도록 해야 합니다.

[10] https://smilegate.ai/2020/08/23/collective-intelligence/

Claude 답변	사용자 맞춤 구성의 제한 재생 목록을 직접 만들 수 없음 즐겨찾기 기능의 부재
Gemini 답변	사용자 맞춤형 기능 부족: 사용자가 직접 콘텐츠를 분류하고 관리할 수 있는 기능이 부족합니다. 특정 테마나 기분에 맞춰 콘텐츠를 모아두고 싶어하는 사용자에게는 큰 불편입니다.

ChatGPT와 Claude, Gemini에 넷플릭스 모바일 앱을 사용하는 사용자의 페인 포인트는 무엇인지 묻는 질문을 각각 입력해 봤다. 답변을 비교해 보면, 세 AI 모두 제한된 개인화 옵션과 사용자 맞춤 구성의 한계를 공통으로 언급하고 있다. 각자의 톤으로 조금씩 다르게 이야기하고 있지만, 결국 같은 문제를 지적하고 있음을 알 수 있다. 이처럼 답변을 비교함으로써 다양한 문제 중 어떤 항목이 공통적으로 언급되는지를 확인할 수 있다. 여러 AI가 자율적으로 협력한 것은 아니지만, 사람이 직접 여러 AI의 응답을 통합적으로 분석함으로써 집단 지성적으로 점검하는 방식이다.

이 방법은 답변의 '사실 여부'를 검증하는 방식과는 결이 조금 다르다. 이는 여러 AI의 답변을 비교해 자주 언급되는 내용을 확인함으로써 리서치 방향을 좁혀갈 수 있는 하나의 접근 방식이라 할 수 있다. 실제 워크숍 참가자들은 여러 문제가 동시에 제시될 때 어떤 항목에 초점을 맞춰야 할지 혼란스러워했다. 그러나 여러 AI의 답변을 비교하면서 리서치 방향을 설정하는 데 도움이 되었다고 밝혔다.

1.2.2.6 주의사항: 할루시네이션의 위험성을 높이는 인간의 게으름

리서치 유형이나 결과물의 성격에 따라 적합한 답변 검증 방식은 달라질 수 있다. 이때 가장 중요한 것은 생성된 결과물을 무조건적으로 신뢰하지 않고, 비판적으로 검토하는 태도다.

미국 범죄 분석 전문가 브렌트 터베이 박사는 AI를 활용한 범죄 분석에 대해 다음과 같이 경고했다.[11]

---

[11] https://www.chosun.com/national/people/2024/10/25/BTSBRFZDBVFC3JKFH2TAVB53WA/

> *"할루시네이션의 위험성(부정적인 영향력)을 높이는 것은
> AI의 미완전함이 아니라, 인간의 게으름과 부주의함이다."*

터베이 박사는 AI가 거짓 판례를 생성한 사례를 언급하며, 이러한 현상을 강하게 비판했다. 그는 이것이 '많은 사람이 AI가 생성한 결과물을 제대로 검토하지 않고 그대로 사용하는 과정에서 발생하는 촌극이며, 생성형 AI에 모든 것을 위탁하고 답변조차 읽지 않는 게으름에서 비롯된 현상'이라고 지적했다. 여기서 우리는 AI 활용의 목적이 '완전한 자동화'가 아니라, '작업 효율 향상'이라는 점을 다시금 인식해야 한다. AI가 생성한 결과물을 검증 없이 수용하고 사용하는 경우, 오히려 AI를 사용하지 않았을 때보다 더 비효율적인 결과를 초래할 수 있다. 따라서 어떤 방식으로든 생성된 결과물에 대해 2차 검증 단계를 거쳐야 할루시네이션이나 AI의 아첨과 같은 문제를 완화할 수 있다.

1.2.3 AI와의 협업을 위한 프로젝트 주제 선정 방법

AI와의 팀프로젝트를 수행한다면 어떤 주제가 적합할까? 본격적으로 AI와 협업을 시작하기에 앞서, 어떤 주제로 프로젝트를 진행할지 먼저 결정해야 한다. 이 책에서는 맥도날드 키오스크, 넷플릭스 모바일 앱, 에어비앤비 서비스 등 일상적으로 잘 알려진 사례를 예로 들어 설명한다. 실습을 진행할 때는 이 책의 프롬프트를 그대로 따르기보다는 먼저 자신만의 프로젝트 주제를 정한 뒤, 그 주제에 맞게 프롬프트 엔지니어링 기법을 적용해 직접 작성해볼 것을 추천한다.

프로젝트 주제를 선정할 때는 다음 세 가지 기준을 참고하면 좋다.

1. **콘텐츠 복잡성이 충분한 서비스인가?**
   이 기준은 리디자인 프로젝트를 진행할 때 특히 중요하다. 리디자인의 목적은 단순히 화면을 아름답게 꾸미는 것이 아니라, 기존의 문제를 발견하고 해결하여 구조와 사용성을 개선하는 것이다. 그러나 기능이나 콘텐츠가 지나치게 단순한 서비스는 문제를 정의하기 어려울 뿐 아니라, 개선 효과도 미미해 비포-애프터의 차이를 명확하게 드러내기 어렵다. 또한 생성형 AI를 활용한 리서치에서도, 일정 수준 이상의 기능과 구조를 갖춘 서비스일수록 분석 효과가 더 뚜렷하게 나타난다. 반면, 기능이 지나치게 단순한 서비스는 페인 포인트 도출이나 문제 해결 아이디어 도출에 한계가 있어 리디자인 주제로는 적합하지 않을 수 있다.

2. **생성형 AI가 잘 알고 있는 서비스인가?**

   AI를 활용한 리서치를 효과적으로 수행하려면 AI가 해당 서비스를 인식하고 충분한 정보를 학습하고 있어야 한다. 따라서 인터넷에 정보가 풍부하게 공개된 글로벌 서비스를 주제로 삼는 것이 유리하다. 예를 들어, 넷플릭스, 에어비앤비, 맥도날드 등은 AI가 이미 충분한 데이터를 학습한 경우가 많아, 보다 정확하고 풍부한 답변을 기대할 수 있다.

   과거에는 AI가 잘 모르는 서비스에 대한 리서치가 사실상 어려웠지만, 지금은 다양한 방식으로 AI에 추가 정보를 제공하여 답변을 유도할 수 있다. 예를 들어, 사용자가 보유한 자료를 첨부하거나 웹 검색을 통해 정보를 수집하도록 지시하는 것이 그 방법이다. 이를 통해 정보가 부족한 서비스도 리서치 주제로 삼을 수 있지만, 웹에 정보가 많은 서비스에 비해 확보 가능한 데이터가 제한적이라는 점을 고려해야 한다.

3. **내가 잘 알고 있는 서비스인가?**

   공감 역량을 발휘하기 위해서 잘 알고 있는 주제를 선정하는 것이 중요하다. 디자이너가 해당 서비스에 익숙하고, 사용자 입장에서의 불편을 충분히 이해하고 있어야 AI의 분석 결과를 정확히 해석하고, 필요 시 비판적으로 재구성할 수 있기 때문이다. 이러한 맥락에서 서비스에 대한 배경지식과 사용 경험이 충분한 주제를 선정하는 것은 단순히 리서치 효율성을 높이는 차원을 넘어 리디자인 전체의 완성도를 좌우하는 핵심 요소라 할 수 있다.

4. **직접 확인이 가능한 서비스인가?**

   AI가 특정 서비스에 대해 문제를 제기하더라도, 그 내용이 반드시 사실이라고는 할 수 없다. 생성형 AI는 사실과 다른 정보를 생성할 수 있기 때문에 AI가 제시한 문제를 실제 서비스 화면이나 기능을 통해 직접 검증할 수 있어야 한다. 여기서 검증은 AI가 지목한 페인 포인트가 실제로 발생 중인지, 혹은 이미 개선된 사항은 아닌지를 확인하는 과정을 의미한다. 따라서 사용자가 직접 접근하고 확인할 수 있는 서비스를 주제로 선정하는 것이 중요하다.

이제 리디자인 주제를 정했으니, 다음 단계에서는 프로젝트에 활용할 AI 도구에는 어떤 것들이 있는지 살펴볼 것이다.

1.2.4 앞으로 사용할 AI 도구의 종류

ChatGPT가 출시되기 전에는 UX/UI 디자인 분야에서 활용할 수 있는 인공지능 도구가 많지 않았다. 인공지능 기반 디자인 도구 50개를 조사한 연구[12]에 따르면, UX 디자인과

---

[12] 논문 인용(류효연, & 연명흠. (2021). 인공지능 기반 UX 디자인 관련 도구의 소통 보조 능력에 대한 논의. 한국디자인학회 학술발표대회 논문집, 26–27).

직접적으로 관련 있는 도구는 단 14개에 불과했으며, 이마저 프로토타입 구체화나 UI 레이아웃 생성 등 UI 디자인 작업의 일부에 국한되어 있었다.

그러나 2022년 11월 말, OpenAI가 GPT-3.5 기반의 ChatGPT를 출시한 이후 불과 2년 사이에 생성형 AI는 엄청난 속도로 발전했고, 그 활용 범위 또한 크게 확장되었다. 그 결과, 다음 표에서 확인할 수 있듯이 UX/UI 디자인 분야에 활용 가능한 AI 도구의 종류도 훨씬 더 다양해졌다. 이 책에서 소개하는 21가지 AI 도구는 저자가 직접 사용해본 후, 실무자들과의 실습 및 테스트를 통해 실제 업무에 효과적으로 활용할 수 있는 도구만을 선별한 것이다.

이 책에서는 이 21가지 AI 도구의 특징과 사용 방법을 차례로 소개할 것이다. 2장과 3장에서는 UX 리서치에 활용할 수 있는 AI 도구들과 함께 다양한 관점에서 사용자 의견을 수집하는 방법을 다룬다. 4장에서는 수집한 데이터를 AI로 빠르게 분석해 인사이트를 도출하는 방법을, 5장에서는 프로토타입을 제작하고 테스트하는 방법을 다룬다. 마지막 6장에서는 AI 기술의 발전에 따라 디자이너가 주목해야 할 다양한 트렌드 이슈를 소개하며 이 책을 마무리한다.

표 1.2 책에서 소개할 AI 도구 목록

구분	AI 도구명[13]	특징
1	ChatGPT(챗지피티)	OpenAI의 대화형 AI. GPT 스토어에서 다양한 작업에 특화된 GPTs 활용 가능
2	Claude(클로드)	앤트로픽(Anthropic)의 대화형 AI. 글쓰기, 데이터 분석, 코딩에 특화
3	Gemini(제미나이)	구글의 멀티모달(Multimodal) AI. 텍스트, 음성, 이미지, 비디오 등 다양한 형식의 데이터 처리 가능
4	NotebookLM (노트북LM)	구글의 소스 기반(source-grounding) AI. 첨부한 문서의 분석 및 요약에 특화
5	Perplexity(퍼플렉시티)	실시간 웹 검색 특화 AI. 최신 정보 및 출처를 함께 제공
6	Lilys AI(릴리스 AI)	요약 특화 AI. 동영상, 음성, PDF, 웹 사이트, 텍스트 등 다양한 형태의 데이터를 가독성 좋게 요약

[13] 표에 소개된 모든 AI는 도구명을 검색하여 웹사이트에 접속한 후 사용할 수 있다. 피그마 플러그인의 경우, 피그마 상단 메뉴에서 [플러그인(Plugins)] - [플러그인 관리(Manage plugins)]를 클릭한 후, 해당 AI 이름을 검색하면 사용할 수 있다.

구분	AI 도구명	특징
7	Consensus AI (컨센서스 AI)	연구 논문 검색 AI. 실제 논문을 바탕으로 응답 생성 및 논문 출처 제공
8	Synthetic Users(신세틱유저스)	UX 리서치 지원 AI. 가상의 사용자 퍼소나를 생성해 사용자 인터뷰 수행 및 결과 요약 보고서 생성
9	Notion AI(노션 AI)	노션에서 사용할 수 있는 GPT-3 기반 AI. 문서 작성, 요약, 번역 등 문서 작업 및 데이터 관리 지원
10	Founderpal AI (파운더팔 AI)	퍼소나 및 마케팅 전략 생성형 AI. 사용자가 입력한 서비스 설명을 기반으로 퍼소나, 포지셔닝, 마케팅 전략 내용 생성
11	Imagen 3(이매전 3)	구글의 이미지 생성형 AI
12	Flux AI(플럭스 AI)	극사실주의 고해상도 이미지 생성형 AI
13	Relume AI(리룸 AI)	웹사이트 와이어프레임 생성형 AI
14	Readdy AI(리디 AI)	텍스트, 이미지를 기반으로 웹사이트를 생성하는 AI
15	Galileo AI(갈릴레오 AI) / Stitch(스티치)	텍스트, 이미지를 기반으로 UI를 생성하는 AI. 구글이 인수 후 Stitch(stitch.withgoogle.com)에서 사용 가능
16	Motiff AI(모티프 AI)	텍스트 기반 UI 생성 및 디자인 시스템 자동화 AI
17	Codia AI(코디아 AI)	피그마 플러그인. 기존 UI 복제 기능 제공
18	Visily AI(비즐리 AI)	텍스트 기반 UI 생성 및 기존 UI 복제 기능 제공
19	Bolt.new(볼트)	노코드 웹/앱 개발 AI
20	klever(클레버)	피그마 플러그인. 간단한 사용성 테스트 결과 제공
21	Attention Insight (어텐션 인사이트)	피그마 플러그인. 시선 추적 기반 UI 평가 및 분석 결과 제공

02

UX 디자이너와 AI의 협업 과정: 데스크 리서치

2.1 _ 프롬프트 엔지니어링
2.2 _ 디지털 에스노그라피와 소셜 리스닝

2.1 _ 프롬프트 엔지니어링

"프롬프트는 어떻게 입력하나요?"
"결국 프롬프트를 어떻게 쓰느냐가 제일 중요하더라고요."
"어떻게 질문해야 할지 몰라 시작조차 못 하겠어요."

이는 '생성형 AI를 활용한 UX 디자인 워크숍'에서 현직 UX 디자이너들이 직접 언급한 말이다. 앞서 언급했듯이 AI와의 커뮤니케이션은 점점 더 중요해지고 있으며, 원하는 답변을 얻기 위해서는 프롬프트를 체계적으로 작성하는 것이 중요하다.

무슨 작업을 하고 계세요?

그림 2.1 ChatGPT 메인 화면

하지만 '무엇을 도와드릴까요?'라는 메시지와 함께 빈 대화창을 마주하면 어떤 질문을 해야 할지 쉽게 떠오르지 않는다. 특히 '어떤 방식으로 질문해야 원하는 답변을 얻을 수 있을지'를 예측하기 어렵다. 이러한 이유로 워크숍 참가자들은 화면만 바라보다가 결국 프롬프트 입력 방법을 묻는다.

AI 도구를 효과적으로 활용하기 위해서는 프롬프트 작성이 핵심이다. 원하는 결과를 얻기 위해 AI에게 체계적으로 명령을 입력하는 과정을 '프롬프트 엔지니어링(prompt engineering)'이라고 한다. 이는 AI와의 효과적인 소통 기술을 의미한다. 프롬프트 엔지니어링은 2022년 말 ChatGPT의 등장 이후 지속적으로 주목받고 있다.

작업이 복잡할수록 프롬프트 엔지니어링의 중요성은 더욱 커진다. 본격적인 UX 리서치에 앞서, 다양한 프롬프트 엔지니어링 기법과 이를 UX 리서치에 어떻게 적용할 수 있을지 살펴보자.

2.1.1 구체적인 조건 작성하기

앞서(1.2.1항) UX 실무자들과의 인터뷰에서 AI 활용 시, 가장 기대되는 효과는 '시간 단축'으로 나타났다. 실무자들은 아이디어를 신속하게 도출하고, 다양한 시안을 빠르게 생성할 수 있다는 점을 주요 장점으로 꼽았다. 커뮤니케이션이 더 원활해진다는 점도 주요 이유 중 하나였다. 사람 간의 소통에서는 비언어적 표현이나 정돈되지 않은 문장 때문에 의도를 이해하는 데 시간과 노력이 들 수 있다. 반면, AI는 명확하고 체계적으로 정리된 형식으로 답변하므로 의사소통을 하기가 훨씬 더 수월하다.

AI에 명령을 입력할 때도 동일한 원칙이 적용된다. 프롬프트가 모호하고 불분명한 경우, 원하는 결과를 얻기까지 더 많은 시간이 소요된다. 따라서 요구사항을 최대한 정확하고 구체적으로 작성해야, AI가 사용자의 의도를 명확히 이해할 수 있다.

다음은 프롬프트의 구체성에 따른 차이를 보여주는 예시이다.

> ❌ **자세하지 않은 프롬프트**
>
> 키오스크 사용자의 페인 포인트는 뭐가 있을까?
>
> **생성된 답변 중 일부**
>
> 키오스크 사용자의 페인 포인트(pain points)는 다양한 상황에서 발생할 수 있습니다. 주요 페인 포인트를 정리하면 다음과 같습니다:
>
> 1. 사용자 경험(User eXperience, UX) 관련
> 2. 기술적 문제
> 3. 심리적 요인
> 4. 물리적 문제
>
> (이하 생략)

첫 번째 프롬프트는 단순히 키오스크 사용자의 페인 포인트가 무엇인지 질문했다. 이에 대해 AI는 사용자 경험, 기술적 문제 등 다양한 문제점을 포괄적으로 제시했다. 하지만 특정 서비스의 가장 중요한 페인 포인트와 실제 사례를 알고 싶다면 이와 같은 답변은 충분하지 않을 수 있다. 이에 따라 구체적인 조건을 추가해 다시 질문했다.

✅ 구체적인 조건을 추가한 프롬프트

① 한국에서 ② 맥도날드 키오스크 사용자의 ③ 가장 핵심적인 페인 포인트 1가지와 그 사례, 그리고 그게 왜 불편한지에 대한 이유를 정리해줘.

생성된 답변

핵심적인 페인 포인트: 디지털 기술에 익숙하지 않은 사용자층의 어려움

사례:

한국 맥도날드 키오스크에서 나이가 많은 고객(예: 60대 이상)이 메뉴를 선택하고 결제까지 진행하는 과정에서 어려움을 겪음. 특히, 원하는 메뉴를 찾기 힘들거나 옵션(예: 사이즈 업, 세트/단품)을 선택하는 과정에서 혼란을 느끼고 뒤로 돌아가는 상황이 빈번히 발생.

왜 불편한가?

1. 직관적이지 않은 UI/UX
   - 키오스크 메뉴가 다단계로 구성되어 있어 원하는 항목을 찾기 위해 여러 번 화면을 넘겨야 함.
   - 나이가 많은 사용자에게는 익숙하지 않은 터치스크린 기반 인터페이스가 낯설고 복잡하게 느껴짐.
2. 시간 압박
   - 뒤에 대기 줄이 길어지면 본인이 시간을 끌고 있다는 생각에 심리적 부담감을 느끼게 됨.
3. 기술 격차
   - 디지털 기기에 익숙하지 않은 고령층은 버튼이 작은 화면 구성이나 용어(예: "추가 옵션", "결제 방식 선택")를 이해하지 못해 혼란을 경험함.
4. 대체 옵션 부족
   - 매장에서 키오스크를 대체할 직원 지원이 부족한 경우, 도움을 요청하지 못해 어려움을 겪는 일이 많음.

해결 방안 제안

- 직원 지원 강화: 디지털 사용이 익숙하지 않은 고객을 위한 전담 도우미 배치.
- UI 개선: 글자 크기 확대, 메뉴 카테고리 단순화 등 사용성을 높이는 인터페이스 설계.
- 튜토리얼 제공: 처음 사용하는 고객을 위한 간단한 가이드 영상이나 단계별 지침 제공.
- 대체 옵션: 키오스크 외에도 직원 주문이 가능한 창구를 유지해 다양한 고객층을 수용.

두 번째 프롬프트에서는 '맥도날드'의 '한국' 키오스크를 대상으로 지정하고, '가장 핵심적인 페인 포인트 1가지', '해당 사례', '불편한 이유'를 답변에 포함하도록 조건을 명확히 제시했다.

그 결과, 핵심 페인 포인트와 원인, 실제 사용자 사례가 상세히 정리된 응답을 얻을 수 있었다. 나아가 어린이, 고령층, 외국인 등 특정 사용자군을 지정하거나 문제 상황과 해결 방안을 중심으로 추가 질문을 구성할 수 있었다. 이를 통해 보다 명확하고 구체적인 응답을 얻을 수 있었다.

2.1.2 필요한 조건에 대한 정보 얻기

조건을 구체적으로 제시할수록 더 많은 정보를 얻을 수 있다는 점은 분명하다. 하지만 이러한 원칙을 알고 있더라도, 실제로 프롬프트에 구체적인 조건을 추가하는 일은 여전히 어려운 과제다. 특히 리서치 초기 단계에서는 필요한 조건 자체가 명확히 정리되어 있지 않은 경우가 많다. 이럴 때는 조건 자체에 대해 질문함으로써 AI가 필요한 정보를 알려주도록 유도할 수 있다.

그래서 이번에는 얻고자 하는 정보와 이를 위한 조건이 무엇인지 먼저 질문했다. 이에 대해 ChatGPT는 조사 대상(인구 통계 정보, 특정 사용자 그룹), 키오스크 종류와 사용 환경(키오스크 유형, 사용 목적, 설치 장소) 등을 제공하면 보다 구체적인 답변을 얻을 수 있다고 응답했다. 또한 예시도 함께 제공해 이를 바탕으로 구체적인 조건을 포함한 프롬프트를 다시 작성할 수 있었다.

✅ 필요한 조건을 묻는 프롬프트

키오스크 사용자의 페인 포인트를 조사하고 싶은데, 어떤 정보를 제공하면 더 구체적인 답변을 얻을 수 있을까?

생성된 답변

키오스크 사용자의 페인 포인트를 구체적으로 조사하려면 아래와 같은 정보를 제공하면 더욱 정확하고 유용한 인사이트를 얻을 수 있습니다:

1. **조사 대상**
   - **인구 통계 정보**: 사용자 연령, 성별, 직업군, 디지털 기기 숙련도.
   - **특정 사용자 그룹**: 예를 들어, 고령층, 청소년, 외국인 관광객, 장애인 등 특정 그룹의 사용 경험에 대해 알고 싶다면 명시해 주세요.

2. 키오스크 종류와 사용 환경

- 키오스크 유형: 예) 패스트푸드점(맥도날드), 병원 접수, 영화관, 지하철 티켓 발급 등.
- 사용 목적: 주문, 결제, 정보 조회, 티켓 발권 등.
- 설치 장소: 실내/실외, 혼잡도(사람이 많이 붐비는 곳인지), 접근성.

3. 현재 키오스크 사용 흐름

- 프로세스: 사용자가 키오스크를 사용해 수행해야 하는 단계(예: 메뉴 선택 → 추가 옵션 선택 → 결제).
- 주요 문제점: 현재 사용 과정에서 사용자로부터 자주 들리는 불만 사항이나 관찰된 문제.

4. 목적

- 조사 목표: 문제를 발견하기 위한 일반적 분석인지, 특정 문제 해결을 위한 조사인지.
- 적용 범위: 조사 결과를 개선 아이디어로 사용할 계획인지, 사용자 교육 자료로 활용할 것인지 등.

5. 조사 방법

- 사용자 피드백 데이터: 고객 설문 결과, 리뷰, 매장에서 관찰한 사례 등.
- 경쟁 키오스크 분석 여부: 다른 브랜드나 업체의 키오스크와 비교하고 싶은지.

구체적인 예시 질문:

- 사용자 그룹: "디지털에 익숙하지 않은 고령층 고객의 페인 포인트는?"
- 사용 상황: "맥도날드 키오스크에서 결제 단계에서 사용자가 자주 어려움을 겪는 이유는?"
- 목적: "맥도날드 키오스크 개선을 위한 사용자 인터페이스 문제를 구체적으로 알고 싶다."

ChatGPT로부터 얻은 정보를 바탕으로 다음과 같은 구체적인 조건을 포함한 프롬프트를 다시 작성했다.

✅ 구체적인 조건을 추가한 프롬프트

① 맥도날드 키오스크를 이용하는 ② 60대 고객의 ③ 주문 과정에서 발생하는 ④ 문제점을 알려줘. 특히 ⑤ 메뉴 선택과 결제 단계에서 겪는 어려움이 있는지 알려줘.

생성된 답변

60대 고객들이 맥도날드 키오스크를 이용할 때, 특히 메뉴 선택과 결제 단계에서 다음과 같은 어려움을 겪는 경우가 많습니다:

1. **메뉴 선택 시 어려움:**
   - **복잡한 메뉴 구조:** 다양한 메뉴와 옵션이 여러 단계로 나뉘어 있어 원하는 항목을 찾기 어렵습니다. 예를 들어, 세트 메뉴를 선택할 때 사이드 메뉴와 음료를 각각 선택해야 하는 과정이 복잡하게 느껴질 수 있습니다.
   - 작은 글씨와 아이콘: 화면의 글씨 크기나 아이콘이 작아 시력이 저하된 고령층이 정보를 인식하기 어렵습니다.
   - **낯선 용어 사용:** 디지털 기기에 익숙하지 않은 사용자에게는 '추가 옵션', '사이드 메뉴' 등의 용어가 생소하게 느껴질 수 있습니다.

2. **결제 단계에서의 어려움:**
   - **복잡한 결제 과정:** 결제 방법 선택, 쿠폰 적용, 포인트 사용 등 여러 단계를 거쳐야 하며, 이 과정에서 혼란을 느낄 수 있습니다.
   - **기술적 문제:** 카드 삽입 위치를 찾기 어렵거나, 결제 오류 발생 시 대처 방법을 몰라 당황할 수 있습니다.
   - **시간 압박:** 뒤에 대기하는 사람이 많을 경우, 빠르게 결제를 완료해야 한다는 압박감을 느껴 실수를 하거나 스트레스를 받을 수 있습니다.

이러한 문제들은 키오스크의 인터페이스를 보다 직관적이고 단순하게 개선하거나, 직원의 도움을 받을 수 있는 시스템을 강화함으로써 완화될 수 있습니다.

(출처: 브런치, 네이버 블로그 등)

이 프롬프트는 키오스크의 서비스 종류(①), 사용자 범위(②), 사용 환경(③), 조사 목적(④), 특정 기능(⑤) 등의 주요 조건을 모두 포함하고 있다. '키오스크 사용자의 페인 포인트는 뭐가 있을까?'와 같은 초기 프롬프트보다 훨씬 더 구체적인 답변을 얻을 수 있다. 필요한 조건을 명확하게 제시할수록 원하는 답변을 얻을 가능성이 높아지기 때문이다.

2.1.3 맥락 제시하기

맥락이 생략된 질문은 모호한 답변을 유발할 수 있다. 예를 들어, A/B 테스트의 가설을 설정하기 위해 ChatGPT에 다음과 같은 질문을 입력해보자.

❌ **모호하고 불분명한 프롬프트**

둘 중 어떤 카피가 더 나아?
- 30일 동안 무료로 사용하기
- 지금 바로 체험해보기

생성된 답변

두 카피 모두 강점이 있지만, 사용하는 상황에 따라 적합성이 달라질 수 있습니다. 각각의 특징과 효과를 분석해보면 다음과 같습니다:

1. "30일 동안 무료로 사용하기"

   장점:
   - 구체적인 혜택 제공: "30일 동안"이라는 명확한 기간을 제시해 사용자가 혜택의 크기를 명확히 이해할 수 있음.
   - 신뢰감: 구체적인 기간이 설정돼 있어 신뢰감을 주며, 시도해볼 동기를 부여.
   - 적합한 상황: 무료 체험 기간의 가치를 강조하고 싶거나 경쟁 제품 대비 유리한 조건을 강조할 때 효과적.

   약점:
   - 긴급성 부족: "지금"이나 "즉시"와 같은 단어가 없어 행동을 유도하는 즉각적인 효과는 상대적으로 약할 수 있음.

2. "지금 바로 체험해보기"

   장점:
   - 즉각적인 행동 유도: "지금 바로"라는 표현이 긴급성을 강조해 즉각적인 행동을 유발.
   - 간결함과 강렬함: 짧고 직관적인 문구로 강렬한 인상을 남김.
   - 적합한 상황: 사용자가 제품에 관심이 있지만 결정을 미루고 있을 때 행동을 촉진하는 데 효과적.

   약점:
   - 혜택 강조 부족: 구체적인 혜택(예: 무료 사용 기간)이 명시되지 않아 어떤 가치를 제공받는지 모호할 수 있음.

ChatGPT는 두 문구의 장단점을 분석했지만, 사용 상황에 따라 적합성이 달라진다는 다소 모호한 답변을 제시했다.

그렇다면 다음과 같이 맥락을 추가하면 어떨까?

✅ 맥락을 추가한 프롬프트

① OTT 앱의 멤버십 가입 버튼 클릭률을 개선해야 하는 상황이야. A/B 테스트에서 ② 두 가지 CTA 문구를 테스트하려고 하는데, ③ 어떤 CTA가 더 나은 성과를 낼지 하나를 선택해 가설과 그 이유를 알려줘.
- 30일 동안 무료로 사용하기
- 지금 바로 체험해보기

생성된 답변

추천 CTA: "30일 동안 무료로 사용하기"

가설:

- "30일 동안 무료로 사용하기"는 OTT 앱 멤버십 가입 버튼 클릭률을 높일 가능성이 더 높다. 이유는, 구체적인 혜택(30일 무료)을 명시함으로써 사용자에게 명확한 가치를 전달하며, 앱을 시도해볼 심리적 장벽을 낮추기 때문이다.

선택 이유:

1. 혜택의 구체성:
   - "30일 동안 무료로 사용하기"는 사용자가 "내가 이 버튼을 클릭하면 어떤 이점을 얻는가?"를 명확히 이해할 수 있도록 구체적인 혜택(30일 무료 체험)을 제공합니다.
   - 구체적인 숫자나 기간은 사용자로 하여금 실제 혜택을 시각화하게 만들어 더 신뢰감을 줍니다.

2. 심리적 설득 효과:
   - "무료"라는 단어는 소비자 행동에 강력한 영향을 미치며, 비용에 대한 우려를 완화합니다.
   - OTT 앱의 경우 "무료 체험"이라는 요소는 특히 경쟁이 치열한 시장에서 진입 장벽을 낮추는 데 효과적입니다.

3. OTT 서비스의 특성에 적합:
   - OTT 서비스는 사용자가 콘텐츠를 경험해봐야만 가치를 느낄 수 있습니다. **"30일 무료"**라는 구체적인 혜택은 사용자에게 충분히 서비스를 탐색할 시간을 주는 느낌을 전달하며, 이는 장기적인 구독 전환율로도 이어질 가능성이 큽니다.

4. "지금 바로"와의 비교:
   - "지금 바로 체험해보기"는 행동을 유도하는 긴급성은 뛰어나지만, 구체적인 혜택 없이 추상적인 느낌을 줄 수 있습니다.
   - 반면, OTT 앱 사용자들은 일반적으로 긴급성보다는 체험을 통해 가치와 콘텐츠를 확인한 후 결정하려는 경향이 있습니다.

예상 결과:

- "30일 동안 무료로 사용하기"는 버튼 클릭률이 더 높을 가능성이 크며, 특히 아직 멤버십 가입을 망설이는 사용자에게 더욱 효과적일 것입니다.

두 번째 프롬프트는 더 자세한 상황(①), 질문의 목적(②), 필요한 정보(③) 등 질문의 맥락과 의도를 구체적으로 포함하고 있다. 그 결과, ChatGPT는 2번 문구보다 1번 문구가 더 높은 클릭률을 유도할 것이라는 가설과 그 근거를 함께 제시했다.

한 가지 예를 더 살펴보자. 이번에는 OTT 플랫폼 랜딩 페이지의 헤드라인을 작성해 달라는 프롬프트를 두 가지 버전으로 입력했다.

❌ 모호하고 불분명한 프롬프트

OTT 플랫폼 랜딩 페이지의 헤드라인을 작성해 줘.

생성된 답변

OTT 플랫폼 랜딩 페이지 헤드라인 제안

1. 감성 자극형 헤드라인:
   - "당신의 시간을 가치 있게, 지금 바로 몰입하세요."
   - "좋아하는 모든 콘텐츠, 한 곳에서 즐기세요."

2. 혜택 강조형 헤드라인:
   - "30일 무료, 지금 시작하세요! 당신의 엔터테인먼트는 여기 있습니다."
   - "광고 없이, 무제한 스트리밍. 지금 체험해보세요!"

3. 콘텐츠 중심형 헤드라인:
   - "수천 편의 영화와 드라마, 당신의 선택을 기다립니다."
   - "최신 히트작부터 클래식까지, 모든 장르를 만나보세요."

4. 사용자 경험 강조형 헤드라인:
   - "언제 어디서나, 끊김 없이 즐기는 최고의 스트리밍."
   - "원하는 순간, 원하는 기기에서. OTT의 새 기준을 경험하세요."

5. 가치 제안형 헤드라인:
   - "취향 저격 콘텐츠와 함께, 특별한 하루를 만들어 보세요."
   - "더 많이 보고, 더 적게 지불하세요. 지금 가입하세요!"

6. 긴급성 강조형 헤드라인:
   - "오늘부터 시작하세요, 놓치면 후회할 콘텐츠들이 기다리고 있습니다!"
   - "지금 가입하면, 30일 동안 무료로 무제한 스트리밍!"

이 프롬프트는 특정 맥락을 제시하지 않았기 때문에 무료 체험을 제안하거나 가입을 유도하는 등 다양한 목적에 맞춘 헤드라인을 작성했다.

✅ 맥락을 추가한 프롬프트

OTT 플랫폼 멤버십에 가입했다가 곧 사용 기간이 종료되는 사용자에게 보여줄 랜딩 페이지의 헤드라인을 작성해 줘.

생성된 답변

사용 종료가 임박한 사용자 대상 랜딩 페이지 헤드라인

1. 감성 자극형
- "보고 싶던 이야기가 아직 끝나지 않았습니다."
- "아직 즐길 콘텐츠가 너무 많아요! 계속 함께하세요."

2. 혜택 강조형
- "지금 연장하면, 더 많은 콘텐츠를 할인된 가격에!"
- "멤버십 갱신으로, 광고 없이 무제한 스트리밍을 계속 즐기세요."

3. 긴급성 강조형
- "남은 시간이 얼마 없습니다! 지금 연장하고 끊김 없는 즐거움을 누리세요."
- "이제 24시간도 남지 않았습니다. 당신의 즐거움을 지켜드릴게요!"

4. 가치 중심형
- "멤버십을 유지하세요. 언제 어디서나 최고의 콘텐츠가 기다립니다."
- "좋아하는 콘텐츠와 헤어지지 마세요. 계속해서 즐겨보세요."

5. 개인화 메시지형
- "고객님이 사랑했던 [콘텐츠 이름]의 새 시즌, 곧 공개됩니다!"
- "[사용자 이름], 계속해서 당신만의 스트리밍 경험을 이어가세요."

추천 조합 예시
- "아직 끝나지 않은 이야기! 지금 연장하고 끊김 없는 스트리밍을 즐기세요."
- "당신의 즐거움, 여기서 계속됩니다. 지금 멤버십을 연장하세요!"

팁: 사용자 맞춤형 데이터를 활용해, 그들이 좋아할만한 콘텐츠나 혜택을 구체적으로 제안하면 효과가 더 높아질 수 있습니다.

반면, 이번 프롬프트는 '멤버십에 사용 종료가 임박한 사용자에게 보여줄 헤드라인'이라는 구체적인 맥락을 포함하고 있다. 이에 따라 ChatGPT는 해당 맥락에 맞춰 헤드라인 문구를 추천했다. 나아가 사용자 맞춤형 데이터를 활용해 선호할 만한 콘텐츠나 혜택을 구체적으로 제안할 경우 효과가 높아질 수 있다는 팁도 덧붙였다. 이처럼 질문에 맥락, 목적, 상황을 구체적으로 제시하면 AI가 의도에 부합하는 답변을 제공할 가능성이 커진다.

2.1.4 전문 용어에 대한 정의를 사전에 제시하기

UI 디자인에서 사용하는 대표적인 요소 중 하나로 '햄버거 메뉴(hamburger menu, ≡)'가 있다. 이는 전체 메뉴를 항상 노출하지 않고, 세 개의 가로선으로 된 아이콘을 클릭했을 때 메뉴가 펼쳐지는 디자인 방식을 의미한다.

이 UI 요소의 장단점을 알아보기 위해 '햄버거 메뉴의 장단점을 알려줘'라고 질문했더니 ChatGPT는 햄버거를 실제 음식으로 인식하고 '빠르고 맛있게 먹을 수 있는 메뉴'라고 소개하며 음식에 대한 장단점을 제시했다.

❌ 모호하고 불분명한 프롬프트

햄버거 메뉴의 장단점을 알려줘.

생성된 답변 중 일부

햄버거 메뉴의 장단점을 다음과 같이 정리할 수 있습니다:

장점

1. 다양한 선택지:
   - 햄버거는 치즈버거, 불고기버거, 베지버거 등 다양한 종류가 있어 취향에 따라 선택할 수 있습니다.
   - 추가 옵션(치즈, 베이컨, 야채 등)을 통해 맞춤형으로 즐길 수 있습니다.

(중략)

단점

1. 영양 불균형:
   - 햄버거는 고열량, 고지방, 고염분인 경우가 많아 건강에 부정적인 영향을 줄 수 있습니다.
   - 채소와 단백질은 부족한 경우가 많아 영양적으로 불균형합니다.

(중중략)

정리

햄버거는 빠르고 맛있게 먹을 수 있는 메뉴이지만, 건강과 환경 문제를 고려하면 적절한 선택과 균형 잡힌 섭취가 중요합니다. 😊

그래서 다음 프롬프트에는 '햄버거 메뉴'가 패스트푸드가 아닌 UI 디자인 요소임을 명시한 후, 그 장단점을 알려달라고 입력했다.

☑ 용어 정의를 제시한 프롬프트

> 햄버거 메뉴(hamburger menu)는 음식인 '햄버거'의 메뉴가 아니라, UI 요소 중 하나야. 이 디자인은 전체 메뉴 항목을 화면에 항상 표시하지 않고, 세 개의 가로선으로 구성된 아이콘을 클릭하면 메뉴가 펼쳐지는 구조를 의미해. 이 UI 요소의 장점과 단점을 알려줘.

생성된 답변

> 햄버거 메뉴(Hamburger Menu)는 웹사이트나 애플리케이션에서 자주 사용되는 UI 요소로, 화면 공간을 절약하며 다양한 기능을 숨길 수 있는 장점이 있습니다. 아래에 햄버거 메뉴의 장단점을 정리했습니다.
>
> 장점
>
> 1. 화면 공간 절약:
>   - 모든 메뉴 항목을 숨겨둠으로써 화면을 깔끔하고 단순하게 유지할 수 있습니다.
>   - 특히 화면 크기가 제한적인 모바일 디바이스에서 효과적입니다.
>
> (이하 생략)

이번에는 ChatGPT도 '햄버거 메뉴'의 의미를 명확히 인식하고, UI 요소인 햄버거 메뉴의 장단점을 정확하게 설명했다. 이처럼 특정 분야에서 사용하는 전문 용어나 개념이 있다면 그 의미를 먼저 제시해야 의도에 부합하는 답변을 얻을 수 있다.

이렇게 직접 용어를 설명하는 방법 외에도, 작업 분야에 적합한 AI 도구를 선택해 활용하는 것 또한 프롬프트 엔지니어링 전략이 될 수 있다. 작업 분야별로 특화된 AI 도구는 GPT 스토어에서 확인할 수 있다. GPT 메인 화면 왼쪽 사이드바에서 **[GPT 탐색]** 버튼을 클릭하면, GPT 스토어에 접속할 수 있으며, 특정 목적에 맞는 다양한 AI 도구를 찾을 수 있다. 이 도구들은 GPTs라 불리며, 개인이 특정 작업 목적에 맞게 맞춤 설정한 챗봇을 의미한다. 앱스토어처럼 다양한 목적의 챗봇이 모여 있는 공간이라 할 수 있다.

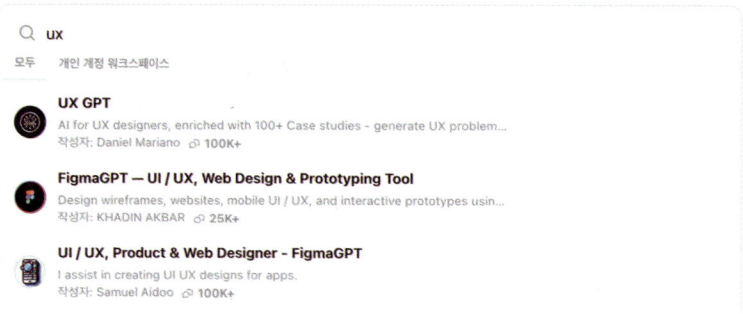

그림 2.2 GPT 스토어에서 GPTs 검색하기

GPT 스토어 검색창에 키워드를 입력하면 관련 도구를 손쉽게 찾을 수 있다. 예를 들어 'UX'라는 키워드를 입력하면 'UX GPT', 'UX Writing Ninja', 'UI/UX Designer' 등 UX 디자인에 특화된 AI 도구 목록이 나타난다. 이 중 적절한 도구를 선택하면 별도의 정의 없이도 '햄버거 메뉴의 장단점을 알려줘'와 같은 간단한 프롬프트만으로 패스트푸드 햄버거가 아닌 UX 용어로서의 햄버거 메뉴에 대한 정확한 정보를 얻을 수 있다.

이 사례는 GPT가 햄버거 메뉴라는 UI 요소를 몰라서 기대와 다른 답변을 한 것이 아니라는 사실을 보여준다. 오히려 GPT는 패스트푸드 햄버거와 UI 요소 모두를 인식하고 있기 때문에 사용자가 명확한 맥락을 제공하지 않으면 서로 다른 정보가 혼합될 수 있다. 따라서 용어나 상황을 명확히 설명하거나 작업 목적에 특화된 도구를 활용하는 것이 AI와 효과적으로 소통하는 핵심 전략이다.

2.1.5 하이퍼파라미터 튜닝하기

ChatGPT가 처음 출시됐을 때 직접 사용해보니 응답이 매번 예상보다 길어지는 경향이 있었다. 따라서 글자 수가 제한된 카피를 생성할 때는 "좀 더 줄여줘.", "한 문장으로 요약해줘.", "버튼에 들어갈 문구로 작성해줘." 등과 같이 추가 프롬프트를 활용하여 응답의 길이를 적절히 조절해야 했다.

이처럼 글자 수와 같은 조건을 포함해 ChatGPT의 응답을 세밀하게 조정할 수 있는 개념이 '하이퍼파라미터(hyperparameter)'다. 하이퍼파라미터는 AI 모델을 훈련할 때 사용자가 외부에서 설정하는 변수다. 이를 프롬프트에 추가하면 원하는 답변을 구체적으로 조정할 수 있다. 하이퍼파라미터 변수에는 글자 수 외에도 문장의 톤, 다양성, 문장 길이 등을 조정할 수 있는 옵션이 포함된다. 하이퍼파라미터는 AI 모델마다 다르며, 이번 장에서 소개하는 하이퍼파라미터 프롬프트는 ChatGPT에 적용할 수 있다.

❌ 하이퍼파라미터를 적용하지 않은 프롬프트

OTT 앱의 랜딩페이지 CTA 버튼에 들어갈 영어 카피[1] 여러 개 추천해 줘.

생성된 답변

1. 가입 유도 (Subscription & Sign-Up Focus)
   - Start Watching Now
   - Join Now, Watch Anytime
   - Get Started for Free
   - Your Next Favorite Show Awaits
   - Unlimited Streaming, Sign Up Today
   - Try It Free for 7 Days

2. 독점 콘텐츠 강조 (Exclusive Content Focus)
   - Stream Exclusive Originals Now
   - Don't Miss Out on Must-Watch Shows
   - Watch the Stories You'll Love
   - Only Here, Only Now, Start Watching
   - Discover What Everyone's Talking About

(이하 생략)

이번 프롬프트에서는 하이퍼파라미터 변수를 사용하지 않고 CTA 버튼에 들어갈 카피를 추천해 달라는 프롬프트를 입력했다. 그 결과, 최소 세 단어에서 많게는 일곱 단어로 구

---

[1] 아직 한국어의 글자 수는 제대로 조정하지 못하는 한계가 있어 '영어 카피'라고 입력했다.

성된 카피가 생성됐다. 그러나 CTA 버튼의 일반적인 크기를 고려할 때 지나치게 긴 표현은 적합하지 않다. 그래서 프롬프트에 하이퍼파라미터를 추가해 문장의 길이를 조절했다.

> ✅ **하이퍼파라미터를 적용한 프롬프트**
>
> OTT 앱의 랜딩페이지 CTA 버튼에 들어갈 영어 카피 여러 개 추천해 줘. max_length: 2

> **생성된 답변**
>
> 영어 CTA 버튼 카피 (2단어 이하)
>
> 1. Start Now
> 2. Try Free
> 3. Watch Free
> 4. Join Now
> 5. Explore More
> 6. Watch Now
> 7. Try Now
> 8. Stream Free
> 9. Get Started
> 10. Subscribe Now
>
> 각 문구는 간결하면서도 행동을 유도하는 효과적인 표현입니다. 사용자에게 바로 행동할 동기를 부여하는 데 적합합니다.

그러면 ChatGPT는 입력된 하이퍼파라미터 'max_length: 2'에 맞춰 두 단어로 구성된 카피를 생성해 준다.

이처럼 길이를 조절하는 변수 외에도 다음과 같은 하이퍼파라미터를 사용할 수 있다. 변수에 따른 결괏값은 AI 모델과 버전에 따라 다르게 나타날 수 있다. 따라서 상황에 맞는 적합한 값을 찾기 위해 사전에 변수를 조정해보는 것이 필요하다.

표 2.1 하이퍼파라미터 변수 종류

하이퍼파라미터 명	조정 대상	사용 예시
max_length	최대 글자 수 (토큰 수)	max_length: 2 (영어는 글자 수 제한 시 사용 가능) max_length: 1000 (한국어는 토큰 수 제한 시 사용 가능하며, 값이 클 수록 긴 답변 생성) 범위: 0~2048 (한국어 기준, 1~2문장은 약 30토큰, 한 단락은 약 100토큰, 1,500단어는 약 2,048토큰에 해당)
writing style	글의 문체, 스타일	writing style: Journalistic Journalistic(신문체), Academic(학술적인), Poetic(시적인), Critical(비판적인), Epigrammatic(풍자적인), Epistolary(편지체) 등
tone	글의 분위기	tone: Friendly Friendly(친근한), Humorous(유머러스한), Sarcastic(빈정대는), Emotional(감정적인), Formal(격식 있는), Confident(자신 있는) 등
length penalty	문장 길이	length penalty: 1.0 범위: 0.5~2.0 (값이 클수록 긴 문장이 높은 우선순위로 출력)
repetition penalty	중복 단어 방지	repetition penalty: 0.1 범위: 0~1 (값이 클수록 중복 단어 적게 생성)
beam width	문장의 다양성	beam width: 7 범위: 0~10 (값이 클수록 다양한 문장이 생성되며 일반적으로 5~10 사이 값을 사용)
temperature	단어의 확률 분포	temperature: 1 범위: 0~1 (값이 클수록 예측 불가한 단어가 생성될 확률이 높아짐)
top-p	주제와 연관성	top-p: 0.9 범위: 0~1 (값이 작을수록 응답의 정확성이 높아지며 클수록 다양성이 높아짐)
stop sequences	답변 중단 시점	stop sequences: 5 (답변 목록을 5개로 제한)

다음은 글의 분위기와 답변 중단 시점을 조절하기 위해 tone과 stop sequences 변수를 설정한 후 생성한 결과물이다. 이를 통해 각각 친근한 톤과 격식 있는 톤의 소개 카피가 생성되었으며, 답변 개수도 설정값에 따라 5개와 3개로 달라진 것을 확인할 수 있다.

표 2.2 하이퍼파라미터 변수 적용 결과

입력 프롬프트	OTT 앱의 랜딩페이지에서 사용자 지정 플레이리스트를 생성할 수 있는 기능을 소개하는 한글 카피를 생성해줘.	
하이퍼파라미터	- tone: Friendly - stop sequences: 5	- tone: Formal - stop sequences: 3
결과	1. 나만의 리스트로, 보고 싶은 것만 쏙쏙! 취향대로 골라 담고, 원하는 순서대로 감상하세요. 2. 플레이리스트도 이제는 내 마음대로! 좋아하는 콘텐츠만 모아 나만의 컬렉션을 만들어보세요. 3. 오늘은 어떤 기분이세요? 무드에 따라 플레이리스트를 만들고, 기분 따라 감상해보세요. 4. 자꾸 보고 싶은 콘텐츠, 한데 모아 두세요. 드래그 앤 드롭만으로 나만의 재생목록 완성! 5. 더 이상 찾지 말고, 바로 재생하세요. 원하는 콘텐츠만 모아서 손쉽게 감상할 수 있어요.	1. 원하는 콘텐츠만 선별하여, 나만의 플레이리스트를 구성해보세요. 직접 큐레이션한 목록으로 보다 효율적인 시청이 가능합니다. 2. 감상 목적에 따라 맞춤형 재생목록을 설계해보세요. 업무 중 백그라운드 콘텐츠부터 휴식용 영화까지 자유롭게 구성할 수 있습니다. 3. 반복되는 검색 없이, 필요한 콘텐츠만 정리된 한 곳에서. 사용자 중심의 시청 경험을 제공합니다.

2.1.6 특정 정보 제외하기

앞서 구체적인 조건을 추가로 입력해 더 자세한 정보를 얻는 방법을 설명했다. 이와 달리, 특정 정보를 제외해 달라는 조건을 설정해 원하는 답변을 얻는 방법도 있다.

다음의 두 가지 프롬프트와 그 답변을 비교해 보자.

❌ 모호하고 불분명한 프롬프트

넷플릭스 모바일 앱 UI의 불편한 점이 뭐야?

생성된 답변

넷플릭스 모바일 앱은 다양한 콘텐츠를 제공하지만, 사용자 인터페이스(UI) 측면에서 다음과 같은 불편함이 지적되고 있습니다:

1. **화질 설정의 복잡성**: 모바일 앱에서 화질을 조정하려면 여러 단계를 거쳐야 하며, 설정 위치가 직관적이지 않아 사용자가 쉽게 접근하기 어렵습니다.
2. **콘텐츠 검색의 어려움**: 특정 콘텐츠를 찾기 위해 여러 번의 스크롤과 검색이 필요하며, 추천 알고리즘이 개인의 취향을 정확히 반영하지 못해 원하는 콘텐츠를 발견하기 어려운 경우가 있습니다.
3. **다운로드 관리의 불편함**: 오프라인 시청을 위해 콘텐츠를 다운로드할 때, 저장 공간 관리나 다운로드한 콘텐츠의 정리가 번거로울 수 있습니다.
4. **자막 및 오디오 설정의 제한**: 자막 크기, 색상, 배경 등 세부 설정이 제한적이어서 시청 환경에 따라 불편함을 느낄 수 있습니다.
5. **앱의 무거운 용량과 느린 반응 속도**: 앱의 용량이 커서 저장 공간을 많이 차지하며, 저사양

아무런 조건 없이 입력한 첫 번째 프롬프트에 대해 ChatGPT는 알고리즘이 사용자의 취향을 정확히 반영하지 못한다거나 앱의 반응 속도가 느리다는 등 기술적 문제를 포함한 답변을 생성했다. 그러나 이는 UI 리디자인을 통해 페인 포인트를 해결하려는 디자이너의 의도와는 다른 답변일 수 있다.

✅ 특정 정보를 제외하도록 요구하는 프롬프트

넷플릭스 모바일 앱 UI의 불편한 점이 뭔지 기술적인 문제를 제외하고 알려줘.

생성된 답변

넷플릭스 모바일 앱 UI에서 기술적인 문제가 아닌 사용자 경험(UX) 관점에서의 불편함은 다음과 같은 요소들에서 주로 발생합니다:

1. **사용자 흐름의 단절**:
   - 앱을 처음 사용하는 사용자는 콘텐츠 추천 알고리즘이 개인화되기 전까지 어떤 콘텐츠를 선택해야 할지 혼란스러울 수 있습니다.
   - 탐색 과정에서 이전 화면으로 돌아가기 버튼의 위치나 동작이 직관적이지 않아, 앱 사용 흐름이 단절된다고 느낄 수 있습니다.

2. 과도한 콘텐츠 정보:
- 한 화면에 너무 많은 정보(썸네일, 설명, 추천, 카테고리 등)가 배치되어 있어 사용자가 피로감을 느낄 수 있습니다.
- 가로 스크롤과 세로 스크롤이 혼재되어 방향성을 혼란스럽게 만드는 경우가 있습니다.

3. 탐색의 어려움:
- 검색 기능이 직관적이지 않아, 특정 콘텐츠를 찾으려면 많은 카테고리와 탭을 탐색해야 합니다.
- 사용자에게 선택권이 많아 보여도, 실제로는 콘텐츠 분류가 세부적이지 않아 원하는 것을 찾기 힘들다는 피드백이 있습니다.

(이하 생략)

두 번째 프롬프트는 '기술적인 문제를 제외하고'라는 제외 조건을 추가해 작성했다. 그러자 기술적 문제가 아닌 사용자 경험 관점에서의 불편함에 집중한 답변이 생성되었다. 이는 필요한 정보를 모두 추가해 프롬프트를 작성했던 '구체적인 조건 작성하기' 방법과는 달리, 불필요한 정보를 제거해 AI 답변의 방향성을 조정하는 방식이다.

2.1.7 추가 프롬프트를 입력하여 원하는 답변 얻기

지금까지 의도에 맞는 답변을 얻기 위한 프롬프트 작성 방법 6가지를 살펴봤다. 프롬프트 엔지니어링은 가장 기본적인 인공지능과의 커뮤니케이션 기법이다. 단어 하나, 문장의 흐름, 톤 등 미세한 차이에도 AI는 다른 답변을 내놓는다. 그렇기 때문에 프롬프트 엔지니어링 과정을 통해 체계적으로 명령어를 작성하는 것이 중요하다.

한 가지 주의할 점은 동일한 규칙으로 프롬프트를 작성하더라도 언제, 어디서, 누가 입력하느냐에 따라 AI의 답변이 달라질 수 있다는 것이다. 이에 대해 《인공지능 제대로 일 시키기》(제이펍, 2023)에서는 베이킹을 예로 들어 설명한다. 바게트를 만들 때 똑같은 레시피를 사용하더라도 누가 만드느냐에 따라 맛이 달라지듯 AI 답변 역시 마찬가지다. AI의 답변 품질과 내용은 시시각각 변할 수 있다. 따라서 처음부터 원하는 답변이 나올 것이라고 기대하기보다는 어떤 답변이 나오든 추가 질문을 통해 다시 요청할 수 있다고 생각하면 접근이 훨씬 쉬워진다.

프롬프트 입력〉결과물 생성〉확인 및 판단〉추가 질문 작성

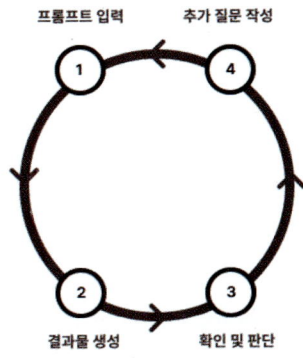

그림 2.3 추가 프롬프트 입력 과정

그림 2.3에서 볼 수 있는 것처럼, 생성된 답변을 확인한 후 필요한 조건을 추가해 다시 프롬프트를 입력하는 방식으로 AI와 대화를 이어갈 수 있다. AI에게 질문하고 답변을 받은 뒤, 다시 추가 질문을 통해 대화를 반복하다 보면 원하는 답변에 점차 가까워질 수 있다.

2.1.8 딥 리서치(Deep Research)를 제대로 활용하기 위한 프롬프트 작성법

2025년 2월 OpenAI는 기존의 검색 기능에 추론과 종합 프로세스를 결합한 심층 리서치[2] (Deep Research) 기능을 새롭게 업데이트했다. 이는 온라인에 존재하는 방대한 지식 데이터 속에서 특정 주제를 검색하고, 그 내용을 분석해 종합적인 보고서를 작성해주는 도구다. 기존의 AI 검색 기능이 간단한 질문에 빠르게 답변하는 데 초점을 맞췄다면, 딥 리서치는 더 복잡한 주제에 대해 깊이 있는 통찰을 제공하는 것이 핵심이다. 그리고 당연히 프롬프트를 어떻게 작성하느냐에 따라 얻을 수 있는 답변의 깊이는 달라질 수밖에 없다. 딥 리서치 기능을 사용할 때는 지금까지 살펴본 기본적인 프롬프트 엔지니어링 기법과는 다른 방식이 필요하다. 어떻게 하면 이 기능을 최대한 효과적으로 활용할 수 있을지 알아보자.

---

2 GPT 내에 '심층 리서치'라는 이름으로 되어 있어 프롬프트에는 '심층 리서치'라는 표현을 썼으며, 본문에서는 '딥 리서치'라는 명칭을 사용했다.

2.1.8.1 딥 리서치 기능을 활용하기 위한 프롬프트 작성 방법

먼저 딥 리서치 기능을 잘 활용하려면 프롬프트를 어떻게 작성해야 하는지 GPT에게 직접 물어봤다. 이 질문에 GPT는 총 5가지 방식을 제시했다.

입력 프롬프트

너의 심층 리서치 기능을 잘 활용하려면 프롬프트를 어떻게 입력해야 돼?

생성된 답변

딥 리서치 기능을 효과적으로 활용하려면 다음과 같은 프롬프트 구성 방식을 권장합니다.

1. 목적과 목표 명확히 제시하기

리서치의 최종 목적과 용도를 명확히 전달하면, 보다 정확하고 목적에 부합하는 정보를 제공합니다.

➡ 예시: "UX 디자이너가 생성형 AI를 실무에서 활용하는 사례를 3가지 이상 조사해줘. 곧 진행할 AI-UX 강의 콘텐츠로 활용할 거야."

2. 구체적인 범위 및 기준 설정하기

조사 범위를 한정하거나, 필요한 정보의 조건과 범위를 명시적으로 제시합니다.

➡ 예시: "최근 1년 이내에 출간된 생성형 AI 관련 책 중 UX 디자이너가 참고할 만한 해외 도서 5권을 추천해줘. 각 도서의 핵심 포인트와 추천 이유도 함께."

3. 배경 설명과 맥락 추가하기

배경 정보나 현재 작업 중인 상황, 또는 기대하는 활용 방식을 추가로 제공하면, 더 정확한 분석 및 맞춤형 인사이트가 가능합니다.

➡ 예시: "최근 글로벌 디자인 기업들이 생성형 AI를 디자인 워크플로우에 어떻게 적용하고 있는지 심층적으로 조사해줘."

4. 추가로 원하는 결과물 형태 지정하기

조사 결과를 어떻게 받아보고 싶은지 구체적으로 요청합니다. 예를 들어, 표로 정리, 리스트 형태, 간략한 요약, 상세 보고서 등으로 지정 가능합니다.

➡ 예시: "항목별로 가격, 기능, UX 친화성, 타깃 사용자 등 기준을 포함해서 생성형 AI 도구의 장단점 비교표를 만들어줘."

5. 피해야 하는 것 또는 원하지 않는 항목 명시하기

불필요한 정보나 조사 범위를 미리 배제하여 효율성을 높입니다.

➡ 예시: "AI를 활용한 UX 사례 중, 흔히 알려진 일반적인 챗GPT 활용사례나 초보자를 위한 정보는 제외하고, 보다 전문적이고 실무적인 사례만 조사해줘."

이러한 구성으로 프롬프트를 작성하면 저의 리서치 역량과 분석적 사고를 보다 잘 활용하여, 깊이 있는 맞춤형 결과물을 얻을 수 있습니다.

답변을 살펴보면, 앞서 정리한 프롬프트 엔지니어링 기법 7가지와 겹치는 부분이 많다. 조사 범위와 조건을 구체적으로 입력하고, 어떤 맥락에서 조사를 진행하는지 배경을 설명하며, 제외할 내용을 명확히 명시하는 방식 등은 일반 검색에도 적용되는 방법이다. 그러나 질문의 성격과 기대하는 결과에는 분명한 차이가 있다. 일반 검색이 표면적인 사실 중심의 정보를 찾아 요약하는 것이 주 목적이라면, 딥 리서치는 더 복합적이고 분석이 필요한 문제에 적합하다. 단순한 정보 검색이 아니라, 통찰하고 해석하며 비교·분석하는 작업이 핵심이다. 다음의 비교 예시를 보면 그 차이를 더욱 분명하게 알 수 있다.

표 2.3 일반 AI 검색 프롬프트와 딥 리서치 프롬프트 예시 비교

일반 AI 검색 프롬프트 예시	딥 리서치 프롬프트 예시
UX 디자인에서 챗GPT를 활용하는 사례를 알려줘.	UX 디자이너가 생성형 AI를 활용하여 사용자 인터뷰와 같은 정성적 리서치를 보완하거나 대체한 실제 사례를 3가지 조사해서 각각의 강점과 한계를 분석해줘.
2025년 인기 있는 AI-UX 디자인 도구를 추천해줘.	현재 가장 많이 쓰이는 생성형 AI-UX 디자인 도구 3개를 조사해서 실제 프로덕트 디자인 현업에서 도입 시 생기는 문제점이나 한계점은 무엇인지 비판적으로 분석해줘.
최근 생성형 AI 트렌드가 UX 디자인에 미치는 영향을 조사해줘.	최근 생성형 AI의 주요 트렌드를 분석해서 향후 3년 동안 UX 디자이너의 역할과 업무 프로세스에 미칠 영향이 무엇인지 인사이트를 제공해줘. 추가로 UX 디자이너들이 이에 대비하려면 어떤 역량을 키워야 하는지 제언도 부탁해.

예시에 나온 것처럼 딥 리서치 기능을 사용할 때는 일반 AI 검색 기능으로는 파악하기 어려운 구체적이고 복합적인 질문을 하는 것이 좋다. 이는 표면적인 검색 작업에서 한 단계 더 나아가, 다양한 관점에서 평가하거나 분석을 요청하는 방식이다. 또한, 단순한 정보 이상의 의견이나 인사이트를 요청하면 더 깊이 있는 정보를 얻을 수 있다.

한편 GPT가 제시한 다섯 가지 딥 리서치 활용 방법은 Claude와 Gemini 역시 동일하게 언급한 내용이다. 따라서 이 가이드를 바탕으로 프롬프트를 직접 생성해보겠다.

2.1.8.2 딥 리서치 프롬프트 작성을 위한 프로젝트 생성

GPT 채팅창에 바로 명령어를 입력해도 되지만, 추후 재활용을 고려해 GPT 프로젝트를 생성하는 방법을 소개한다. 'GPT 프로젝트(Project)'는 GPT와의 대화를 하나의 주제로 묶어 파일처럼 관리하고 프롬프트 지침을 통일할 수 있는 기능이다.

GPT 메인 화면 왼쪽 최상단에 위치한 '사이드바 열기' 아이콘을 클릭하면 채팅 목록 상단에 '프로젝트' 타이틀과 함께 [+] 버튼이 나타난다. 이 버튼을 클릭하여 새 프로젝트를 생성할 수 있다.

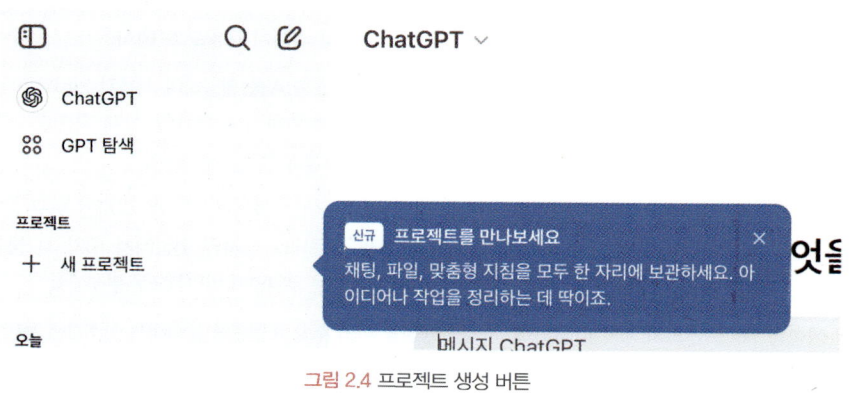

그림 2.4 프로젝트 생성 버튼

그림 2.5 '딥 리서치 프롬프트 작성' 프로젝트 폴더 생성

그러면 프로젝트 폴더 안에 '지침 추가' 기능이 보인다. 이 기능을 클릭한 후, 필요한 프롬프트를 작성하면 된다.

이 프로젝트 폴더에서는 딥 리서치 기능을 활용한 프롬프트 생성 작업을 진행할 예정이다. 따라서 앞서 GPT가 제시한 5가지 가이드를 지침란에 입력하면 된다. 지침에는 AI가 수행할 역할과 구체적인 방법이 상세히 설명되어 있다. 단순히 다섯 가지 방법만 입력할 경우, AI는 각 방법에 따라 프롬프트를 다섯 가지 버전으로 수정하는 작업만 수행하는 것을 확인했다. 따라서 가이드 적용 과정은 생략하고, 결과인 프롬프트 예시만 알려달라고 요청했다.

입력 프롬프트

너는 심층 리서치 기능을 잘 활용하기 위한 프롬프트를 체계적으로 잘 작성해주는 프롬프트 엔지니어링 전문가야. 내가 어떤 주제에 대해 조사하고 싶은지 너에게 얘기하면 너는 아래 5가지 가이드에 따라 심층 리서치에 적합한 프롬프트로 최적화해서 바꿔주면 돼. 5가지 가이드를 어떻게 적용했는지 나에게 설명할 필요는 없고 사용할 수 있는 프롬프트를 정리해서 예시 5가지를 알려줘. 필요하면 나에게 추가 질문을 요청해도 돼.

1. 목적과 목표 명확히 제시하기
   리서치의 최종 목적과 용도를 명확히 전달하면, 보다 정확하고 목적에 부합하는 정보를 제공합니다.

2. 구체적인 범위 및 기준 설정하기
   조사 범위를 한정하거나, 필요한 정보의 조건과 범위를 명시적으로 제시합니다.

3. 배경 설명과 맥락 추가하기
   배경 정보나 현재 작업 중인 상황, 또는 기대하는 활용 방식을 추가로 제공하면, 더 정확한 분석 및 맞춤형 인사이트가 가능합니다.

4. 추가로 원하는 결과물 형태 지정하기
   조사 결과를 어떻게 받아보고 싶은지 구체적으로 요청합니다. 예를 들어, 표로 정리, 리스트 형태, 간략한 요약, 상세 보고서 등으로 지정 가능합니다.

5. 피해야 하는 것 또는 원하지 않는 항목 명시하기
   불필요한 정보나 조사 범위를 미리 배제하여 효율성을 높입니다.

2.1.8.3 프롬프트 생성 후 딥 리서치 실행하기

이제 지침을 저장한 후 채팅창에 검색하고자 하는 키워드를 입력해보자.

표 2.4 입력 키워드별 딥 리서치 프롬프트

입력 키워드	생성된 딥 리서치 맞춤형 프롬프트
2025 AI 트렌드	다음은 "2025 AI 트렌드"라는 주제를 심층 리서치에 적합하게 최적화한 프롬프트 예시 5가지입니다: **예시 프롬프트 1** 2025년 주요 산업(AI 기반 프로덕트 디자인, UX/UI, 헬스케어, 금융 등)에서 두각을 나타낼 것으로 예상되는 인공지능 기술 트렌드를 조사해줘. - 범위는 최근 2년(2023~2025) 내 가장 주목받는 기술로 한정 - 기술명, 핵심 특징, 실제 적용 사례를 리스트 형태로 제공 - 구체적인 기술 원리나 수학적 설명은 제외하고 산업 및 제품 관점에서의 실용적 트렌드에만 집중 (이하 생략)
생성 AI의 발전이 디자이너에게 미치는 영향	아래는 요청하신 주제인 **"생성 AI의 발전이 디자이너에게 미치는 영향"**에 대해 심층 리서치를 위한 최적화된 프롬프트 예시 5가지입니다. **예시 프롬프트 1: 구체적 사례 중심 분석 요청** 생성 AI 기술 발전이 UX/UI 디자이너의 업무 방식과 역할 변화에 어떤 영향을 미치고 있는지 구체적인 글로벌 기업 또는 스타트업의 사례를 중심으로 조사해줘. 특히 실제 적용 사례와 업무 효율성 변화, 새롭게 요구되는 디자이너의 역량에 초점을 맞춰서 표 형태로 정리해줘. 기술적인 개념 설명이나 일반적이고 추상적인 내용은 제외해줘. (이하 생략)

예시로 '2025 AI 트렌드'와 '생성 AI의 발전이 디자이너에게 미치는 영향'을 각각 입력해 보았다. 두 예시 모두 의도적으로 간단하게 작성했지만, 생성된 프롬프트에는 구체적인 리서치 방향과 함께 답변에 포함되어야 할 조건까지 상세하게 정리되어 있었다.

이 중 '생성 AI의 발전이 시각 디자이너와 프로덕트 디자이너의 일자리에 가져올 긍정적인 영향과 부정적인 영향'이라는 주제를 선택해 GPT와 Gemini, Perplexity에서 각각 딥 리서치 기능을 활성화한 후 조사를 요청해보았다. 이때 한국어로 프롬프트를 입력하면 국내 웹사이트 자료 위주로 검색되는 한계가 있어, 프롬프트 끝에 '영어로 검색해주고 결과는 한국어로 번역해줘'라는 문장을 덧붙였다.

AI 도구별 딥 리서치(심층 리서치) 기능 활성화 방법[3]

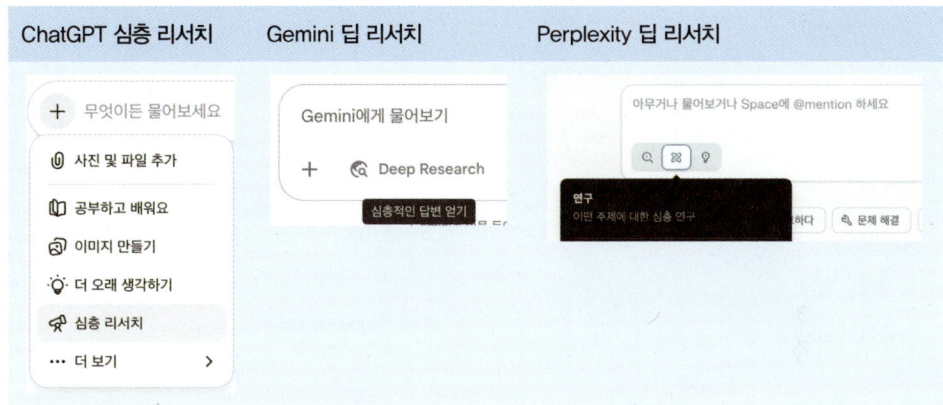

그림 2.6 ChatGPT, Gemini, Perplexity 딥 리서치 실행 화면

입력 프롬프트

생성 AI의 발전이 시각 디자이너와 프로덕트 디자이너의 일자리에 가져올 긍정적인 영향과 부정적인 영향을 명확하게 구분해서 비교 분석해줘. 특히 창의성, 생산성, 고용 안정성 측면에서 명확한 근거를 바탕으로 분석하고 간략한 요약 리스트로 제공해줘. 지나치게 기술적이거나 이론적인 설명은 피하고 현실적인 현황에 초점을 맞춰줘.
영어로 검색해주고 결과는 한국어로 번역해줘.

GPT 딥 리서치 수행 전 확인 문구

창의성, 생산성, 고용 안정성 측면에서 생성 AI가 시각 디자이너와 프로덕트 디자이너에게 미치는 긍정적 및 부정적 영향을 비교 분석해드릴게요. 혹시 특정 국가나 산업(예: 패션, IT, 게임, 광고 등)에 초점을 맞추길 원하시나요? 또는 프리랜서 vs. 인하우스 디자이너와 같은 고용 형태에 대한 구분도 필요하실까요?

---

[3] 각 도구의 프롬프트 입력 창에는 '딥 리서치(심층 리서치)' 활성화 버튼이 있다. 이 기능은 현재 ChatGPT, Gemini, Perplexity, Genspark(젠스파크), Grock 3에서 사용할 수 있으며, 본문에서는 이 중 가장 널리 쓰이는 ChatGPT, Gemini, Perplexity 세 가지를 소개한다.

GPT 딥 리서치 보고서 결과 (일부)[4]

생성형 AI가 시각/프로덕트 디자이너의 창의성, 생산성, 고용 안정성에 미치는 영향

창의성
- 긍정적 영향
- 부정적 영향

생산성
- 긍정적 영향
- 부정적 영향

고용 안정성
- 긍정적 영향
- 부정적 영향

Gemini 딥 리서치 수행 전 확인 문구

제가 만든 계획이에요. 연습하기 전에 변경할 게 있으면 알려 주세요.
(1) 생성 AI 기술이 시각 디자인 분야에 미치는 긍정적인 영향과 부정적인 영향을 조사하고, 각 영향에 대한 현실적인 사례를 찾아 제시해줘.
(2) 생성 AI 기술이 프로덕트 디자인 분야에 미치는 긍정적인 영향과 부정적인 영향을 조사하고, 각 영향에 대한 현실적인 사례를 찾아 제시해줘.
(3) 시각 디자이너의 창의성 측면에서 생성 AI가 제공하는 새로운 가능성과 잠재적인 위협을 분석하고, 실제 디자인 워크플로우에서의 적용 사례를 찾아봐.
(4) 프로덕트 디자이너의 창의성 측면에서 생성 AI가 제공하는 새로운 가능성과 잠재적인 위협을 분석하고, 실제 제품 개발 과정에서의 적용 사례를 찾아봐.
(5) 시각 디자이너의 생산성 향상에 생성 AI가 어떻게 기여할 수 있는지 구체적인 도구와 기술을 예시로 들어 설명하고, 생산성 저하를 유발할 수 있는 요인을 함께 조사해줘.
(6) 프로덕트 디자이너의 생산성 향상에 생성 AI가 어떻게 기여할 수 있는지 구체적인 도구와 기술을 예시로 들어 설명하고, 생산성 저하를 유발할 수 있는 요인을 함께 조사해줘.
(7) 생성 AI 기술 발전이 시각 디자이너의 고용 안정성에 미치는 단기적 및 장기적인 영향을 분석하고, 이에 대한 전문가들의 의견이나 예측을 찾아봐.

---

[4] 전체 답변 내용은 다음 주소에서 확인할 수 있다: https://chatgpt.com/share/6877654c-eb04-800c-bdd7-cb252a615aeb.

(8) 생성 AI 기술 발전이 프로덕트 디자이너의 고용 안정성에 미치는 단기적 및 장기적인 영향을 분석하고, 이에 대한 전문가들의 의견이나 예측을 찾아봐.
- 결과 분석
- 보고서 생성

Gemini 딥 리서치 보고서 결과 (일부)

(중간 내용 생략)

결론: 생성적 AI는 시각 및 제품 디자인 분야에서 심오하고 변혁적인 힘을 나타내며, 상당한 도전과 함께 많은 기회를 제공합니다. AI는 작업을 자동화하고, 생산성을 높이고, 새로운 창의적 길을 고무할 수 있는 잠재력을 제공하지만, 특히 전략적 사고, 감성 지능, 복잡한 문제 해결을 요구하는 역할에서 인간 디자이너를 완전히 대체할 가능성은 낮습니다. 이 변화하는 환경을 탐색하는 열쇠는 적응과 지속적인 학습에 대한 헌신에 있습니다. 디자인의 미래는 인간 디자이너와 AI 기술 간의 협력 관계로 특징지어질 가능성이 높으며, 이전에는 상상할 수 없었던 새로운 형태의 창의적 표현, 향상된 효율성, 혁신적인 솔루션으로 이어질 것입니다.

Perplexity 딥 리서치 보고서 결과 (일부)

생성 AI가 시각 디자이너와 프로덕트 디자이너 직업에 미치는 영향 분석

생성 AI 기술의 급속한 발전으로 시각 디자이너와 프로덕트 디자이너의 작업 환경이 크게 변화하고 있습니다. Goldman Sachs의 연구에 따르면 생성 AI는 예술 및 디자인 분야의 작업 중 26%를 자동화할 잠재력이 있습니다. 이러한 변화는 창의성, 생산성, 고용 안정성 측면에서 양면적 영향을 미치고 있으며, 이 보고서에서는 이러한 영향을 체계적으로 분석합니다.

(중간 내용 생략)

이러한 양면적 영향을 고려할 때, 디자이너들은 AI 도구와의 효과적인 협업 방식을 개발하고 자신만의 창의적 전문성을 강화하는 전략이 필요합니다. 생성 AI는 디자이너의 역할을 대체하기보다는 변화시키고 있으며, 이 변화에 적응하는 디자이너들에게 새로운 기회의 문이 열릴 것입니다.

다음은 각 도구의 리서치 결과를 비교하여 그 차이를 정리한 것이다.

표 2.5 GPT, Gemini, Perplexity 딥 리서치 특징 비교

	GPT	Gemini	Perplexity
소요 시간	3분	5분 이내	5분 이내
리서치 수행 전 체크	O, 추가 질문 답변 요청	O, 연구 과정 체크 요청	X, 바로 조사 실시

	GPT	Gemini	Perplexity
다운로드 가능 여부	X, 워드 파일 요청 시 내용 생략	O, 스프레드 시트 및 워드로 내보내기 가능	O, PDF, 워드, 마크다운, 페이지 내보내기 가능
참고 출처 개수	14개	46개 (확인 후 사용하지 않은 출처 28개)	34개
보고서 글자 수 (공백 제외, 한국어 번역)	4,405자	16,722자	2,817자
결론 요약 여부	X	O, 보고서 기반의 자세한 결론 제공	O, 보고서 기반의 간략한 결론 제공

동일한 주제로 리서치를 요청했을 때 세 도구 간 작업 소요 시간의 차이는 크지 않았지만, 최종적으로 정리된 보고서의 분량에는 큰 차이가 있었다. Gemini가 공백을 제외하고 16,722자로 가장 많았고, Perplexity는 2,817자로 가장 적었다. 무려 6배에 가까운 차이다.

내용을 비교해보면, GPT와 Perplexity는 창의성, 생산성, 고용 안정성 측면에서 긍정적·부정적 영향을 중심으로 정리한 반면, Gemini는 시각 디자인과 프로덕트 디자인 분야를 각각 나누고 주요 도구와 실제 사례까지 보다 면밀하게 분석해 제공했다. 단순히 분량이 많다는 차원을 넘어, 보고서 자체의 깊이나 구성 면에서도 Gemini가 높은 완성도를 보였다. 참고한 출처 수도 가장 많았고, 활용하지 않은 링크까지 함께 제공한 점이 인상적이었다. 또한, 보고서 말미에 결론을 요약해주는 구조 덕분에 전체 내용을 일일이 읽지 않아도 핵심을 빠르게 파악할 수 있었다.

반면 GPT는 결론 요약을 제공하지 않았고, 참고 출처 수도 가장 적었다. Perplexity는 두 문장 정도로 간결한 요약을 제공하여 내용을 빠르게 파악할 수 있었다. 보고서 다운로드 기능은 Gemini와 Perplexity에서만 제공되었으며, GPT에서는 제공되지 않았다.

물론 보고서의 정확성은 별도의 검증이 필요하지만, 생성 과정과 결과물의 특징만 비교해봤을 때 간단한 정보 요약이 필요한 경우 Perplexity가, 보다 깊이 있는 분석이 필요할 경우 Gemini가 더 적합하다는 판단이 들었다. GPT는 리서치에 앞서 추가 질문으로 조사 방향을 명확히 잡아준다는 점이 강점이며, AI 모델의 추론 정확도 측면에서도 성능이 가장 좋다는 평가를 받는다. 결국 도구별 강점이 분명하므로 여러 도구를 병행해 심층적으로 조사하고 결과를 비교해보는 것이 리서치 품질을 높이는 가장 효과적인 방법일 것이다.

2.2 _ 디지털 에스노그라피와 소셜 리스닝

AI를 활용한 사용자 리서치 방법 중 하나로, 실제 사용자 행동을 관찰하는 '디지털 에스노그라피'와 온라인 데이터를 수집·분석하는 '소셜 리스닝'이 있다. 먼저, 사용자의 행동과 맥락을 이해하는 데 효과적인 디지털 에스노그라피부터 살펴보자.

2.2.1 에스노그라피

에스노그라피(Ethnography)는 인류학에서 비롯된 연구 방법으로, 사용자가 실제로 서비스를 이용하는 환경에서 그들의 행동과 습관, 맥락을 직접 관찰하는 접근법이다. 단순한 인터뷰나 설문조사보다 더 깊이 있는 인사이트를 얻을 수 있다는 점에서 유용하다. 여기서는 가상의 사용자 인터뷰 도구인 Synthetic Users(신세틱 유저스)를 활용하여 이 방법론을 실행해보겠다.

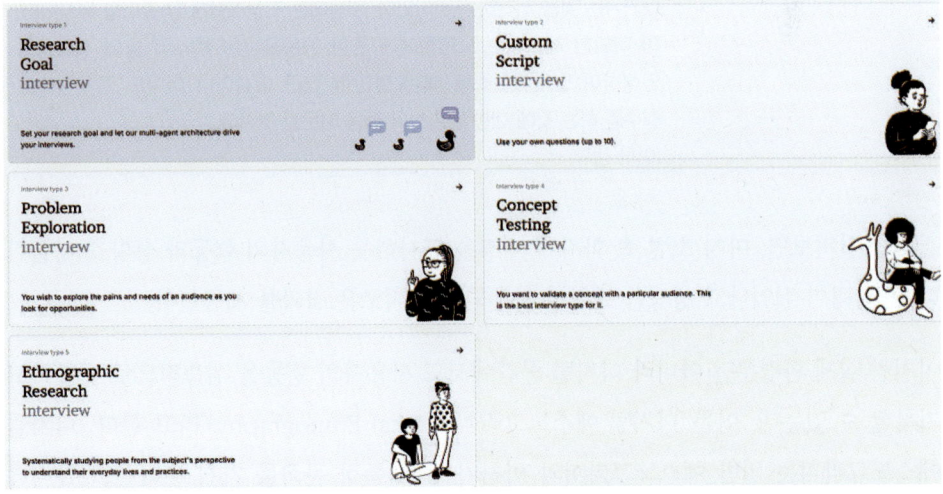

그림 2.7 Synthetic Users 메인 화면

Synthetic Users는 가상의 AI 퍼소나를 대상으로 여러 가지 리서치 방법론을 실행할 수 있도록 지원하는 AI 도구이다. 검색창에 'Synthetic Users'를 영어로 검색하면 가장 상단에 이 도구의 웹사이트가 나온다.

- Synthetic Users: https://www.syntheticusers.com/

웹사이트에서 로그인을 하면 인터뷰 종류를 선택할 수 있는 화면으로 연결된다. 여기서 가장 아래에 위치한 '에스노그라피 리서치 인터뷰(Ethnographic Research Interview)'를 선택하여, 문제 탐색 인터뷰와 동일하게 퍼소나 관련 질문에 답변을 입력하면 다음과 같은 관찰 조사 결과가 도출된다.

표 2.6 에스노그라피 리서치 결과 중 일부

1 – 1차 현장 방문 관찰	서울 중심부에 있는 번화한 맥도날드에 도착했을 때, 나는 유리 외관 아래에서 만화경 같은 활동을 발견했습니다. 패스트푸드 트레이 위에서 전통과 현대가 만났습니다. 저는 68세의 나이에 호기심과 의식을 섞어 자신의 세계의 기술적, 문화적 풍경을 탐색한 은퇴한 엔지니어 김민석에 초점을 맞췄습니다. 민석은 들어가자마자 예측 가능한 길을 따라 키오스크 뱅크로 곧장 향했다. 그의 태도는 자신감이 넘쳤지만, 새로운 일상에 적응하는 사람 특유의 약간의 주저함이 있었다. 예상치 못한 첫 번째 관찰은 화면에 가까이 다가가는 것을 꺼려하는 것이었다. 처음에는 조심스럽게 팔 길이를 유지했다. 이 미묘한 제스처는 노인들에게 흔한 행동을 강조했다. 기술의 취약성을 인식하여 인터페이스에 대한 불안한 접근 방식이나 아마도 공개적으로 실수를 하는 것에 대한 겸손한 두려움 때문일 것이다. (이하 생략)

결과를 살펴보면, 마치 소설 속 화자가 배경을 묘사하듯 사용자의 행동과 상황을 서술한다. 관찰력이 뛰어나고 생생한 표현이 사용되어 흥미로운 결과를 제공한다.

이처럼 실제 환경뿐만 아니라 디지털 공간에서도 사용자의 행동을 심층적으로 관찰하고 기록할 수 있는데, 이를 '디지털 에스노그라피(Digital Ethnography)'라고 한다. 디지털 에스노그라피는 일반 에스노그라피와 마찬가지로, 특정 문화를 가진 온라인 커뮤니티나 디지털 그룹의 사례를 분석하여 패턴을 발견하고 이해하는 것이 목적이다. Synthetic Users를 활용하면 이 과정도 간단하게 진행할 수 있다.

이보다 더 광범위한 접근법으로는 소셜 미디어에서 공유된 사용자 피드백을 수집하여 전반적인 의견과 경향을 분석하는 '소셜 리스닝(Social Listening)'이 있다. 디지털 에스노그라피가 '왜, 그리고 어떻게 행동하는가'에 집중한다면, 소셜 리스닝은 '어떤 일이 일어나고 있는가'에 초점을 맞춰 조사하는 방식이다. 이번에는 AI로 소셜 리스닝 방법론을 수행하는 방법을 알아보자.

2.2.2 소셜 리스닝 (1) – Perplexity

소셜 리스닝을 실행하는 방법 중 하나는 Perplexity(퍼플렉시티)를 활용하는 것이다. Perplexity는 GPT나 Claude와 같은 AI 모델과 달리, 검색 기능에 초점을 맞춘 'AI 검색 엔진'이다. GPT처럼 맥락을 기억하며 대화를 이어가는 기능은 부족하지만, 사용자의 질문에 대해 여러 웹 소스를 검색하고 요약하며, 출처를 명확히 제시한다는 강점이 있다. 실시간 웹 검색을 기반으로 하므로 답변의 신뢰도가 상대적으로 높다. 이러한 특성 덕분에 '구글의 대항마'로도 불린다.

Perplexity는 출시된 지 2년밖에 되지 않았지만, 월평균 검색량이 급격히 증가하고 있으며, 최근에는 미국 유료 사용자를 대상으로 AI 쇼핑 기능까지 추가되었다. Perplexity의 주요 기능 중 하나는 특정 출처를 지정하여 그 출처에서만 정보를 검색하도록 설정할 수 있다는 점이다. 이를 활용하면 소셜 미디어에서 사용자 의견을 보다 효율적으로 수집할 수 있다.

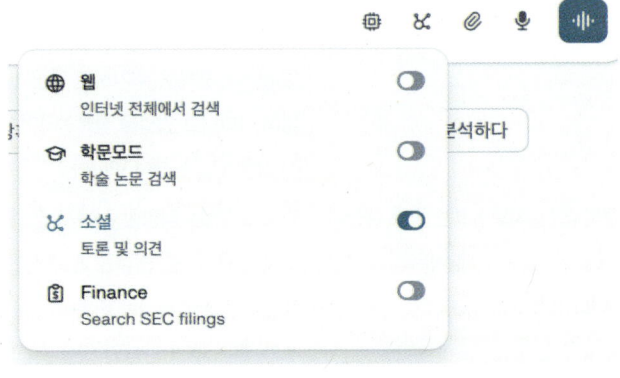

그림 2.8 Perplexity 프롬프트 입력 화면

Perplexity 메인 화면의 프롬프트 입력창 우측 하단에는 지구본 모양의 아이콘이 표시되어 있다. 이는 Perplexity의 기본 검색 모드가 '웹: 인터넷 전체에서 검색'으로 설정되어 있기 때문이다. 이 아이콘을 클릭하면 원하는 출처를 지정하여 검색할 수 있다. 원래는 약 6가지 선택지가 있었지만, 업데이트를 통해 검색 옵션이 3가지로 줄어들었다. 그중 '소셜(토론 및 의견)'이라는 옵션을 활성화하면 소셜 미디어 데이터를 중심으로 검색이 진행된다.

소셜 리스닝 프롬프트 (영어로 입력)

맥도날드 키오스크를 이용하는 사람들이 겪는 어려움은 무엇인가요?
(What are the pain points for people using McDonald's kiosks?)

생성된 답변 중 일부 (한국어로 번역)

생성 답변	SNS(레딧) 출처 내용
검색 결과에 따르면, 맥도날드 키오스크를 사용하는 사람들은 다음과 같은 몇 가지 어려움을 겪는 것으로 나타났습니다. 느리고 반응 없는 인터페이스: 인터페이스가 매끄럽지 않고, 계산원과 대화하는 것보다 주문하는 데 훨씬 더 오래 걸립니다. 6 복잡한 탐색: 사용자 인터페이스는 끔찍하다고 설명되며, 클릭해야 할 메뉴가 많고 화면 곳곳에 버튼이 흩어져 있습니다. 7 3. 제한된 사용자 정의 옵션: 키오스크는 종종 계산대에서 주문할 때 사용할 수 있는 전체 범위의 사용자 정의 옵션이 부족합니다. 3 11	**맥도날드는 정말 끔찍해요!!** 우리는 카운터에서 주문을 받는 것이 허용되지 않습니다. 우리는 사람들에게 키오스크를 사용하라고 말해야 하고 도움이 필요하면 도울 수 있다고 말해야 합니다. **맥도날드 셀프서비스 키오스크의 UX는 끔찍합니다** 키오스크 UI가 끔찍합니다. 클릭해야 할 메뉴가 많습니다(스마트폰 앱도 동일합니다). 버튼은 화면 전체에 있습니다. 항목을 추가하면 다른 항목을 추천하는 팝업이 나타나고 팝업을 종료하려면 큰 '아니요' 버튼 대신 작은 'x'를 눌러야 합니다. 키오스크에는 다양한 사용자 정의 옵션이 없습니다. 고객이 라이트한 케첩을 원하더라도 키오스크에서는 해당 제품을 주문하는 버튼이 없을 것이고 '일반 케첩 추가' 혹은 '추가 안함'만 있을 것입니다.

예를 들어, 맥도날드 키오스크 이용자의 불편 사항(페인 포인트)을 조사하려면 해당 내용을 영어로 입력하여 검색하면 된다. Perplexity가 주로 영어권 사용자들이 이용하는 레딧(Reddit)에서 데이터를 가져오기 때문에 영어로 검색했을 때 더 정확한 결과를 얻을 수 있다. 따라서 국내 사용자 의견을 직접 수집하는 것은 어렵지만, 글로벌 서비스 기획이나 해외 시장 조사를 할 때 유용하게 활용할 수 있다.

검색을 실행하면 레딧에서 관련 사용자 피드백이 정리되어 제공되며, 각 답변에는 해당 출처 링크가 함께 표시된다. 그러나 단순히 출처 링크를 확인하는 것만으로는 부족하며, 직접 접속하여 원문을 검토하는 과정이 반드시 필요하다. 이는 AI의 할루시네이션 현상 때문이다. Perplexity뿐만 아니라 GPT 역시 웹 검색 기반으로 답변을 생성할 때 실제 웹 상의 정보를 참고하지만, 기존에 학습된 정보가 섞이거나 존재하지 않는 내용을 생성할 가능성이 있다.

예를 들어, 검색 결과에서 3번 답변은 '제한된 사용자 지정 옵션'이 문제라고 언급하며, 선택 가능한 사이드 메뉴나 옵션의 종류가 제한적이라고 설명한다. 해당 답변에는 3번과 11번 출처 링크가 함께 제공되었는데, 11번 링크에서는 답변과 동일한 내용의 사용자 피드백을 확인할 수 있었지만, 3번 출처 링크에서는 맥도날드가 아닌 타코벨 키오스크에 대한 의견이 포함되어 있었다. 다행히 다른 출처에서 답변을 뒷받침할 근거를 찾을 수 있었지만, 가끔 전혀 관련 없는 웹사이트가 출처로 연결되거나 AI가 생성한 내용이 실제와 다를 수도 있다.

따라서 Perplexity를 활용할 때는 AI가 제공하는 출처 링크를 반드시 직접 확인하고, 답변 내용과 일치하는지 교차 검증하는 과정이 필요하다.

> **Note** 추가 AI 소개: Consensus AI
>
> Perplexity는 '소셜' 옵션 외에도 신뢰할 수 있는 학술 자료와 정보 소스를 우선적으로 참조하는 학문 모드를 제공한다. 이를 활용하면 보다 전문적이고 정확한 정보를 바탕으로 검색 결과를 얻을 수 있다. 이와 유사한 기능을 제공하는 서비스로 Consensus AI(컨센서스 AI)가 있다.
>
> - Consensus AI: https://consensus.app/

그림 2.9 Consensus AI 메인 화면

Consensus AI는 1억 개 이상의 학술 논문을 기반으로 답변을 생성하는 AI 시스템으로, 신뢰성이 높은 것으로 평가된다. 또한 Perplexity와 마찬가지로 각 답변이 어떤 논문을 참조했는지 출처를 명확하게 제공하므로 사용자가 직접 검증할 수 있다는 점에서도 신뢰도가 높다.

입력 프롬프트 (영어로 입력)

키오스크의 사용자 인터페이스 디자인이 시니어 사용자의 사용성에 어떤 영향을 미칠까?
(How does user interface design in self-service kiosks impact the usability for elderly customers?)

생성된 답변 중 일부 (한국어로 번역)

셀프 서비스 키오스크의 사용자 인터페이스 디자인은 수용, 사용 용이성 및 전반적인 경험에 영향을 미쳐 노인 고객의 사용성에 상당한 영향을 미칩니다. 주요 요인으로는 친숙함, 단순성 및 지원적인 물리적 특징이 있습니다.

사용성에 대한 주요 영향

친숙함과 단순함: 종이 메뉴를 닮은 스큐어모픽 디자인과 같이 친숙한 인터페이스를 모방한 디자인은 노인의 사용 편의성을 개선하고 자기 효능감과 사용 의도를 증가시킵니다. 선형 탐색 구조도 선호되는데, 이는 지각된 유용성을 향상시키고 작업 완료 시간을 단축하기 때문입니다.3 7

노력 및 성과 기대: 탐색 및 이해가 쉬운 사용자 인터페이스는 노인들이 새로운 기술을 도입하려는 의지에 중요한 성과 및 노력 기대를 크게 높여줍니다.1 5

물리적 디자인 특징: 의자와 프라이버시 파티션과 같은 물리적 요소를 통합하면 정신적 요구와 노력을 줄여 키오스크 경험을 더 편안하고 노령층 사용자 에게 덜 좌절스럽게 만들 수 있습니다.4

심리적 및 사회적 요인: 낮은 자기 효능감과 사회적 압박과 같은 심리적 장벽을 해결하는 것이 필수적입니다. 지원과 동기를 제공하고, 유리한 환경을 제공하면 노인 사용자가 키오스크 기술에 더 익숙해지는 데 도움이 될 수 있습니다.2

인터페이스 디자인 선호도: 노인은 자연스러운 시청 및 상호 작용 패턴과 일치하는 명확하고 윤곽이 잡힌 버튼과 일관된 레이아웃이 있는 인터페이스를 선호합니다. 이는 오류를 줄이고 사용성을 향상시킵니다.6 8

결론
셀프 서비스 키오스크를 위한 효과적인 사용자 인터페이스 디자인은 친숙하고 단순하며 지원적인 디자인에 초점을 맞춤으로써 노인 고객의 사용성을 크게 향상시킬 수 있습니다. 이러한 요소를 통합하면 수용성을 개선하고 오류를 줄이며 노인에게 기술을 더 접근하기 쉽고 사용하기 쉽게 만들 수 있습니다.

출처 논문 목록
[1] 사용자 인터페이스 특성이 중국인 시니어의 의료 키오스크 행동 의도 및 수용에 영향을 미침: 확장된 UTAUT 모델을 기반으로 한 경험적 검토
- 사용자 인터페이스 디자인은 중국 시니어 고객의 기대와 밀접한 관련이 있습니다.

[2] 키오스크 사용자 경험 개선: 노인의 심리적 요인
- 시니어 고객을 위해 키오스크 UX를 개선하려면 그들의 기술 수용 심리를 다루고 익숙하지 않은 키오스크 문화, 사회적 압박, 낮은 자기효능감과 같은 요소를 디자인에 통합해야 합니다.

(이하 생략)

Consensus AI는 한국어 프롬프트도 지원하지만, 영어로 입력할 경우 더 많은 학술 자료를 검색하고 분석한 답변을 제공한다. 따라서 보다 풍부한 정보를 확보하려면 영어로 프롬프트를 입력하는 것이 효과적이다. 출처 목록에서는 단순히 논문 제목을 나열하는 것이 아니라, 각 논문이 왜 인용되었는지에 대한 설명도 함께 제공된다. 또한, 답변 하단에는 추가로 탐색할 수 있는 질문 목록이 제시되므로, 이를 활용하면 더욱 심층적인 연구를 진행할 수 있다.

이처럼 Consensus AI는 연구자뿐만 아니라, 학술적 근거가 필요한 다양한 분야에서도 유용하게 활용할 수 있는 강력한 도구이다.

2.2.3 소셜 리스닝 (2) – Listly와 Claude

AI를 활용한 소셜 리스닝 방법의 두 번째 방식은 Listly(리스틀리, https://www.listly. io/ko/)와 Claude를 함께 사용하는 것이다. Listly는 웹상의 데이터를 크롤링할 수 있는 구글 크롬 플러그인으로, 특정 웹사이트에서 원하는 데이터를 수집하는 데 활용할 수 있다. 이후 Claude를 이용해 데이터를 정리하고 분석하면 보다 유의미한 인사이트를 도출할 수 있다.

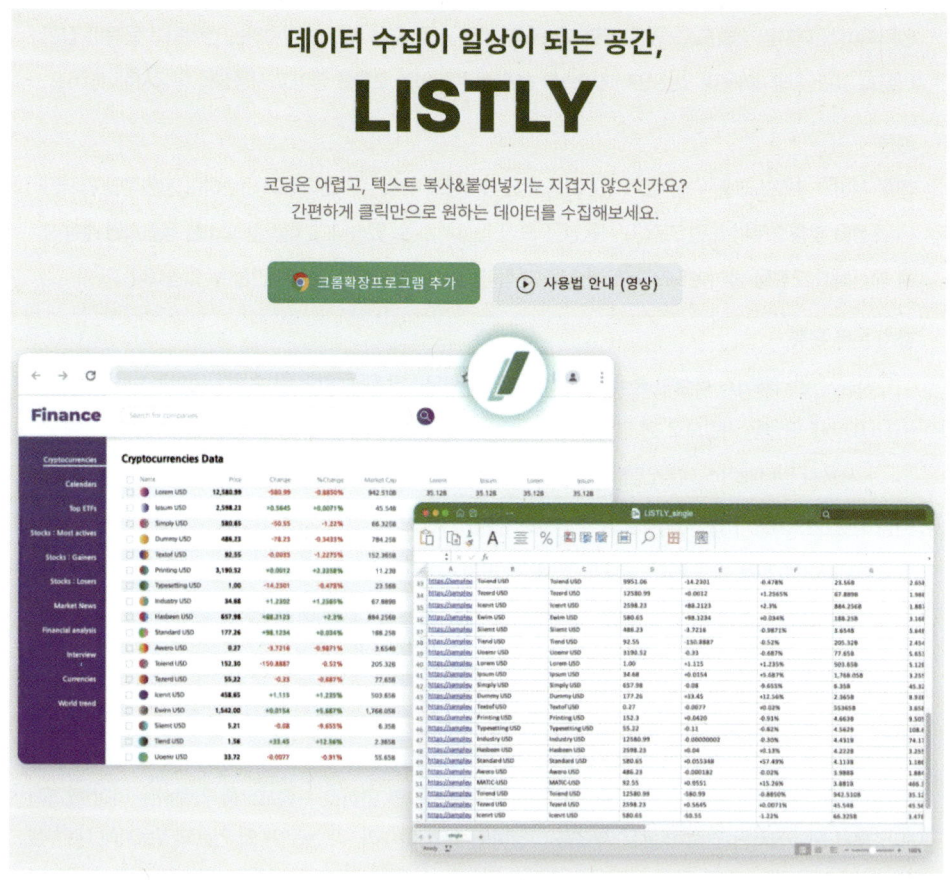

그림 2.10 Listly 메인 화면

이 방법을 활용하면 특정 서비스의 사용자 피드백을 효과적으로 분석할 수 있다. 예를 들어, 구글 플레이스토어에 등록된 앱 리뷰 데이터를 수집하는 과정을 살펴보자. 먼저 구글 크롬에서 Listly를 검색하여 메인 홈페이지로 접속한다. 그리고 **[크롬 확장 프로그램 추가]** 버튼을 클릭하면 자동으로 설치된다. 설치가 완료되면 브라우저 상단에 Listly 아이콘이 표시된다.

그다음, 분석하고자 하는 서비스의 구글 플레이스토어 페이지에 접속하여 '평점 및 리뷰' 섹션을 확인한다. 리뷰를 충분히 확보하려면 '오른쪽 화살표' 버튼을 클릭해 가능한 한 많은 리뷰를 표시해야 한다. 그런 다음, Listly 아이콘을 클릭하고 '파트 베타(Part-beta)' 버튼을 선택하여 크롤링할 영역을 설정한다. 이때, 리뷰 부분을 처음부터 끝까지 드래그한 후 스크롤을 내리면 Listly가 해당 데이터를 자동으로 수집한다.

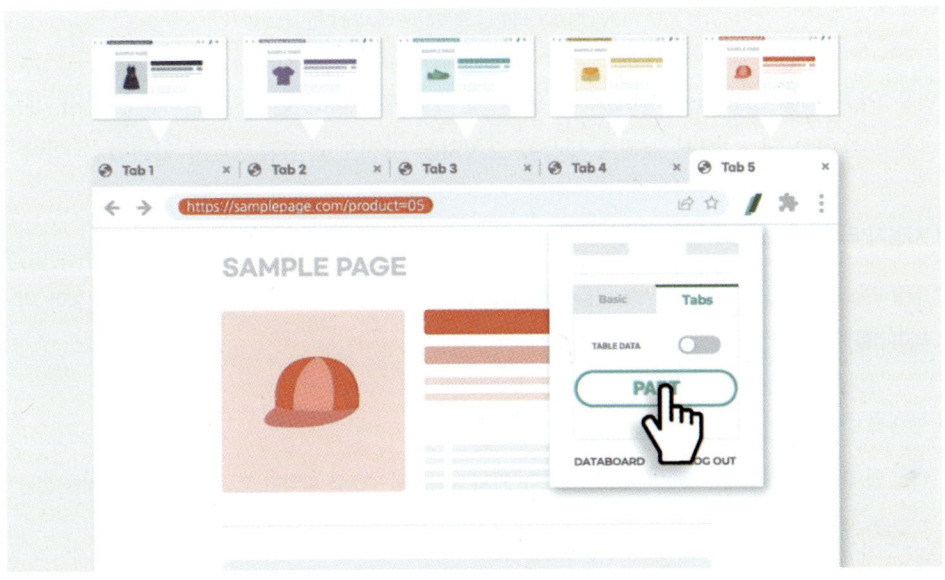

그림 2.11 Listly 실행 화면

단, iOS 앱스토어에서는 웹 페이지에서 전체 리뷰를 한 번에 확인할 수 없기 때문에 구글 플레이스토어의 데이터를 활용하는 것이 더 적절하다. 또한, 리뷰 개수가 너무 많을 경우 적절한 시점에서 스크롤을 멈추고 데이터를 저장하는 것이 좋다. 수집된 데이터는 런 리스틀리(RUN LISTLY) 버튼을 클릭하여 스프레드시트(.csv) 파일로 다운로드할 수 있다.

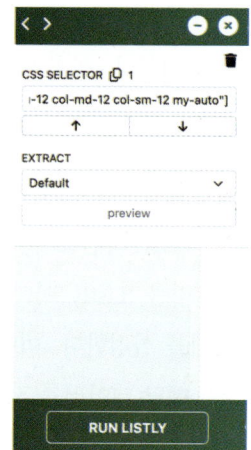

그림 2.12 RUN LISTLY 버튼을 클릭하여 데이터 다운로드 받기

이후 이 파일을 Claude에 업로드한 후 AI 분석을 수행하면 된다. 예를 들어, 먼저 리뷰 분석을 요청한 뒤, 이어서 그래프 생성을 요청하는 방식으로 프롬프트를 입력할 수 있다.

사용자 리뷰 분석 요청 프롬프트 [1]

> 소셜 리스닝 리서치를 수행하기 위해 구글 플레이스토어에서 '다방' 앱의 리뷰를 수집한 파일을 첨부했어. 이 데이터를 분석해줘.

생성된 답변

다방 앱 후기 데이터를 분석해보도록 하겠습니다. 먼저 데이터의 구조를 파악한 후, 소셜 리스닝 분석을 진행하겠습니다.

데이터를 확인해보니, 다음과 같은 구조로 되어 있습니다: [분석 코드]

- 사용자 프로필 이미지 URL (LABEL-1)
- 사용자 이름 (LABEL-2)
- 리뷰 작성일 (LABEL-5)
- 리뷰 내용 (LABEL-6)
- 리뷰 유용성 평가 관련 정보 (LABEL-7~10)

    (이하 생략)

사용자 리뷰 분석 요청 프롬프트 [2]

분석 결과를 시각적으로 잘 파악할 수 있게 그래프로 그려줘.

생성된 답변

위 대시보드는 세 가지 주요 시각화를 포함하고 있습니다:

1. 시계열 분석 (상단 그래프)

- 최근 리뷰 수 추이를 보여주는 막대 그래프
- 월별 리뷰 수의 변화 추세를 파악할 수 있음

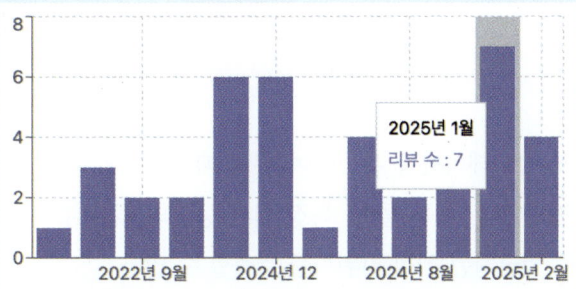

그림 2.13 Claude가 생성한 최근 리뷰 추이 그래프

키워드 분석 (좌측 하단)

- 주요 키워드별 언급 빈도를 보여주는 가로 막대 그래프
- '매물', '지도' 등 주요 이슈들의 상대적 중요도를 시각적으로 표현

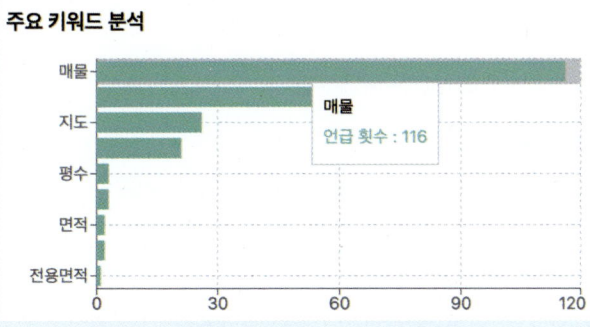

그림 2.14 Claude가 생성한 주요 키워드 분석 그래프

감정 분석 (우측 하단)
- 긍정/부정/중립 리뷰의 비율을 보여주는 파이 차트
- 각 감정 상태의 분포를 퍼센트로 표시

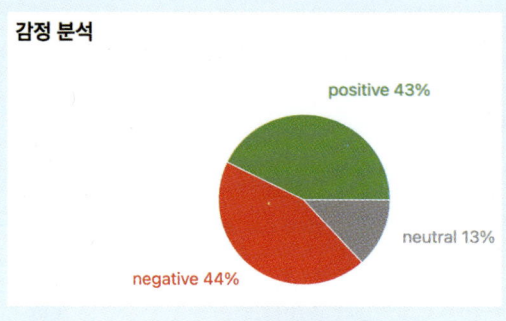

그림 2.15 Claude가 생성한 감정 분석 그래프

Claude는 스프레드시트 데이터를 분석하여 주요 패턴을 도출하고, 시각적인 그래프를 생성해 데이터를 정리했다. 예를 들어, 특정 기간 동안의 리뷰 추이 변화를 시각화하거나 사용자들이 자주 언급하는 핵심 키워드를 추출할 수 있다.

또한, 불편 사항을 정리해 그래프로 표현하도록 요청할 수도 있다.

사용자 리뷰 분석 요청 프롬프트 [3]

사용자들이 언급한 불편사항을 자세히 분석하고 시각화해줘.

생성된 답변

다방 앱의 불편사항을 두 가지 관점에서 시각화했습니다:

1. 불편사항 분포도 (상단 차트)
- 전체 리뷰 중 각 불편사항이 차지하는 비율을 보여주는 가로 막대 그래프
- 주요 발견사항:
  - 매물 정보 관련 불만이 73.3%로 가장 높음
  - 기능 부재(49.4%)와 필터링 문제(48.9%)가 그 다음으로 많음
  - 지도 기능(17.8%)과 UI 사용성(16.7%)이 중간 순위
  - 앱 성능(3.9%)과 면적 표시(2.2%)는 상대적으로 낮은 비중

다방 앱 주요 불편사항 분석
매물 정보
기능 부재
필터링 문제
지도 기능
UI 사용성
광고 불만
앱 성능
면적 표시
0
25
50
75
100
필터링 문제
비율: 48.9%
건수: 88건
검색 조건 설정 불편, 필터 정확도 낮음

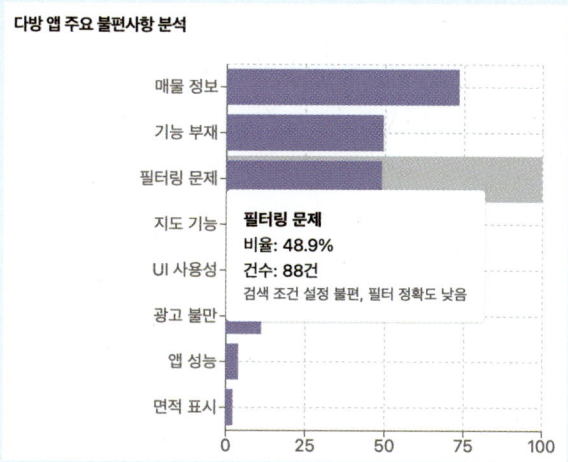

그림 2.16 Claude가 생성한 불편사항 분석 그래프

2. 대표 사례 (하단 카드)

- 각 카테고리별 실제 사용자 리뷰 예시를 보여줌
- 구체적인 문제점과 개선 요구사항을 확인할 수 있음

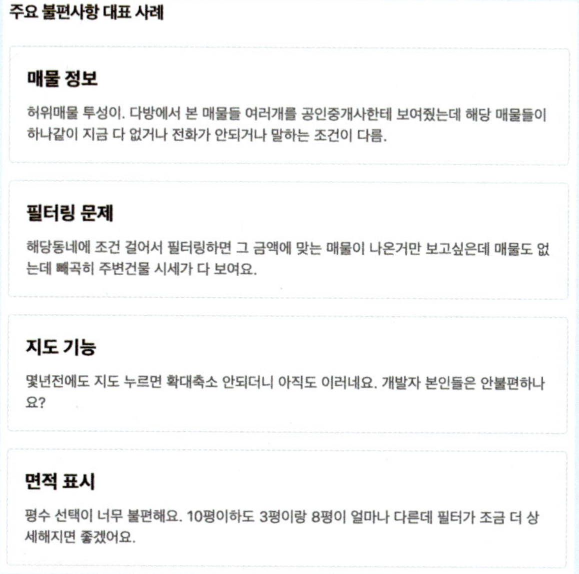

주요 불편사항 대표 사례
매물 정보
허위매물 투성이. 다방에서 본 매물들 여러개를 공인중개사한테 보여줬는데 해당 매물들이 하나같이 지금 다 없거나 전화가 안되거나 말하는 조건이 다름.
필터링 문제
해당동네에 조건 걸어서 필터링하면 그 금액에 맞는 매물이 나온거만 보고싶은데 매물도 없는데 빼곡히 주변건물 시세가 다 보여요.
지도 기능
몇년전에도 지도 누르면 확대축소 안되더니 아직도 이러네요. 개발자 본인들은 안불편하나요?
면적 표시
평수 선택이 너무 불편해요. 10평이하도 3평이랑 8평이 얼마나 다른데 필터가 조금 더 상세해지면 좋겠어요.

그림 2.17 Claude가 생성한 주요 불편사항 대표 사례

생성된 답변을 보면 문제별 언급 비율과 함께 실제 사용자 리뷰 사례도 확인할 수 있어 보다 구체적인 분석이 가능하다.

이처럼 Listly와 Claude를 함께 활용하면 사용자 피드백 데이터를 효과적으로 수집하고 체계적으로 분석할 수 있으며, 이를 통해 서비스 개선 방향을 보다 명확하게 도출할 수 있다.

03

UX 디자이너와 AI의 협업 과정: AI 사용자 인터뷰

3.1 _ 가상의 AI 퍼소나 인터뷰 – GPTs

3.2 _ AI 퍼소나와 인터뷰하기 – Synthetic Users

3.3 _ 클론 AI 인터뷰

3.1 _ 가상의 AI 퍼소나 인터뷰 – GPTs

사용자를 이해하기 위한 다양한 리서치 방법론이 존재하는데, 그중 하나가 직접 인터뷰를 통해 인사이트를 도출하는 방식이다. 이 방법은 사용자로부터 다양하고 풍부한 의견을 수집해 심층적인 정보를 파악할 수 있다는 점에서 강점이 있지만, 실무에서는 실행이 어렵다는 문제가 지속적으로 제기되고 있다.

2023년 7월, 오픈서베이는 IT 업계 및 관련 분야에 종사하는 직장인 남녀 379명을 대상으로 UX 리서치에 대한 인식과 진행 현황을 조사해 트렌드 리포트를 발행했다. 해당 보고서에 따르면 UX 리서치의 중요성에 대한 인식은 매우 높은 반면, 실제 기업 내 UX 리서치 인프라는 부족한 실정이었다. 전체 응답자의 91.6퍼센트가 사용자와 사용자 경험을 이해하는 것이 매우 중요하다고 답했지만, 이를 위한 리서치 인프라가 갖춰져 있다고 응답한 비율은 20.6퍼센트에 불과했다. 특히 응답자의 69퍼센트는 UX 리서치를 진행하지 않는 이유로 내부 리소스와 인력의 부족을 꼽았다.

또한, 사용자 인터뷰 프로세스 중 실무자들이 가장 어려움을 느끼는 단계는 인터뷰 대상자 모집과 결과 분석으로 나타났다. 특히 독특한 특성을 가진 타깃 사용자의 경우, 모집 난이도가 더욱 높아질 수밖에 없다. 실제 워크숍 현장에서도 이러한 현실적인 어려움에 공감하는 실무자들이 많았다. 이들은 리서치의 필요성은 명확히 인지하고 있지만, 실제로 수행하는 경우는 드물었다. 리서치 체계가 잘 마련되어 있어도 사용자를 직접 만나기까지 준비할 요소가 많은 데다 인터뷰 자체에 대한 심리적 부담도 커서 실행의 문턱이 높아지는 것이다.

결국 고객 중심의 제품을 개발하기 위해서는 서비스 기획 초기 단계에서부터 사용자의 니즈를 정확히 파악하고 반영해야 한다. 이 과정을 생략하면 고객의 요구와 맞지 않는 서비스를 개발하게 되어, 이후 수정에 많은 비용이 드는 악순환이 반복될 수 있다. 실제로 스타트업의 3년 내 생존율이 약 33퍼센트에 불과한데, 실패 원인 1위로 '시장 니즈가 없는 제품을 만든 것'이 꼽히고 있다는 점이 이를 뒷받침한다.

이처럼 사용자 인터뷰는 필수적이지만 실행하기는 어렵다. 그렇다면 실제 사용자가 아닌 AI를 활용해 가상의 사용자를 설정하고 인터뷰를 진행해보면 어떨까? 가능성을 검증

03. UX 디자이너와 AI의 협업 과정: AI 사용자 인터뷰

해보기 위해 다양한 AI 도구를 활용해 맥도날드 키오스크 사용자의 페인 포인트를 찾기 위한 인터뷰를 직접 진행해보았다. 여러 GPTs와 Synthetic Users를 이용해 퍼소나 생성부터 인터뷰 진행, 분석까지의 전 과정을 수행한 후 그 결과를 비교해보자.

3.1.1 가상의 AI 퍼소나 대상 자동 인터뷰 생성

STEP 1: 서비스 키워드를 넣어서 퍼소나 생성하기

사용한 GPTs: Persona Creator(퍼소나 크리에이터)

가상의 사용자 인터뷰를 진행하기 위해서는 먼저 어떤 사용자를 대상으로 할 것인지 명확히 해야 한다. 즉, 사용자에 대한 정보가 필요하기 때문에 퍼소나 생성을 가장 먼저 수행해야 한다. 이를 위해 퍼소나 생성에 특화된 GPTs를 활용할 수 있다.

GPTs는 ChatGPT 화면 좌측에 있는 'GPT 탐색' 메뉴를 통해 찾아볼 수 있으며, 원하는 기능에 따라 검색어를 입력해 관련 GPT를 쉽게 검색할 수 있다. 다음은 ChatGPT에서 GPT 검색창에 'Persona Creator'를 입력한 화면 이미지이다.

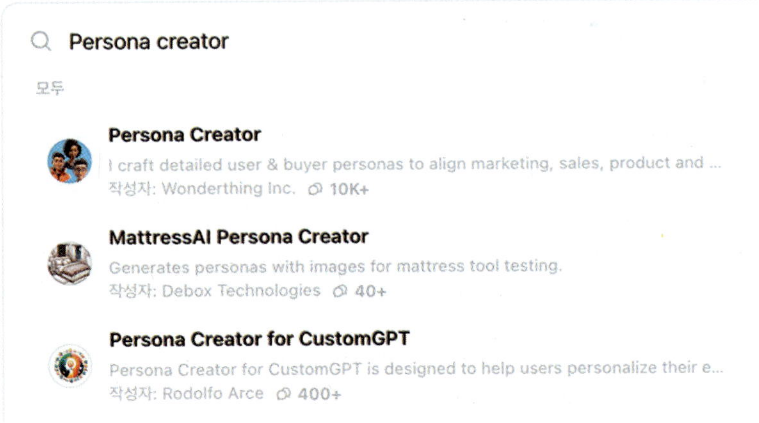

그림 3.1 Persona Creator 검색 화면

검색 결과의 가장 상단에 보이는 'Persona Creator'를 클릭하면, 해당 GPT가 어떤 기능을 제공하는지 확인할 수 있다. 설명창에 따르면, Persona Creator는 특정 서비스나 제품의 사용자 특성을 반영해 맞춤형 퍼소나를 생성해주는 AI 도구다.

예시 프롬프트로는 '구매자 퍼소나를 생성해줘', '유저 퍼소나를 생성해줘'와 같은 문장이 소개되어 있으며, 이와 유사한 형태로 프롬프트를 입력하면 퍼소나 생성이 가능하다.

하단의 채팅 시작 버튼을 클릭하면, 일반 GPT-4 대화창과는 다른 Persona Creator 전용 챗봇 대화창이 새롭게 열리며, 여기서 원하는 프롬프트를 입력하면 된다.

퍼소나 생성 프롬프트 [1]

맥도날드 키오스크를 이용하는 시니어 고객의 퍼소나를 생성해줘.

생성된 답변

맥도날드 키오스크를 이용하는 시니어 고객의 사용자(persona)를 생성하기 위해 몇 가지 질문을 드릴게요. 아래 질문에 답해주시면 더욱 정확한 퍼소나를 만들 수 있습니다.

1. **연령대**: 주로 어떤 연령대의 시니어 고객을 대상으로 하나요? (예: 60대 초반, 70대 중반 등)
2. **주요 특징**: 이 고객들은 어떤 상황에서 맥도날드를 방문하나요? (예: 혼자 방문, 가족과 함께, 친구와 함께 등)
3. **디지털 기기 사용 경험**: 스마트폰이나 키오스크 같은 디지털 기기를 얼마나 자주 사용하나요?
4. **주요 문제점**: 키오스크 사용 시 어떤 어려움을 가장 많이 겪나요? (예: 글씨 크기, 메뉴 탐색, 결제 방법 등)
5. **구매 패턴**: 보통 어떤 메뉴를 선호하나요? 할인 메뉴를 찾는 편인가요?
6. **도움 요청 여부**: 직원이나 다른 고객에게 도움을 요청하는 편인가요, 아니면 스스로 해결하려고 하나요?

이 정보를 바탕으로 보다 구체적이고 현실적인 시니어 고객 퍼소나를 만들어 드릴 수 있습니다! 😊

프롬프트는 복잡하게 입력할 필요 없이 어떤 서비스를 사용하는 퍼소나인지 간단히 설명해주면 된다. 그러면 AI가 자동으로 퍼소나 생성에 필요한 연령대, 주요 특징, 디지털 기기 사용 경험 등 초기 정보를 질문 형식으로 요청한다.

아직 리서치 초기 단계라 실제 사용자 데이터를 보유하고 있지 않더라도 타깃 사용자 그룹에 대한 시장 조사나 내부 이해관계자의 의견 등을 참고해 대략적인 정보를 제공하면 충분하다.

가령 맥도날드 키오스크를 이용하는 시니어 고객층을 대상으로 할 경우, 다음과 같이 답변을 구성할 수 있다.

퍼소나 생성 프롬프트 [2]

1. 연령대: 60대 후반~70대
2. 주요 특징: 주로 혼자 방문
3. 디지털 기기 사용 경험: 자주 사용할 수밖에 없는 상황에 놓이지만 새로운 기계 사용과 디지털 기술 사용하는 걸 어렵게 느낌
4. 주요 문제점: 키오스크 사용 시 어떤 어려움을 가장 많이 겪나요? : 메뉴 탐색 및 결제 과정에서 어려움을 느낌
5. 구매 패턴: 할인 메뉴, 인기 메뉴 선호
6. 도움 요청 여부: 직원에게 도움 요청하는 게 불편해서(혹은 어떻게 도움을 요청할지 몰라서) 스스로 해결하고자 함

생성된 답변

주어진 정보를 바탕으로 **맥도날드 키오스크를 이용하는 시니어 고객의 사용자 퍼소나**를 생성했습니다.

퍼소나 1: 이재훈 (68세, 은퇴자)

👤 **기본 정보**
- 연령: 68세
- 성별: 남성
- 거주지: 서울, 한국
- 소득: 은퇴 연금과 저축으로 생활
- 교육 수준: 고등학교 졸업

📌 **주요 특징 & 라이프스타일**
- 가치관: 효율성, 실용성, 비용 절감
- 관심사: 건강, 걷기 운동, 커피 모임
- 라이프스타일: 매일 동네를 산책하고 친구들과 카페에서 시간을 보내는 것을 선호

🎯 **목표 & 기대**
- 키오스크를 빠르고 쉽게 사용해 원하는 메뉴를 주문하고 싶음
- 할인 메뉴나 인기 메뉴를 쉽게 찾고 싶음
- 다른 사람에게 도움을 요청하지 않고 혼자 해결하고 싶음

😟 주요 문제점 & 불편함

- 키오스크 사용에 대한 익숙하지 않음
- 작은 글씨와 복잡한 메뉴 탐색이 어려움
- 주문 과정 중 실수를 할까 두려움
- 키오스크 사용 시 결제를 잘못할까 걱정
- 직원의 도움 없이 해결하지 못할까 하는 불안감

💡 행동 패턴 & 해결 방식

- 키오스크 앞에서 한참 고민하다가 결국 직원에게 도움을 요청하지 않고 혼자 해결하려고 노력함
- 여러 번 실패한 후 주문을 포기하고 그냥 나가는 경우도 있음
- 할인을 중요하게 생각하기 때문에 할인 메뉴를 먼저 찾아보려 하지만 찾기 어려워함
- 반복적인 이용을 통해 서서히 적응하려고 하지만 여전히 어려움을 느낌

🛒 구매 성향

- 선호 메뉴: 가성비 좋은 세트 메뉴 (예: 할인 버거 세트, 1955버거 등)
- 주문 패턴: 빠르게 주문할 수 있는 익숙한 메뉴를 선호
- 결제 방법: 카드 결제를 주로 이용하지만, 키오스크에서 결제하는 과정이 익숙하지 않음

이렇게 추가 질문에 대한 답변을 입력하면 AI는 즉시 퍼소나를 생성해준다. 여기에는 연령, 성별, 거주지 같은 인구 통계학적 정보뿐 아니라 라이프스타일, 서비스 사용 시 목표 및 기대 사항, 주요 페인 포인트, 행동 패턴, 구매 성향 등 다양한 요소가 반영된다.

생성된 결과는 보통 '퍼소나 1'이라는 제목으로 제시되며, 추가 퍼소나 생성을 요청하면 이 메인 퍼소나 외에도 서비스를 사용하는 다양한 유형의 서브 퍼소나 정보도 함께 제공한다. 이를 통해 각 퍼소나 간의 특성과 차이점을 비교해보며 리서치 관점을 확장할 수 있다. 생성된 내용을 살펴본 후 리서치 목적이나 우선순위에 따라 가장 핵심적인 타깃을 메인 퍼소나로 선정하면 된다.

STEP 2: 퍼소나 정보를 바탕으로 자동 인터뷰 생성하기

사용한 GPTs: User Interview Simulator

퍼소나를 생성한 후에는 바로 인터뷰를 진행할 수 있다. 첫 번째 방법은 인터뷰 시뮬레이터 AI를 활용해 인터뷰 내용을 자동으로 생성하는 방식이다. 앞서와 마찬가지로 ChatGPT 화면 좌측의 GPT 탐색 창에서 'User Interview Simulator'를 검색한 후, 다음과 같은 형식으로 프롬프트를 입력한다.

인터뷰 자동 진행 요청 프롬프트

맥도날드 키오스크를 이용하는 시니어 고객들의 주문 과정에서 발생하는 문제를 알아보기 위해(인터뷰 목표 설명) 아래 퍼소나를 대상으로 인터뷰를 진행해봐.(핵심 명령어)

[생성한 퍼소나 정보 붙여넣기]

자동 생성된 인터뷰 결과

가상의 인터뷰 진행

인터뷰 참여자

- 인터뷰어: 김민수(Minsoo Kim) – 사용자 경험(UX) 연구원
- 인터뷰 대상자: 이재훈(Jaehun Lee) – 68세, 은퇴자

김민수: 안녕하세요, 이재훈님. 인터뷰에 응해주셔서 감사합니다. 맥도날드 키오스크를 사용해보신 적이 있으시다고 들었는데요, 사용하실 때 어떤 경험을 하셨는지 여쭤보고 싶습니다. 최근에 키오스크를 사용하셨을 때 어떠셨나요?

이재훈: 네, 가끔 이용해봤습니다. 손자랑 같이 외출할 때 자주 가는데, 키오스크는 좀 어렵더라고요. 혼자 할 때는 시간이 걸리고 잘못된 선택을 할까 봐 걱정이 많습니다.

김민수: 그럼 키오스크를 사용할 때 가장 어려운 점은 무엇인가요?

이재훈: 제일 어려운 건 글씨가 너무 작다는 거예요. 나이 들어서 시력이 예전 같지 않거든요. 그리고 메뉴가 복잡해서 뭘 선택해야 할지 헷갈립니다. 특히 세트 메뉴 같은 건 여러 선택을 해야 하잖아요. 실수할까 봐 항상 불안해요.

김민수: 작은 글씨와 복잡한 메뉴 탐색이 가장 큰 어려움이시군요. 혹시 주문 과정을 하다가 실수하셨을 때 어떻게 해결하셨나요?

이재훈: 실수하면 다시 처음부터 해야 할 때가 많아요. 메뉴를 잘못 선택하면 어떻게 돌아가야 할지 모르겠더라고요. 그래서 그냥 처음부터 다시 시작하는 경우가 많죠. 시간이 오래 걸리니 그게 좀 답답합니다.

(이하 생략)

인터뷰 요약

이재훈님은 맥도날드 키오스크를 사용할 때 글씨 크기와 복잡한 메뉴 탐색에서 어려움을 느끼고 있으며, 주문 중 실수할 때 쉽게 수정하기 어려운 점에 대한 불편함을 경험하고 있습니다. 결제 과정에서도 불안함을 느끼며, 결제 오류에 대한 걱정이 큽니다. 이재훈님은 더 단순하고 직관적인 인터페이스, 큰 글씨, 실수를 쉽게 수정할 수 있는 기능, 그리고 즉각적인 지원을 받을 수 있는 옵션을 원하고 있습니다.

그림 3.2 User Interview Simulator

생성된 인터뷰 결과를 보면, 인터뷰어는 UX 리서처, 인터뷰 대상자는 68세 은퇴자 시니어 퍼소나이며, 인터뷰 목표인 '맥도날드 키오스크 사용 경험 조사'에 맞춰 실제 인터뷰처럼 구성된 대화가 생성된다.

AI는 상황과 목표에 적합한 인터뷰 질문을 스스로 설계하고 그 질문에 대한 사용자 응답까지 자동으로 생성해준다. 예를 들어, 가상의 시니어 사용자 이재훈 씨는 키오스크에서 가장 불편한 점으로 글씨 크기가 너무 작다는 점을 꼽았고, 복잡한 메뉴 구성 때문에 실수를 할까 봐 불안하다고 자신의 사용 경험을 진솔하게 설명했다.

인터뷰는 이후 개선되었으면 하는 점에 대한 의견을 묻고, 이재훈 씨가 자신의 생각을 말한 뒤 자연스럽게 마무리되는 구조로 진행된다.

3.1.2 가상의 AI 퍼소나 대상 직접 인터뷰 진행

STEP 1: 인터뷰 질문지 설계하기

사용한 GPTs: User Interview GPT

두 번째 방법은 직접 AI 퍼소나에게 질문을 던지며 인터뷰를 진행하는 방식이다. 이 방식의 핵심은 진행자가 직접 인터뷰어가 되어 AI 퍼소나와 1:1 대화를 이어간다는 것이다. 이를 위해 가장 먼저 필요한 것은 인터뷰 질문지다. 질문지가 있어야 인터뷰 흐름을 설계하고 일관된 기준으로 다양한 퍼소나에게 질문을 던질 수 있기 때문이다.

이를 위해 GPT 탐색 메뉴에서 'User Interview GPT'를 활용해 인터뷰 질문지를 생성했다. 이 GPT는 특정 사용자 유형과 조사 목적을 입력하면 맥락에 맞는 인터뷰 질문들을 자동으로 생성해주는 기능을 제공한다.

인터뷰 질문지 설계 요청 프롬프트

> 나는 지금 맥도날드에서 UX/UI 디자이너로 일을 하고 있는데 이번에 시니어 고객층의 사용성 향상을 위해서 키오스크 UI 리디자인을 하기로 했어.(맥락 및 인터뷰 목적 설명) 시니어 고객이 키오스크를 사용할 때 어떤 불편함이 있는지 이해하기 위한(인터뷰 목표) 사용자 인터뷰 질문지를 설계해줘.(핵심 명령어)

표 3.1 추가 질문에 대한 답변 예시

User Interview GPT의 추가 질문	답변
A: 이번 인터뷰의 제목을 무엇으로 설정할까요?	키오스크 리디자인
B: 이번 인터뷰는 어떤 산업에 속해 있나요? (예: 패스트푸드, 리테일, 헬스케어 등)	패스트푸드
C: 이번 인터뷰의 목적은 무엇인가요?	기존 서비스 개선
D: 이번 인터뷰에서 얻고자 하는 주요 목표는 무엇인가요? 어떤 점을 알고 싶으신가요?	시니어 고객이 키오스크를 사용할 때 어떤 불편함이 있는지 이해
E: 어떤 그룹의 사용자들을 인터뷰할 계획이신가요? (예: 60대 이상 시니어 고객, IT 비숙련자 등)	60대 이상 시니어 고객, IT 비숙련자
F: 인터뷰 시간은 어느 정도로 계획하고 계신가요? (예: 30분, 1시간 등)	1시간

User Interview GPT는 사용자가 처음부터 모든 정보를 입력하지 않아도 된다. GPT가 인터뷰 제목, 소속 산업, 목적과 목표 등에 대해 추가 질문을 던져 필요한 정보를 단계적으로 수집하고 질문지를 완성하기 때문이다. 즉, 처음부터 너무 복잡하게 프롬프트를 작성할 필요는 없다.

예를 들어,

"맥도날드 키오스크 사용자 인터뷰 질문지를 만들고 싶어요."

정도만 입력해도 GPT가 인터뷰의 목적, 타깃 사용자, 조사 배경 등을 하나씩 되물으며 그에 따라 적절한 질문지를 점진적으로 구성해준다. 이처럼 대화형 설계 방식을 활용하면 인터뷰 준비 과정이 훨씬 간편하고 유연해진다.

인터뷰 질문지 생성 결과

사용자 인터뷰 질문지: 키오스크 리디자인 (60분)

1. 도입 및 인터뷰 목적 설명 (5분)
- 목적: 오늘 인터뷰는 맥도날드의 키오스크 사용 경험을 개선하기 위해, 특히 시니어 고객들이 겪는 불편함을 이해하는 데 목적이 있습니다.
- 설명: 사용 경험, 불편했던 점, 개선이 필요하다고 느낀 부분 등에 대해 자유롭게 이야기해 주세요.
- 개인 정보 보호: 인터뷰 내용은 익명으로 처리됩니다.

2. 사용 경험 탐색 (15분)
- 질문 카테고리 A: 사용 경험
  1. 맥도날드 키오스크를 사용해 보신 적이 있나요? 첫 경험은 어땠나요?
  2. 키오스크를 사용할 때 주로 어떤 메뉴를 선택하시나요? (예: 식사 주문, 결제, 쿠폰 사용 등)
  3. 키오스크를 사용할 때 어려움을 겪은 적이 있으신가요? 그 경험을 자세히 설명해 주실 수 있나요?

3. 기술 적응 및 이해도 (10분)
- 질문 카테고리 B: 기술 적응도 및 사용 능력
  1. 평소 스마트폰이나 컴퓨터 같은 디지털 기기를 얼마나 자주 사용하시나요?
  2. 키오스크를 처음 접했을 때, 사용 방법을 이해하는 데 시간이 걸리셨나요?
  3. 키오스크 화면이나 버튼의 크기, 글씨 크기는 사용하기에 편하셨나요?

4. 불편함과 개선 필요성 (15분)

- 질문 카테고리 C: 불편한 점과 개선 요구

    1. 키오스크 사용 중 가장 불편했던 점이 무엇인가요? (예: 화면 전환 속도, 메뉴 탐색, 결제 방법 등)
    2. 키오스크에서 메뉴를 찾는 것이 어려웠나요? 어떤 점이 더 개선되면 좋을까요?
    3. 결제 과정에서 혼란을 느끼셨나요? 결제 방식을 더 쉽게 바꾸는 방법이 있을까요?

5. 감정 및 행동 변화 (10분)

- 질문 카테고리 D: 사용 중 느꼈던 감정

    1. 키오스크를 사용하면서 어떤 감정을 느끼셨나요? (예: 만족, 불편, 혼란, 스트레스 등)
    2. 키오스크가 어려워서 매장 직원에게 도움을 요청한 적이 있나요? 그 상황을 설명해 주세요.
    3. 만약 키오스크 사용이 어려워서 포기하거나 매장 방문을 꺼린 적이 있으신가요?

6. 종합적인 피드백 및 제안 (5분)

- 질문 카테고리 E: 개선점과 제안

    1. 키오스크가 어떻게 바뀌면 더 사용하기 편할까요? 구체적인 제안을 해 주실 수 있나요?
    2. 시니어 고객들이 쉽게 사용할 수 있는 기능이 추가된다면, 어떤 것이 가장 유용할까요?
    3. 맥도날드 키오스크에 대해 추가로 말씀하시고 싶은 점이 있나요?

마무리

- 감사 인사: 소중한 의견을 공유해 주셔서 감사합니다! 이 인터뷰는 시니어 고객분들이 키오스크를 더 편리하게 사용할 수 있도록 하는 데 큰 도움이 될 것입니다.

STEP 2: 인터뷰 진행하기

사용한 GPTs: User Interview Simulator

| 인터뷰 진행 요청 프롬프트

맥도날드 키오스크를 이용하는 시니어 고객들의 주문 과정에서 발생하는 문제를 알아보기 위해(인터뷰 목표 설명) 아래 퍼소나를 대상으로 인터뷰를 진행하자.(핵심 명령어)

[생성한 퍼소나 정보 붙여넣기]

인터뷰 질문지를 설계한 후에는 앞서 자동 인터뷰를 생성할 때 사용했던 User Interview Simulator 채팅창으로 다시 이동한다. 이번에는 인터뷰 목표인 '맥도날드 키오스크를 이용하는 시니어 고객들의 주문 과정에서 발생하는 문제 탐색'을 바탕으로, 직접 인터뷰를 진행하자는 의도를 담아 프롬프트를 입력했다.

자동 인터뷰를 생성할 때와 마찬가지로, 어떤 페르소나를 대상으로 할 것인지 알려주기 위해 페르소나 정보를 붙여 넣는 과정도 동일하게 진행한다. 달라진 점은 프롬프트에서 '인터뷰를 진행해보자.'라고 입력함으로써 이번에는 자동 생성이 아닌 사용자가 직접 인터뷰를 주도하겠다는 의사를 명확히 전달했다는 것이다.

이렇게 입력했는데도 이전 대화의 영향을 받아 여전히 AI가 자동 인터뷰 형식으로 응답한다면 다음과 같이 다시 명령을 입력하면 된다.

"내가 직접 인터뷰를 진행해 볼게."

이처럼 프롬프트를 명확하게 수정하면 AI가 인터뷰 대상자인 페르소나 역할을 맡고, 사용자가 질문을 하나씩 입력하면서 인터뷰를 주도해 나갈 수 있는 대화형 인터뷰 모드로 전환된다.

그리고 이제부터는 사용자가 입력하는 모든 질문에 대해 AI가 가상의 사용자인 이재훈 씨 입장에서 답변한다. 비록 실제 사용자는 아니지만, 맥도날드 키오스크를 사용하는 시니어 사용자와 실시간으로 인터뷰를 진행하는 것과 유사한 경험을 할 수 있다.

앞서 생성한 인터뷰 질문지를 활용해 순차적으로 질문할 수 있을 뿐만 아니라, 답변을 들으며 떠오른 추가 질문을 즉석에서 던질 수 있다는 점이 실시간 인터뷰의 큰 장점이다. 예를 들어, 가상의 페르소나가 다음과 같이 응답했다고 가정해보자(대화형 인터뷰 진행 과정 표 3.2 참고).

"이런 경험 때문에 키오스크 쓸 때 항상 긴장되고,
옆에 직원이 계시면 도와달라고 하게 돼요."

이 대답에 이어서 자연스럽게 다음과 같은 질문을 던질 수 있다.

"그럼 옆에 직원이 없는 경우엔 어떻게 하시나요?"

이처럼 대화의 흐름에 따라 질문을 유연하게 확장할 수 있기 때문에 정해진 질문지에만 의존하지 않고 보다 풍부하고 현실감 있는 인사이트를 얻을 수 있다. 이 방식은 실제 사용자 인터뷰처럼 맥락을 살펴 가며 인터뷰를 진행할 수 있다는 점에서 AI 기반 리서치의 몰입도와 활용도를 높여주는 유용한 방법이다.

표 3.2 대화형 인터뷰 진행 과정

인터뷰 질문	가상 퍼소나 답변
오늘 인터뷰는 맥도날드의 키오스크 사용 경험을 개선하기 위해, 특히 시니어 고객들이 겪는 불편함을 이해하는 데 목적이 있습니다. 맥도날드 키오스크를 사용해 보신 적이 있나요? 첫 경험은 어땠나요?	네, 맥도날드 키오스크를 몇 번 사용해본 적 있습니다. 처음에는 사실 조금 어려웠어요. 화면이 복잡해 보였고, 어디를 먼저 눌러야 할지 몰라서 잠시 멈칫했거든요. 글씨도 너무 작게 느껴져서 자세히 들여다봐야 했고, 메뉴가 너무 많아 선택하는 데 시간이 걸렸습니다. 처음엔 직원분이 옆에서 도와주셨는데, 혼자 했으면 아마 더 오래 걸렸을 것 같아요. 그 경험이 나쁘진 않았지만, 뭔가 복잡하다는 생각이 많이 들었습니다.
키오스크를 사용할 때 어려움을 겪은 적이 있으신가요? 그 경험을 자세히 설명해 주실 수 있나요?	네, 어려움을 겪은 적이 있어요. 가장 기억에 남는 건 메뉴를 고른 다음 결제 단계에서였어요. 메뉴는 어렵게나마 선택했는데, 결제 화면이 나오고 나서부터는 너무 정신이 없더라고요. 여러 결제 방식이 나와서 '카드 결제'를 누르긴 했는데, 그다음에 뭘 해야 할지 안내가 명확하지 않았어요. 카드를 언제 넣어야 할지 모르고 기다리다가 아무 반응이 없어서 다시 처음으로 돌아간 적이 있습니다. 또 한 번은 버튼을 잘못 눌러서 사이드 메뉴가 추가된 걸 모르고 결제까지 해버렸던 적도 있어요. 나중에 영수증 보고 알았는데, 뭔가 되돌리거나 확인하는 화면이 더 명확했으면 좋았을 것 같아요. 이런 경험 때문에 키오스크 쓸 때 항상 긴장되고, 옆에 직원이 계시면 도와달라고 하게 돼요. 혼자 다 하려고 하면 시간도 오래 걸리고, 실수할까 봐 걱정이 먼저 듭니다.
옆에 직원이 없는 경우엔 어떻게 하시나요?	직원분이 근처에 안 계시면… 솔직히 좀 당황스럽고 불안해요. 일단은 천천히 시도해보긴 하는데, 뭔가 잘못되면 어쩌지 하는 생각이 머릿속에 계속 맴돌아요. 화면을 오래 보고 있으면 뒤에 줄 선 사람들 눈치도 보이고, 괜히 민폐 끼치는 것 같아서 결국 주문을 포기하고 그냥 카운터로 가거나 기다렸다가 직원이 오실 때까지 그냥 서 있는 경우도 있었어요.

인터뷰 질문	가상 페르소나 답변
	가끔은 '이걸 내가 왜 이렇게 어렵게 해야 하나' 하는 생각도 들고요. 키오스크 자체가 익숙하지 않다 보니 혼자서 다 하려고 하면 너무 부담이 커요. 그래서 항상 도움이 필요하거나, 아주 단순한 주문이 아닐 땐 기기를 피하게 되더라고요.
그럼 혹시 키오스크 사용이 어려워서 포기하거나 매장 방문을 꺼린 적도 있으신가요?	네, 솔직히 몇 번은 그래서 맥도날드 가는 걸 망설인 적이 있습니다. 예를 들어 점심시간이나 사람이 많은 시간대엔, 키오스크 줄도 길고 직원도 바쁘잖아요. 그럴 때는 기다리는 것도 부담스럽고, 키오스크를 사용하려다가 잘못 눌러서 민망해질까 봐 그냥 근처 다른 식당으로 간 적도 있어요. 또, 아이들이랑 같이 나왔을 때 손자 앞에서 헤매는 모습을 보이기 싫어서 오히려 주문을 피한 적도 있고요. 제가 좀 더 익숙했다면 괜찮았겠지만, '내가 이걸 제대로 못하니까 불편하다'는 생각이 들면서, 괜히 내가 이 공간에서 소외되는 느낌이 들기도 했어요. 물론 맥도날드 자체를 싫어하진 않아요. 음식은 좋아하고, 가격도 괜찮은데… 키오스크 때문에 주저하게 되는 건 사실이에요.

여기까지 진행한 후에는 사용자 인터뷰 결과를 취합해 인사이트를 도출하는 작업이 필요하다. 정성적 데이터를 분석하기 위해 어피니티 다이어그램과 같은 UX 모델링 기법이나 주제별 분석 기법 등을 다양하게 활용할 수 있다. 이 과정은 4장에서 이어서 설명할 예정이다.

다음에 소개할 AI 도구는 이러한 분석 작업까지 한 번에 지원해주는 도구로, 본격적인 분석 작업에 앞서 이 도구의 사용 과정을 먼저 살펴보고 넘어가겠다.

3.2 _ AI 페르소나와 인터뷰하기 – Synthetic Users

앞에서 Persona Creator를 사용해 페르소나를 생성한 뒤, User Interview Simulator와 User Interview GPT를 활용해 인터뷰를 진행했다. 그 결과, 맥도날드 키오스크를 사용할 때 가장 불편한 점으로는 작은 텍스트와 버튼, 복잡한 메뉴 구성, 오류 발생 시 복구의 어려움 등이 있었고, 개선 사항으로는 더 직관적이고 큰 인터페이스 요소, 간단한 메뉴 탐색 기능, 실수 시 쉽게 수정할 수 있는 기능 등이 제시되었다.

이번에는 이 모든 작업을 하나의 도구에서 통합적으로 수행할 수 있는 AI 도구인 'Synthetic Users'를 활용해 동일한 인터뷰를 진행하고, 앞서 GPTs를 활용했을 때와 결과를 비교해볼 것이다. 참고로 이전에 Persona Creator로 생성했던 퍼소나는 이번에도 그대로 활용할 예정이다.

3.2.1 로그인 및 인터뷰 종류 선택

표 3.3 Synthetic Users에서 선택할 수 있는 사용자 인터뷰 종류

Research Goal Interview	리서치 목표 설정을 위한 인터뷰
Custom Script Interview	사용자 지정 스크립트 인터뷰 (질문지 설계 가능)
Problem Exploration Interview	문제 탐색 인터뷰
Concept Testing Interview	콘셉트 테스트 인터뷰
Ethnographic Research Interview	에스노그라피 리서치 (사용자 관찰 및 기록)

Synthetic Users를 사용하기 위해서는 먼저 서비스에 가입한 후 로그인을 해야 한다(2.2 절 참고). 로그인을 완료하면 5가지 인터뷰 유형 중 하나를 선택할 수 있는 메인 페이지가 나타난다. 앞서 ChatGPT로 진행했던 인터뷰와 동일하게, 이번에도 '맥도날드 키오스크 사용자의 페인 포인트 찾기'를 인터뷰의 주요 목적으로 설정했기 때문에 '문제 탐색 인터뷰(Problem Exploration Interview)'를 선택했다.

3.2.2 인터뷰 배경 및 퍼소나 정보 입력하기

인터뷰의 종류를 선택하고 나면 곧바로 인터뷰를 진행하는 목적과 인터뷰 대상자의 정보 입력을 요청하는 질문이 시작된다. 이 질문은 약 6~8개 정도로 구성되어 있으며, 간단한 문답 형식으로 인터뷰의 배경과 타깃 사용자에 대한 정보를 수집한다. 모든 질문에 대해 답변을 완료하면 Synthetic Users가 입력한 내용을 바탕으로 자동으로 리서치 계획을 요약해 정리해준다.

첫 번째 질문: Who do you want to learn about?[1]

질문 해석: 인터뷰 대상자가 누구인가요?

답변 예시: 맥도날드 키오스크를 사용하는 시니어 고객

첫 번째 질문은 인터뷰 대상자가 누구인지 묻는 내용이다. 단순하게는 '맥도날드 키오스크 사용자'라고 정의할 수 있지만, 이번 리서치의 목적은 시니어 고객이 겪는 불편함을 조사하는 것이기 때문에 '맥도날드 키오스크를 이용하는 시니어 고객'이라고 작성했다.

내용을 입력한 뒤 제출(submit) 버튼을 클릭하면 상단에 위치한 리서치 계획(Your Research Plan) 영역에 입력한 내용이 자동으로 반영되어 표시된다. 이를 통해 전체 인터뷰의 방향과 목적을 시각적으로 정리된 형태로 확인할 수 있다.

두 번째 질문: Could you provide more details about the age range and any specific challenges theses senior customers face when using the kiosks?

질문 해석: 시니어 고객의 연령대와 키오스크를 사용할 때 직면하는 구체적인 어려움에 대해 자세히 설명해 주시겠어요?

답변 예시: 68세, 작은 글씨와 복잡한 메뉴 탐색 때문에 어려움을 겪고 있음

세 번째 질문: What challenges or difficulties does Lee Jae-hoon face when using the Mcdonald's kiosks?

질문 해석: 이재훈 씨(메인 퍼소나)는 맥도날드 키오스크를 사용할 때 어떤 어려움이나 애로사항이 있나요?

답변 예시: 키오스크 사용이 익숙하지 않고 주문 과정 중 실수를 할까 봐 두려움을 느낌

두 번째와 세 번째 질문은 인터뷰 대상자에 대해 좀 더 구체적인 정보를 묻는 내용이다. 예를 들어, 연령대, 직업, 디지털 기기 사용 경험, 일상적인 행동 패턴 등 퍼소나의 배경을 파악하기 위한 질문들이 포함된다. 이때부터는 앞서 GPTs 중 하나인 Persona Creator를 사용해 생성했던 퍼소나 정보를 참고하여 답변을 작성할 수 있다.

---

[1] 아직 한국어를 지원하지 않아서 질문은 모두 영어로 표기했다. 그러나 한국어로도 답변이 가능하며 자동으로 영어로 번역하여 리서치 계획 요약본을 생성한다.

참고한 퍼소나 정보

퍼소나 1: 이재훈 (남성, 68세, 은퇴자)

고통점
- 키오스크 사용에 대한 익숙하지 않음
- 작은 글씨와 복잡한 메뉴 탐색이 어려움
- 주문 과정 중 실수를 할까 두려움

불안 요소
- 키오스크 사용 시 결제를 잘못할까 걱정
- 직원의 도움 없이 해결하지 못할까 하는 불안감

앞서 Persona Creator가 맥도날드 키오스크를 사용하는 시니어 고객에 대한 메인 퍼소나를 위와 같이 생성했다. 이 퍼소나 정보 중에서 연령대와 관련된 인구 통계학적 정보, 그리고 주요 페인 포인트에 해당하는 내용을 복사하여 Synthetic Users의 두 번째, 세 번째 질문에 대한 답변으로 입력했다. 이렇게 하면 인터뷰 대상자의 특징이 보다 구체적으로 반영되며, 이후 인터뷰 질문 설계와 응답 생성에 있어 더 정교한 결과를 얻을 수 있다.

네 번째 질문: Are there any other specific features or aspects of the kiosks that are particularly challenging for Lee Jae-hoon?

질문 해석: 그 외에 이재훈 씨(메인 퍼소나)가 특별히 어려워하는 키오스크의 기능이나 측면이 있나요?

답변 예시: 키오스크 사용 시 '결제'를 잘못할까 봐 걱정하고 직원의 도움 없이 해결하지 못할까 봐 불안감을 느낌

두 번째와 세 번째 질문에 이어, 네 번째 질문은 퍼소나가 특별히 어려움을 느끼는 키오스크의 기능이나 측면이 무엇인지에 대해 묻는다. 이 질문에 대한 답변도 Persona Creator를 통해 생성한 퍼소나 정보 중 '불안 요소' 항목을 참고하여 작성했다.

다섯 번째 질문: Is there any specific geographic location or McDonald's branch where Lee Jae-hoon frequently encounters these issues?

질문 해석: 이런 문제가 자주 발생하는 특정 지역이나 맥도날드 매장이 있나요?

> 답변 예시: 한국, 서울 도심

이번에는 매장의 위치 정보에 대한 질문이 이어졌다. 맥도날드 키오스크는 오프라인 매장에서 사용하는 서비스이기 때문에 사용자 경험에 영향을 줄 수 있는 지리적 요인을 파악하기 위해 이러한 질문이 포함된 것으로 볼 수 있다.

위치 정보는 퍼소나를 생성할 때 함께 설정해 두었던 항목이기 때문에 그 내용을 참고하여 간단하게 '한국, 서울 도심'이라고 입력했다. 이처럼 위치 정보도 사용자 행동이나 환경을 이해하는 데 중요한 요소로 작용할 수 있다.

> 여섯 번째 질문: Does Lee Jae-hoon have any particular interests or lifestyle factors that influence his visits to McDonald's?
>
> 질문 해석: 맥도날드 방문에 영향을 미치는 이재훈 씨(메인 퍼소나)의 특별한 관심사나 라이프 스타일 요인이 있나요?
>
> 답변 예시:
> - 라이프스타일: 매일 동네를 산책하고 친구들과 카페에서 시간을 보내는 것을 선호
> - 관심사: 식사 시간을 간편하게 빠르게 해결하고 싶어하며 다양한 메뉴를 적절한 가격에 이용하고 싶어함, 새로운 기술을 익히는 것에 대한 약간의 도전 의식이 있으며 손자와 함께 외출 시 기기를 이용해 스스로 해결하는 능력을 가지길 원함)

마지막 여섯 번째 질문은 퍼소나의 관심사와 라이프스타일에 대한 내용을 묻는 질문으로, 다른 항목보다 비교적 긴 서술이 필요한 부분이다. 하지만 이 역시 GPTs를 통해 생성된 퍼소나 데이터를 참고하면 되기 때문에 내용을 정리해 입력하는 데 큰 어려움은 없다.

다만 한 가지 주의할 점은 입력 과정에서 줄바꿈이 되지 않는다는 것이다. 엔터를 누르면 바로 다음 질문으로 넘어가기 때문에 미리 한 문장 또는 하나의 단락으로 내용을 정리해 실수 없이 입력해야 한다. 실수로 충분히 답변하지 못한 채 넘어갔다 하더라도, Synthetic Users는 답변을 받지 못한 질문에 대해 다시 물어보기 때문에 너무 부담을 가질 필요는 없다.

제시된 모든 질문에 대해 답변을 완료하면 입력한 내용을 바탕으로 리서치 계획이 자동으로 요약·정리된다. 이 요약본은 인터뷰의 방향과 목적, 타깃 사용자 정보 등을 정리한 문서 형태로 표시된다. 이 과정에서 잘못 정리된 부분이 있거나 추가하고 싶은 내용이 있다면 사용자가 직접 내용을 수정할 수 있다. 최종적으로 리서치 계획을 확인한 후 '가상의 사용자 생성' 단계를 거치면 다음과 같은 형태로 인터뷰 대상자가 생성된다.

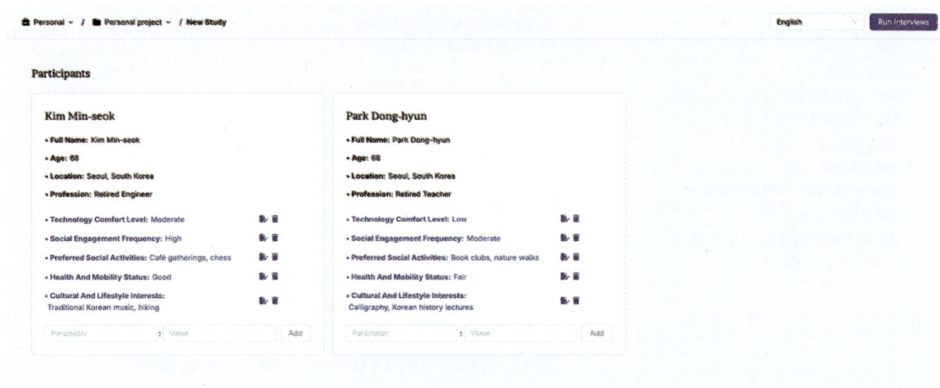

그림 3.3 가상의 사용자 생성 화면

그다음 우측 상단에 위치한 [Run Interviews] 버튼을 클릭하면 인터뷰 내용이 자동으로 생성되며, 실제 인터뷰 시뮬레이션 결과를 확인할 수 있다.

3.2.3 가상의 사용자 인터뷰 결과 확인하기

3.2.3.1 인터뷰 결과(Interviews)

인터뷰 결과는 총 세 가지 형태로 제공된다. 질문과 답변 형식의 인터뷰 대화 기록, 내용을 요약한 보고서, 그리고 주요 키워드와 개념을 시각적으로 연결한 지식 그래프다.

모든 내용은 기본적으로 영어로 제공되지만, 구글 크롬 브라우저를 사용할 경우 마우스 오른쪽 버튼을 클릭한 뒤 'Translate to 한국어'를 선택하면 간편하게 한국어 번역본을 이용할 수 있다.

이제 어떤 질문과 답변이 오갔는지, 인터뷰 진행 과정을 구체적으로 살펴보자.

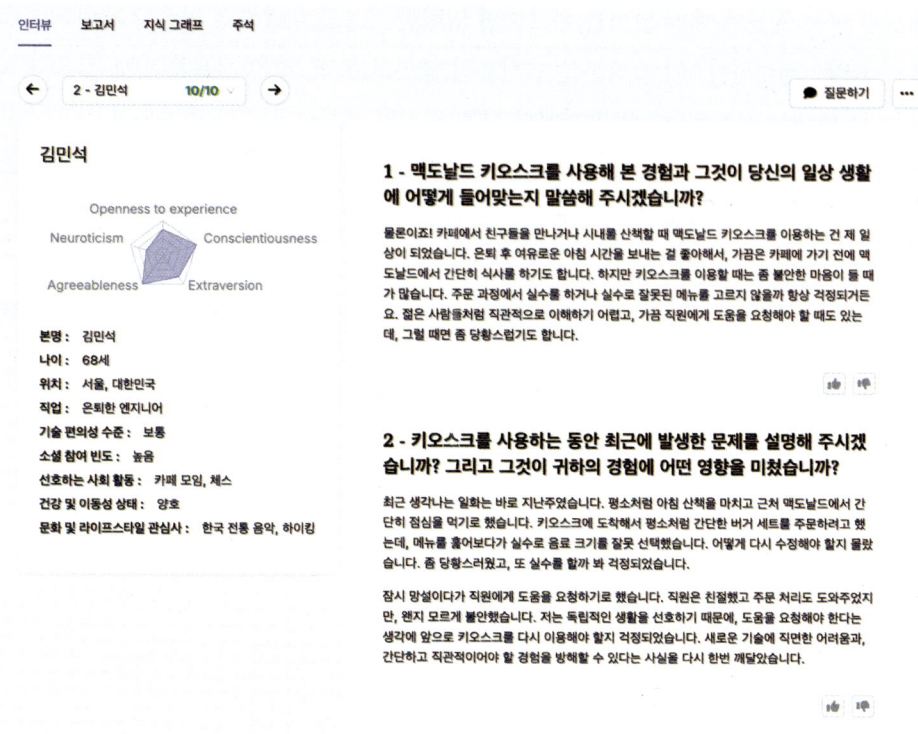

그림 3.4 Synthetic Users 인터뷰 결과

표 3.4 Synthetic Users 인터뷰 결과

인터뷰 질문	AI 사용자의 답변 중 일부 (나머지 중략)
맥도날드 키오스크를 사용해 본 경험과 그것이 당신의 일상 생활에 어떻게 적용되는지 말씀해 주시겠습니까?	물론이죠! … 은퇴한 저는 여유롭게 아침을 보내는 것을 좋아하고, 때로는 카페로 향하기 전에 맥도날드에서 간단히 식사를 하기로 합니다. 그러나 키오스크를 사용할 때 종종 약간 불안함을 느낀다는 것을 인정해야 합니다. 주문 과정에서 실수를 하거나 실수로 잘못된 품목을 선택할까 봐 항상 걱정됩니다. (중략)
키오스크를 사용하는 동안 최근에 발생한 문제를 설명해 주시겠습니까? 그리고 그것이 귀하의 경험에 어떤 영향을 미쳤습니까?	최근 떠오르는 사례는 바로 지난주입니다. 평소 아침 산책을 한 후 근처 맥도날드에서 간단히 점심을 먹기로 했습니다. 키오스크에 다가가서 평소처럼 간단한 버거 세트를 주문할 계획이었습니다. 하지만 메뉴를 탐색하는 동안 실수로 음료 크기를 잘못 선택했고, 어떻게 돌아가서 수정해야 할지 몰랐습니다. 약간 당황했고 더 이상 실수를 하지 않을까 걱정했습니다. (중략)

인터뷰 질문	AI 사용자의 답변 중 일부 (나머지 중략)
이 경험을 하는 동안과 그 이후에 감정적으로 어떤 기분이었나요? 그리고 그것이 키오스크를 다시 이용하려는 결정에 영향을 미쳤나요?	(중략) 감정적으로, 키오스크를 다시 사용하는 데 더 주저하게 되었습니다. 실수를 하거나 당혹감을 느낄 수 있는 상황을 피하는 것을 선호하기 때문에, 가능하다면 카운터 서비스를 사용하는 경향이 더 큽니다. 키오스크에 더 익숙해지고 싶지만, 이러한 경험으로 인해 다시 시도하는 데 조심스러워졌습니다.

가상의 AI 퍼소나를 대상으로 맥도날드 키오스크 사용 경험, 최근 겪었던 어려움, 그리고 그 문제를 해결하기 위한 이상적인 솔루션 등을 묻는 인터뷰가 진행되었다. 인터뷰 답변을 자세히 살펴보면 미리 입력해둔 퍼소나의 라이프스타일이나 관심사가 자연스럽게 반영된 것을 확인할 수 있다.

이는 단순히 사용자의 성격 특성만 보여주는 기존 퍼소나 생성 결과에서 한 단계 발전한 형태다. 해당 특성을 가진 사용자가 실제 상황에서 어떻게 생각하고 행동하며 느끼는지를 구체적으로 파악할 수 있어 흥미롭다.

3.2.3.2 인터뷰 보고서(Report)

인터뷰 보고서에서는 두 명의 퍼소나를 대상으로 진행한 가상의 인터뷰 결과를 요약·정리한 내용을 확인할 수 있다. 이 보고서에는 인터뷰 대상자의 키오스크 사용 패턴과 빈도, 핵심 페인 포인트, 불안 요인 등이 포함되며, 이외에도 해당 인터뷰를 바탕으로 다음에 진행할 수 있는 인터뷰 주제를 제안해 준다. 예를 들어, 인터뷰에서 '사용자의 선호도와 편안함 수준에 맞춰 개인화된 키오스크 인터페이스를 제공하는 것이 키오스크를 더 자주 사용하려는 의지에 어떤 영향을 미칠까요?'라는 질문이 제시됐다. 이는 개인화 기능이 키오스크 사용자의 불안을 줄이고 사용성을 높이는 데 어느 정도 도움이 되는지를 탐색해보라는 제안으로 해석할 수 있다.

3.2.3.3 지식 그래프(Knowledge Graph)

마지막으로 제공되는 결과는 지식 그래프다. 이 그래프는 인터뷰 내용을 기반으로 도출된 키워드와 주요 개념들을 시각적으로 연결해 보여주는 방식으로 구성되어 있다. 그러나 전체적인 구조가 비교적 복잡하게 얽혀 있어 한눈에 핵심 내용을 파악하기에는 다소 어려움이 있다.

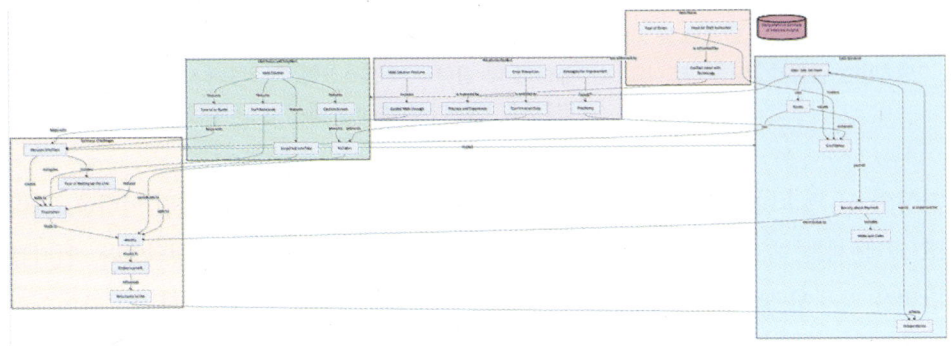

그림 3.5 지식 그래프

지식 그래프를 자세히 살펴보면 사용자가 키오스크를 사용할 때 느끼는 감정(걱정, 실수에 대한 불안), 페인 포인트(복잡한 인터페이스, 길게 늘어선 대기줄로 인한 부담감), 그리고 그 불편함을 해결하기 위한 솔루션(튜토리얼이나 가이드 제공, 실수를 방지하기 위한 주문 확인 기능, 직원 도움 요청 기능) 등이 포함되어 있다. 이와 관련된 모든 요소는 서로 연결선으로 이어져 있어 구조적으로 정보를 파악할 수 있도록 구성되어 있지만, 시각적인 밀집도가 높아 한눈에 내용을 파악하기는 쉽지 않다.

이 그래프를 효과적으로 활용하기 위해서는 핵심적인 내용, 예를 들어 페인 포인트와 연결된 잠재적 솔루션만을 추출해 재가공하는 작업이 필요할 것으로 보인다. 이를 통해 복잡한 그래프에서도 실제 인사이트로 이어질 수 있는 핵심 정보를 선별해낼 수 있을 것이다.

3.2.4 AI 가상 인터뷰 결과를 책임감 있게 사용하는 방법[2]

지금까지 AI를 활용한 가상 인터뷰 방법을 살펴보았다. 이 방식은 매우 효율적이지만, 실제 인간이 아니라는 점에서 그 결과를 맹신하기는 어렵다. 이와 관련해 AI-UX 워크숍에서 AI를 활용해 가상의 인터뷰를 진행했을 때 여러 의견이 나왔다. 먼저 AI 퍼소나

---

[2] 출처: Nielsen Norman Group

가 생각보다 자세하고 높은 퀄리티의 답변을 제공하며 빠르게 사용자 인터뷰를 진행할 수 있다는 점은 긍정적으로 평가되었다. 그러나 실제 인간 사용자가 아니기 때문에 인터뷰 내용의 신뢰도에 대한 우려가 있었고, 사전에 입력한 퍼소나 틀에 제한되어 새로운 인사이트를 얻지 못할 가능성이 있다는 지적도 있었다.

이처럼 AI를 활용한 가상 사용자 인터뷰는 시간과 비용을 절감할 수 있는 효과적인 방법이지만, 실제 사용자 인터뷰와는 다른 결과를 낳을 수 있다. 또한, 사용자가 원하는 답변을 AI가 제공하는 경향을 일컫는 'AI 아첨 현상'을 고려하면 인터뷰 결과를 완전히 신뢰하기 어렵다는 한계도 있다. 이와 관련하여 UX의 창시자라고 불리는 도널드 노먼(Don Norman)의 UX 컨설팅 회사, 닐슨 노먼 그룹(Nielsen Norman Group)은 AI 가상 인터뷰 결과를 책임감 있게 사용하는 방법으로 7가지 지침을 제시했다. 각 지침의 내용을 살펴보자.

1. **실제 사용자 리서치를 위한 사전 준비 단계로 사용하기**
   7가지 지침의 핵심은 가상의 사용자 인터뷰 결과와 실제 사용자 인터뷰 결과를 철저히 구분해 이해해야 한다는 점이다. 따라서 AI로 사용자 인터뷰를 진행했더라도 실제 사용자 인터뷰는 별도로 진행해야 하며, AI 인터뷰 결과는 실제 인터뷰를 위한 준비 단계로 활용해야 한다는 것이 첫 번째 지침이다. 구체적으로, AI 인터뷰 결과는 퍼소나에 대한 전반적인 탐색, 리서치 목표 설정을 위한 아이디어 도출, 인터뷰 가이드나 질문지 설계 및 테스트 목적으로 사용할 수 있다.

2. **가상 리서치 결과는 가설로 취급하기**
   첫 번째 지침의 연장선으로, 두 번째 지침에서는 AI 인터뷰 결과를 단순히 '가설'로만 취급해야 한다고 강조한다. 말 그대로 '가상' 인터뷰이기 때문에 실제 사용자 리서치를 통해 결과의 사실 여부를 검토해야 한다는 것이다. 다시 말해, AI로 생성한 퍼소나, 그 퍼소나를 대상으로 진행한 인터뷰에서 도출한 사용자 여정맵, 페인 포인트, 니즈 등 모든 인사이트는 검증되지 않은 가설로 간주해야 한다.

3. **실제 사용자 리서치의 대안이 아님을 확실히 인지하기**
   세 번째 지침에서는 가상의 사용자 인터뷰와 실제 사용자 인터뷰가 철저히 별개의 것임을 강조한다. 설령 실제 사용자 인터뷰 결과가 가상 인터뷰 결과와 일치하더라도 가상 인터뷰 결과를 온전히 신뢰해서는 안 된다고 설명한다. AI는 실제 사용자의 행동과 감정을 묘사할 수는 있지만, 인간 행동의 복잡성이나 맥락까지 완벽히 설명할 수는 없기 때문이다.

4. **실제 사용자 리서치 결과처럼 사용하지 않기**
   3번 지침에서 언급했듯이 가상 인터뷰는 실제 사용자 인터뷰의 대안이 될 수 없으므로 이를 실제 사용자 인터뷰 결과로 사용해서는 안 된다. 이는 비윤리적인 행위로 간주되며, 가상 인터뷰 결과를 활용할 경우, 해당 결과가 어떻게 생성되었는지 명확히 설명하고 출처를 제시해야 한다고 강조했다. 이 원칙은 다른 모든 생성형 AI를 사용해 결과물을 생성하고 활용할 때도 동일하게 적용된다.

5. 특수한 사용자 그룹일 경우 가상 인터뷰는 비권장

UX-AI 워크숍 참가자 중 한 명은 60대 중국인 사용자나 독특한 취향을 가진 사용자를 대상으로 인터뷰를 진행해야 할 경우, AI로 가상의 인터뷰를 진행하기는 어려울 것이라고 지적했다. 실제로 대규모 언어 모델(LLM)은 인터넷에 있는 정보를 기반으로 답변을 생성하기 때문에 일반적인 특성을 가진 퍼소나가 아닌 경우에는 정확한 인터뷰 결과를 얻기 어려울 수 있다. 닐슨 노먼 그룹에서도 이러한 특수한 사용자 그룹을 대상으로 인터뷰를 진행해야 한다면 AI 인터뷰는 권장하지 않는다고 밝혔다.

6. 온라인 사고 방식과 실제 생활이 다를 가능성 인지

AI 인터뷰 결과는 인터넷 정보를 기반으로 생성되므로 온라인에서 공유된 사용자 경험이 전체 사용자의 경험을 대변하지 못할 수 있음을 유의해야 한다. 예를 들어, 맥도날드 키오스크를 사용하며 부정적인 경험을 한 사용자는 인터넷에 의견을 올릴 가능성이 크지만, 만족하거나 무난한 경험을 한 사용자는 별다른 의견을 공유하지 않을 가능성이 크다. 이러한 차이를 인지하고, AI 인터뷰 결과가 생성된 맥락을 이해해 적절히 활용해야 한다.

7. 이해 관계자가 실제 리서치 대체안으로 볼 경우 사용 금지

마지막으로, AI 사용자 인터뷰 결과를 다른 사람들과 공유할 때 주의해야 할 점은 이해 관계자가 이를 실제 사용자 인터뷰의 대안으로 간주할 위험성이다. 특히 UX 성숙도가 낮은 조직에서는 AI 인터뷰 결과를 이상적인 솔루션으로 보고 의존할 가능성이 크다. 이런 상황에서는 AI 인터뷰를 아예 진행하지 말아야 한다고 경고한다.

지금까지 두 가지 도구를 사용하여 맥도날드 키오스크를 사용하는 가상의 사용자를 대상으로 인터뷰를 진행하고 어떤 페인 포인트가 있는지 살펴봤다. 먼저, GPTs는 퍼소나 정보가 구체화되지 않은 초기 단계에서도 활용할 수 있어 퍼소나를 생성하고 실시간으로 질문하며 인터뷰를 진행할 수 있다는 장점이 있었다. 반면, Synthetic Users는 인터뷰 질문과 결과를 자동으로 생성하고 분석해 보고서를 제공한다는 점에서 빠르고 간편하게 결과를 받아볼 수 있는 AI 도구였다.

두 가지 가상 인터뷰 방식 모두 실제 사용자 인터뷰와 비교했을 때 시간과 비용을 크게 절감할 수 있는 효과적인 방법이다. 실제 사용자 인터뷰는 인터뷰 목적 및 질문지 설계, 참여자 모집과 보상 계획, 인터뷰 진행, 결과 분석 등 상당히 많은 시간과 비용이 필요하기 때문이다.

그러나 AI는 인간 사용자가 아니기 때문에 인터뷰 결과를 완전히 신뢰할 수 없다는 한계가 있다. 또한, 빠르고 편리하게 실행할 수 있는 인터뷰 방식인 만큼 이를 실제 사용자 인터뷰의 대안으로 사용할 경우 윤리적 문제가 우려되기도 한다.

이를 방지하기 위해 AI 가상 인터뷰와 실제 사용자 인터뷰는 철저히 구분되어야 한다는 점을 강조하며 윤리적인 AI 인터뷰를 위한 7가지 지침을 살펴보았다. 이러한 내용을 숙지하면 AI 인터뷰 결과를 보다 적절하고 효과적으로 활용할 수 있을 것이다.

3.3 _ 클론 AI 인터뷰

AI가 사람과 2시간 동안 대화하면 그 사람의 가치관과 성격을 파악해 태도와 행동까지 예측할 수 있다는 연구 결과[3]가 발표되었다. 2024년 11월 스탠퍼드 대학교 연구진은 1,052명의 참여자와 인터뷰를 진행해 평균 6,490개의 단어로 구성된 대화 기록을 수집했다. 이 데이터를 기반으로 각 참여자를 복제한 AI 에이전트를 개발한 뒤 성격 테스트와 일반 사회 조사를 진행한 결과, 실제 참여자의 응답과 약 85퍼센트 일치하는 수준의 결과를 얻었다. 이는 인구 통계학 정보만을 기반으로 한 에이전트(71%)나 성격 특성을 유형화한 퍼소나 기반 에이전트(70%)보다 높은 유사도이며, 기존 사용자 시뮬레이션 기법보다 정밀한 예측이 가능하다는 점에서 의미가 크다.

이러한 선행 연구 결과를 바탕으로 여기서는 사용자의 성격, 성향, 라이프스타일, 의사 결정 방식 등을 반영해 만들어진 클론 AI 에이전트를 대상으로 사용자 인터뷰를 진행하는 과정을 소개한다. 이를 통해 단순한 퍼소나 기반 접근 방식에서 한 단계 더 나아가, 보다 사실적이고 정교한 사용자 모델을 활용한 인터뷰 방식이 실제 리서치에 어떻게 적용될 수 있는지 살펴본다.

---

[3] Park, J. S., Zou, C. Q., Shaw, A., Hill, B. M., Cai, C., Morris, M. R., ... & Bernstein, M. S. (2024). Generative agent simulations of 1,000 people. arXiv preprint arXiv:2411.10109.

> **Note** 클론 AI란?

어떤 가수의 목소리 샘플을 학습시켜 음색, 발음 특징, 창법 등 고유한 음성 특성을 모방한 AI 음원을 한 번쯤 들어본 적이 있을 것이다. 이처럼 특정 개인이나 객체의 행동과 특성을 따라 하도록 설계된 인공지능 시스템을 클론 AI라고 부른다.

그림 3.6 클론 AI 예시[4]

AI 가수와 같은 보이스 클론(Voice Clone) 외에도, AI 뉴스 앵커가 실제 아나운서의 목소리와 얼굴을 재현해 뉴스를 진행하거나 고인이 된 가수의 클론 AI를 활용해 홀로그램 공연을 선보이는 등 다양한 사례가 등장하고 있다. 클론 AI의 핵심은 개인의 데이터, 선호도, 행동 패턴 등을 학습해 해당 인물처럼 응답하거나 행동하는 AI를 구현하는 데 있다.

이와 비슷한 개념으로는 디지털 트윈(Digital Twin)이 있다. 클론 AI와 마찬가지로 실제 존재하는 대상의 디지털 버전을 만든다는 공통점이 있지만, 클론 AI가 주로 특정 개인이나 대상의 특성 모방에 초점을 두는 반면, 디지털 트윈은 물리적 객체나 시스템, 프로세스의 가상 복제본을 만들어 시뮬레이션이나 예측에 활용하는 데 중점을 둔다.

예를 들어, 전투기, 함정, 탱크 등 군사 장비의 디지털 트윈을 제작해 성능 테스트, 훈련, 작전 계획 수립에 활용하거나 개별 환자의 디지털 트윈을 만들어 약물 반응, 수술 결과, 치료 효과를 예측하는 방식으로 활용한다.[5]

클론 AI를 직접 생성하기에 앞서, 지금까지 여러 차례 대화를 주고받으며 나에 대해 어느 정도 이해하고 있는 GPT로 클론 AI를 만들고, 실제 사용자 인터뷰를 대신할 수 있는지를 테스트해보았다.

---

[4] https://klone.chat/home/
[5] https://www.chosun.com/economy/tech_it/2025/01/02/562QSYTUMRGNRFZF2PGIUMPS5M/

이 실험은 클론 AI 구축에 필요한 별도의 데이터 입력 없이, 기존 대화 데이터를 바탕으로 GPT가 나의 성향과 사고방식을 얼마나 반영할 수 있는지를 확인해보기 위한 사전 테스트였다.

3.3.1 GPT 장기 기억 데이터로 클론 AI 만들기

3.3.1.1 GPT는 나에 대해 얼마나 알고 있을까?

먼저 AI가 나를 얼마나 파악하고 있는지 확인해보기 위해 여러 가지 질문을 던져보았다. 이전 대화에서 축적된 정보와 맥락을 바탕으로 GPT가 나의 관심사, 표현 방식, 사고 흐름 등을 얼마나 이해하고 있는지 테스트해봤다.

> **AI가 저장한 기억 데이터를 평가하기 위한 프롬프트**
>
> 이제까지 나랑 대화한 걸 기반으로 내 일, 취미와 관심사, 몇 시간이고 내가 얘기할 수 있는 주제, 내 목표를 말해봐
>
> 내 성격이나 성향, 가치관에 대해서도 말해봐

첫 번째 질문에 대해서는 'UX/UI 디자인', 'UX 리서치', 'UX 심리학', 'HCI 연구', 'AI와의 협업 교육' 등과 같은 키워드를 중심으로 답변이 제시되었다. 놀랍게도 일, 취미, 관심사뿐만 아니라 단기 목표와 장기 목표에 이르기까지, 모든 세부 항목에서 환각 없이 정확한 정보를 기반으로 결과를 도출했다.

이어서 성격, 성향, 가치관에 대한 질문에서는 '탐구', '체계적인 분석', '성취 지향적'과 같은 키워드를 중심으로 성격 특성을 설명했다. 특히, 계획대로 일이 진행되지 않을 때 큰 좌절감을 느낀다거나 자신에게 지나치게 엄격하다는 약점까지도 정확하게 짚어냈다.

이러한 정보를 바탕으로 MBTI를 추측해보라고 요청하자 다음과 같은 답변이 제시되었다.

> 하린의 성격과 성향을 기반으로 MBTI를 추측해 보면, 아래와 같은 유형일 가능성이 있어 보여요. 물론, 정확한 MBTI를 알아내기 위해서는 공식적인 테스트가 필요하지만요. 😊
>
> **추측된 MBTI 유형 : INTJ (전략가)**
> - 내향(I): 혼자만의 시간을 통해 에너지를 얻고, 자기 성찰과 깊은 사고를 선호하는 모습이 내향적일 가능성을 시사해요.
> - 직관(N): 세부보다는 큰 그림과 이론적 접근을 선호하며, UX 심리학과 행동경제학 같은 이론적 주제를 탐구하는 데 열정적이에요.
> - 사고(T): 논리와 분석을 기반으로 문제를 해결하며, 연구와 데이터 분석을 통해 체계적으로 아이디어를 도출해요.
> - 판단(J): 목표와 계획을 세우고 이를 이루기 위해 철저히 준비하는 모습에서 판단적 성향이 드러나요.

놀랍게도 AI가 추측한 INTJ는 실제 저자의 MBTI와 동일하다. 물론 단순히 MBTI를 맞췄다고 해서 '사용자를 완벽히 이해하는 AI'라고 말할 수는 없지만, 세 가지 프롬프트에 대한 GPT의 답변 모두 유의미한 결과를 도출했다. 나를 비교적 정확하게 파악하고 있다는 인상을 줄 만큼 응답의 내용과 방향이 일관되고 설득력 있었다. 이에 본격적으로 디지털 트윈을 만들어 추가적인 테스트를 진행해보았다. AI가 나의 성격과 사고방식을 어느 정도 반영할 수 있다는 가능성을 확인했기 때문이다.

3.3.1.2 리서치 목표 설정 및 인터뷰 설계

AI가 나의 성향, 성격, 가치관을 모두 파악하고 있다면 나를 대신해 특정 주제에 대해 의견을 말할 수 있을까?

이 물음에 답하기 위해 ChatGPT로 클론 AI 에이전트를 생성한 다음, 그 클론을 대상으로 〈요즘IT〉의 사용자 인터뷰를 진행하기로 했다. 이후 미리 작성해 둔 실제 인터뷰 답변과 비교하며 아이디어나 피드백의 방향성이 얼마나 유사한지를 분석할 예정이다.

인터뷰 설계를 위한 프롬프트는 다음과 같이 구성했다.

- 너는 지금부터 〈요즘IT〉의 서비스 개선을 위한 사용자 리서치를 진행하는 역할을 맡았어. 어떤 방법으로 진행할래?
- 리서치 목표부터 정의해봐.
- 정의한 리서치 목표를 바탕으로 〈요즘IT〉 독자 대상 심층 인터뷰를 진행할 거야. 질문지를 설계해줘.

ChatGPT는 첫 프롬프트에 대해 '리서치 목표를 정의하는 것'이 첫 번째 단계라고 답했다. 이어 리서치 목표를 묻는 두 번째 프롬프트에 대한 응답으로는 '요즘IT의 사용자 경험(UX)을 최적화하고, 서비스 만족도를 높여 플랫폼 이용률과 충성도를 증대한다.'라고 작성했다.

구체적으로는 사용자의 니즈와 기대치, 페인 포인트를 파악하고, 이를 기반으로 개선 방향을 도출하는 것을 목표로 삼았다.

마지막 프롬프트에서는 서비스 이용 경험, 콘텐츠 선호도 및 개선점, 기능 평가 등을 다룰 수 있는 심층 인터뷰 질문지를 체계적으로 정리해 제시했다.

요즘IT 독자 대상 심층 인터뷰 질문지 (답변 중 일부)

2. 서비스 이용 경험 조사 (15~20분)

목적: 요즘IT의 강점과 약점을 파악하고 사용 패턴을 이해.

- 요즘IT를 주로 어떤 목적으로 이용하시나요? (예: 정보 탐색, 트렌드 학습, 실무 팁 등)
- 요즘IT에서 가장 자주 사용하는 섹션은 무엇인가요?
- 콘텐츠를 읽으면서 만족했던 경험은 무엇인가요?
- 반대로, 요즘IT 사용 중 불편했던 경험이나 아쉬운 점은 무엇인가요?
- 읽은 콘텐츠를 다른 사람과 공유하거나 댓글을 작성해본 적이 있나요? 그 이유는 무엇인가요?

3. 콘텐츠 선호도 및 개선점 (15~20분)

목적: 사용자 니즈와 콘텐츠 품질 관련 개선 방향 도출.

- 요즘IT 콘텐츠에서 어떤 주제를 가장 선호하시나요?
- 요즘IT에서 다뤄줬으면 하는 추가 주제가 있나요?
- 현재 콘텐츠의 깊이와 다양성은 만족스러운가요? 개선이 필요하다면 어떤 방향으로 보완되었으면 좋겠나요?
- 경쟁 플랫폼(예: 블로그, 뉴스레터 등)과 비교했을 때 요즘IT만의 강점은 무엇인가요?
- 부족하다고 느끼는 부분이 있다면 무엇인가요?

예시를 포함해 총 24개의 인터뷰 질문을 만들어냈다. 클론 AI를 대상으로 인터뷰를 진행하기 전 몇 가지 질문에 직접 답해보며 내 생각을 미리 정리해 보았다.

이때 답변을 작성하면서 가장 주의했던 점은 '작가'가 아닌 '독자'의 관점에서 의견을 제시하는 것이었다. 또한 억지로 피드백을 짜내기보다는 자연스럽게 떠오르는 아이디어 위주로 작성하는 데 집중했다. 이는 실제 사용자 입장에서 느끼는 경험과 생각을 더 정확하게 반영하기 위한 것이었다.

질문을 검토하며 평소 떠올렸던 생각과 개선 아이디어를 정리한 결과, 다음과 같은 주요 내용 5가지를 도출할 수 있었다.

미리 작성한 심층 인터뷰 답변 (인간 사용자)

사용 패턴	주로 정보 탐색 및 트렌드 학습 목적으로 이용. 메일에서 새로운 글 소식을 보거나 구글에 검색했을 때 관련 링크로 뜨면 접속해서 보는 편. (사이트 내 검색 기능은 거의 활용하지 않음)
만족 경험	새로운 트렌드 학습, 특히 새로운 AI 기술과 UX 관련 트렌드 관련 아티클을 통해 정보 습득
아쉬운 점	▪ 관심 분야(디자인, AI) 외 개발 분야 등의 콘텐츠가 많이 업로드 되는데 이런 주제는 이해할 수 없어서 잘 안 보게 됨 ▪ 카테고리(기획, 디자인, 개발 등)별 메뉴 세분화가 되어 있지 않은 점
개선 아이디어	메일 뉴스레터 웹사이트 안에서 모든 새로운 글 소식 보다 개인화된 콘텐츠 추천(관심 있는 키워드, 주제 위주)을 해준다면 더 편리하게 이용할 수 있을 것
사용자 간 상호작용 활성화 시, 참여 의사	익명이 아닌 실명제가 도입된다면 참여할 의사가 있음, 실제로 동일한 아티클을 읽고 같은 주제 혹은 같은 질문에 대한 의견을 나누는 방식은 흥미로움 (좀 더 적극적으로 콘텐츠를 경험하는 느낌)

3.3.1.3 클론 AI와 인터뷰 진행

미리 인터뷰 답변을 작성한 뒤 ChatGPT에게 클론 역할을 부여하고 인터뷰를 진행했다. 이때 사용한 프롬프트는 다음과 같다.

클론 역할을 지시하는 프롬프트

너가 분석한 내 가치관, 성향, 성격, 관심사, 취미, 직업, 궁극적인 목표, 라이프스타일을 바탕으로 너는 이제부터 내 디지털 트윈이 될거야. 나를 대신해서 요즘IT라는 국내 IT 전문 미디어 플랫폼의 독자로서 사용자 인터뷰에 참여해줘.

이 프롬프트를 입력하자, "준비됐어요! '하린'으로서 요즘IT의 독자로 사용자 인터뷰에 성실히 참여할게요. 질문해 주세요!😊"라는 ChatGPT의 답변과 함께 인터뷰가 시작됐다.

3.3.1.4 인간 vs. 클론 AI: 인터뷰 답변 비교

클론 AI 에이전트를 대상으로 인터뷰를 진행한 뒤, 사전에 직접 작성한 답변과 비교해 보았다. 비교 기준은 다음 세 가지였다.

1. 실제로 내가 생각한 의견과 유사한 내용이 있는지
2. 완전히 다른 방향성의 의견이 제시되지는 않았는지
3. 만약 미리 생각하지 못한 의견이 생성되었다면 사실과 일치하는지, 혹은 그 의견에 얼마나 동의하는지

미리 작성한 인터뷰 답변 가운데 '사용 패턴 및 만족 경험' 항목은 〈요즘IT〉 독자라면 누구나 공감할 수 있는 일반적인 내용이 많았고, 클론 AI 역시 대부분 유사하게 작성했기 때문에 비교 대상에서 제외했다.

대신, 아쉬운 점과 개선 아이디어에 대한 답변을 중심으로 클론 AI와의 응답을 비교하고 정리했다. 이 항목들은 개인의 경험과 생각이 더 명확하게 드러나는 부분이기 때문에 클론 AI의 응답이 실제 나의 사고방식과 얼마나 일치하는지를 판단하기에 더 적합했다.

표 3.5 AI와 인간이 유사하게 응답한 내용

AI 답변 내용	이유
#콘텐츠 분류의 부족 콘텐츠의 주제별 분류가 조금 더 세분화되면 좋겠다고 생각했어요. 예를 들어, "UX/UI 디자인", "AI와 IT", "개발 실무 팁" 같은 카테고리로 나누어져 있으면 탐색이 더 수월할 것 같아요.	카테고리(기획, 디자인, 개발 등)별 메뉴가 세분화되어 있지 않은 점을 아쉬운 점으로 인터뷰 답변에 작성

AI 답변 내용	이유
#추천 콘텐츠의 개인화 부족 사용자 맞춤형 추천 콘텐츠 기능이 부족하다는 느낌이 들었어요. 사용자의 관심사나 과거 읽은 글을 기반으로 한 개인화된 콘텐츠 추천 시스템이 있으면 더 유용할 것 같아요. 예를 들어, "UX 심리학", "AI와 IT 융합" 같은 제가 자주 읽는 주제와 관련된 최신 글을 추천받을 수 있다면 탐색 시간이 절약될 것 같아요.	현재는 '관심 없는 분야(개발 등)에 대한 소식도 함께 전달되어서 관심 분야에 대한 개인화 콘텐츠 추천 및 소식을 전달받고 싶다'고 인터뷰 답변에 작성
# 사용자 간 상호작용(댓글, 포럼 등)이 활성화되면 참여할 의향 네, 사용자 간 상호작용이 활성화된다면 적극적으로 참여할 의향이 있어요. 같은 관심사를 가진 사람들과 교류하며 커뮤니티의 일원으로 활동하는 것 자체가 큰 동기 부여가 될 것 같아요. 다만, 댓글에서 무례함이나 스팸이 통제되는 환경이라면 더욱 매력적으로 느껴질 것 같아요.	실제로 인터뷰 답변에 익명이 아닌 실명제가 도입된다면 참여할 의사가 있다고 작성했으며 참여하고 싶은 이유도 AI가 작성한 것과 유사

표 3.6 인간의 응답과 다른 방향성을 가진 AI 응답

AI 답변 내용	이유
#읽기 목록 관리의 어려움 한 번 읽고 나중에 다시 찾아보고 싶은 콘텐츠를 쉽게 저장하거나 관리할 수 있는 기능이 부족했어요. 북마크나 즐겨찾기 같은 기능이 있다면 훨씬 편리할 것 같아요.	이미 요즘IT에서 제공하고 있는 기능 (요즘IT 기능에 대한 추가 데이터 제공 필요)

표 3.7 미리 생각하지 못한 의견이지만 평소 생각과 일치하는 내용(혹은 동의하는 내용)

AI 답변 내용	이유
# 검색 기능의 한계 "UX 심리학"이나 "AI 도구" 같은 구체적인 키워드로 검색했을 때 원하는 정보에 바로 접근하기 어렵다고 느꼈어요.	실제로 웹사이트 내 검색 기능은 제목에 있는 키워드만 검색된다는 한계 때문에 사용하지 않고 있으며 주로 뉴스레터를 통해 새로운 아티클 소식을 접하면 그때 접속하는 편(혹은 구글 검색 시)
# 세분화된 필터링 카테고리별 또는 태그 기반으로 콘텐츠를 필터링할 수 있으면 좋겠어요. 예를 들어, "UX 디자인 > 심리학 적용 사례"처럼 세부적인 필터가 있으면 필요한 정보를 더 빠르게 찾을 수 있을 것 같아요.	세분화되어 있지 않은 메뉴와 검색 기능의 한계를 해결해 줄 수 있는 아이디어라고 생각

AI 답변 내용	이유
# 커뮤니티와 협업 기회 요즘 IT를 단순히 콘텐츠 소비 플랫폼이 아니라, 독자들이 협업하거나 프로젝트를 시작할 수 있는 커뮤니티 공간으로 확장할 가능성이 있다고 생각해요. 예를 들어, "공동 연구 기획"이나 "아이디어 공유 게시판" 같은 기능이 있다면 사용자 간 연결이 강화되고, 플랫폼의 활용도가 더욱 높아질 것 같아요.	이미 독자들로부터 아이디어를 제안받고 있다고 알고 있지만 활성화된다면 독자로써 콘텐츠 기획 및 발행에 적극적으로 개입한다는 느낌이 들어서 서비스 이용률, 충성도가 더욱 높아질 것 같다고 생각

비교 결과, 아쉽게 느꼈던 포인트와 그 이유가 실제 저자가 작성한 내용과 매우 유사하게 도출되었으며, 개선안에 대한 아이디어도 비슷한 방향으로 정리된 것을 확인할 수 있었다. 특히 인상적이었던 점은 미리 생각하지 못했던 아이디어 중에서도 공감이 가는 내용이 다수 포함되어 있었다는 것이다. 예를 들어, 개인화된 추천 콘텐츠에 대한 니즈나 콘텐츠 분류가 세분화되어 있지 않다는 점에 대한 의견은 내가 작성한 답변과 거의 일치했다.

개인적으로 가장 놀라웠던 부분은 사용자 간 상호작용(댓글, 포럼 등)에 대한 질문에 대해 클론 AI가 '댓글에서 무례함이나 스팸이 통제되는 환경이어야 한다'는 조건을 언급했다는 점이었다. 실제로 내가 사전에 작성한 답변에서도 온라인 환경에서 익명성이 결합될 경우 부정적인 경험으로 이어질 수 있으며, 독자 간 토론을 활성화하려면 실명제나 인증 기반의 시스템이 필요하다는 의견을 명시했다.

이처럼 매우 유사한 맥락의 응답이 단순한 우연인지, 아니면 실제로 내 사고방식과 특성을 반영한 결과인지를 알아보기 위해 답변 생성 과정에 대한 유추를 목적으로 몇 가지 추가 질문을 더 해 보았다.

3.3.1.5 답변 생성 과정 확인 및 정리

다음은 클론 AI의 답변 생성 과정을 확인하기 위해 던진 질문 프롬프트와 이에 대한 일부 응답 내용을 정리한 것이다.

표 3.8 클론 AI 답변 생성 과정 검토하기

질문	답변 중 일부
이제 인터뷰 끝났어. 내 가치관, 성향, 성격, 관심사, 취미, 직업, 궁극적인 목표, 라이프스타일을 인터뷰 답변에 어떤 식으로 반영했는지 말해줄래?	가치관: 요즘IT에서 실무 팁과 트렌드를 학습하며 자신의 일과 연구에 실질적인 성과를 내고자 하는 욕구를 반영했어요. 성향 및 성격: 요즘IT의 콘텐츠 깊이에 대한 피드백이나 추천 시스템 같은 제안에서, 체계적으로 정보를 탐색하고 활용하려는 성향을 반영했어요. 또한 항상 새로운 트렌드와 인사이트를 탐구하려는 성격을 반영했어요. 관심사: 답변 전반에서 UX 디자인과 심리학적 접근, 특히 실무와 연구에서 활용 가능한 정보를 선호하는 관심사를 녹였어요. 직업: 요즘IT 콘텐츠를 교육과 강의에 활용하며, 실질적인 사례를 학습할 수 있다는 점을 자주 언급했어요. 이는 직업적 요구와 연결된 답변이었죠. 또한 글로벌 트렌드와 심화된 정보를 선호하며, 연구자로서 필요로 하는 데이터를 요즘IT에서 찾고자 하는 모습을 보여줬어요.
(댓글에서 무례함이나 스팸이 통제되는 환경) 이런 대답은 어떤 성향을 반영한거야?	무례함이나 스팸이 통제되는 환경에 대한 요구는 질서와 안정감을 중시하는 성향을 나타냅니다. 커뮤니티에서의 상호작용을 가치 있게 여기지만, 존중과 배려가 전제된 환경에서만 의미 있는 참여가 가능하다고 믿어요.
넌 왜 내가 질서와 안정감을 중시하는 성향이라고 생각했어?	목표를 향해 철저히 준비하고, 일정을 세분화하며, 효율적으로 시간을 관리하려는 모습을 보여줬어요. 이는 디논이 체계적이고 안정된 환경에서 효율성을 추구한다는 것을 나타냅니다. 커뮤니티나 사용자 상호작용에 대해 이야기할 때, "무례함과 스팸 통제"를 언급하며, 안정적이고 배려 깊은 대화 환경을 기대했어요. 이는 디논이 무질서하거나 갈등이 있는 환경보다 조화롭고 생산적인 환경을 더 선호한다는 걸 보여줍니다.

이처럼 추가 질문을 통해 답변 생성 과정을 살펴본 결과, 대부분의 응답은 기존에 학습한 성향, 성격, 가치관을 바탕으로 생성된 것이었다. 다만 한계도 보였다. '왜 내가 질서와 안정감을 중시하는 성향이라고 생각했어?'라고 묻자, AI는 '무례함과 스팸 통제'를 언급한 것을 근거로 들었다. 이는 클론 AI가 스스로 생성한 답변과 인간 사용자의 실제 답변을 혼동하는 경향이 있음을 보여준다.

또 다른 한계는 서비스에 대한 이해 부족이었다. 예를 들어, 〈요즘IT〉에 이미 존재하는 콘텐츠 스크랩, 하이라이트, 메모 기능 등이 '추가되었으면 좋겠다'고 언급했는데, 이는 해당 서비스에 대한 구체적인 정보가 부족한 데서 비롯된 것으로 보인다. 이러한 부분은 서비스에 대한 사전 학습이나 정보 제공을 통해 보완할 수 있을 것이다.

반면, 인간 사용자에 대해서는 그동안의 대화 데이터를 기반으로 충분한 정보를 축적하고 있었기에 전반적으로 실제 의견과 매우 유사한 피드백이 생성되었다. 답변 도출의 근거를 살펴봤을 때도 대부분 납득할 수 있는 내용이었으며, 무엇보다 미처 생각하지 못한 아이디어에 공감할 수 있는 경우가 많았다. 오히려 혼자 인터뷰 답변을 작성했을 때보다 더 풍부하고 다채로운 의견이 도출된 듯한 인상도 받았다.

또한 '질서와 안정감을 중시하는 성향'이 '익명성과 무례함이 통제되는 환경'을 필요로 한다는 응답으로 이어진 것을 볼 때 비교적 사소한 성격 특성까지 반영된 점도 주목할 만했다. 이를 통해 클론 AI가 단순한 정보 재현을 넘어 사용자의 정서와 행동 성향까지 일정 수준 모방하고 있다는 가능성을 엿볼 수 있었다.

지금까지 GPT의 장기 기억 기능을 활용해 클론 AI를 만들고, 사용자 인터뷰 시뮬레이션을 진행해보았다. 결과적으로 ChatGPT는 장기 기억을 기반으로 사용자의 성향과 사고방식을 상당히 정교하게 파악하고 있음을 확인할 수 있었다.

실제로 앞에서 소개한 인터뷰 내용을 〈요즘IT〉 내부 관계자와 공유해 다음과 같은 피드백을 얻을 수 있었다.

> ※ 작가님과 클론 AI가 함께한 사용자 인터뷰를 보고 깜짝 놀랐습니다. 요즘IT의 문제를 너무 잘 짚었기 때문인데요. 이 문제들을 해결하고자 고민한 요즘IT의 변화를 작가님 허락 아래 잠깐 소개합니다.[6]
> - 카테고리 상세 개편/순서 변경: AI 카테고리 추가 및 순서 조정/연초
> - 콘텐츠 상세 분류: '컬렉션'이란 이름의 콘텐츠 큐레이션 기능을 제공/연초
> - 개인화 콘텐츠: 회원 대상 메일에 추천 글 포함, 개인화 중심 랜딩 페이지로 개편/상반기
> - 커뮤니티: 디스코드 커뮤니티 실험을 시작으로 가능성 탐색/상반기

이러한 피드백은 장기 기억 기반의 클론 AI가 〈요즘IT〉 서비스를 실제로 이용하는 사용자를 대변하여 실무적으로도 유의미한 결과를 제공할 수 있음을 보여준다. 다만, GPT

---

[6] 〈요즘IT〉 기사 "나를 닮은 AI로 요즘 IT 사용자 인터뷰하기" 중 일부 (https://yozm.wishket.com/magazine/detail/2915/)

가 보유한 장기 기억 데이터는 사용자마다 종류와 양에서 차이가 날 수밖에 없다. 따라서 이번에는 장기 기억 데이터가 없는 사용자도 손쉽게 클론 AI를 만들 수 있도록 원형 인물과 직접 인터뷰를 진행해 특징 데이터를 수집한 후 이를 바탕으로 클론 AI를 생성해 보겠다.

3.3.2 내면 탐구 인터뷰를 통한 클론 AI 만들기

3.3.2.1 클론 AI 에이전트 생성 준비: 원형 인물(source person) 인터뷰

기존 연구에서 AI 에이전트를 생성하기 위해 사용된 인터뷰 질문지는 결혼 상태, 생년월일, 고향, 인종, 교육 수준 등 기본적인 배경 정보뿐만 아니라, 군 복무 경험, 종교 및 정치적 성향, 부모의 학력과 직업 경험 등으로 구성되어 있었다. 또한, 참여자가 바라는 미래의 모습이나 가장 소중하게 여기는 가치 등 삶의 목표와 우선순위를 이해하는 데 필요한 질문도 포함되어 있었다.

우리가 만들고자 한 클론 AI는 인간 사용자를 대신해 사용자 인터뷰에 참여하는 역할을 수행해야 했다. 따라서 기존 연구에서 사용한 인터뷰 질문지를 그대로 활용하는 대신, 사용자의 내면을 보다 심층적으로 탐구할 수 있는 질문 위주로 재구성했다.

이를 위해 먼저 ChatGPT의 '사용자 정의 지침(Custom Instructions)'을 참고했다. ChatGPT 맞춤 설정 메뉴에는 GPT가 사용자에게 더 적합한 응답을 제공하기 위해 파악하려는 정보 유형이 명시되어 있다. 여기에는 사용자의 직업, 관심사, 가치관, 선호 사항 등이 포함되며, 이를 반영해 질문지의 기본 틀을 구성했다. 또한, ChatGPT와의 대화를 통해 사용자의 내면을 탐색하고 가치관을 파악할 수 있도록 돕는 질문도 추가했다. 아울러 UX 리서치에 활용되는 클론 AI 에이전트라는 특성을 고려해 서비스나 제품 사용 경험에 대한 질문도 포함했다.

그 결과, 총 8가지 항목으로 구성된 52개의 질문 리스트가 완성되었다. 항목에는 ① 가치관 및 우선순위, ② 성격 및 자아, ③ 라이프스타일 및 일상, ④ 소비 및 취향, ⑤ 포부 및 미래 전망, ⑥ 사회적 관계 및 관심사, ⑦ 의사결정 방식, ⑧ 감정 및 정서적 반응이 포함된다. 또한, 질문을 작성할 때는 2인칭이 아닌 '원형 인간(Source person)'을 지칭하는 3인칭 화법을 사용했다. 이는 추후 GPT에 인터뷰 답변 필사본을 첨부할 때 해당 파일이 원형 인간이 답변한 것임을 명확히 하기 위함이다.

클론 AI 생성을 위한 내면 탐구 인터뷰 질문 리스트

1. 가치관 및 우선순위

1. Source person이 평생 돈걱정 없으면 당장 하고 싶은 것은?
2. Source person이 지금부터 1년 동안 돈걱정없이 살 수 있다면 1년 간 하고 싶은 것은?
3. 지금 source person 자신의 삶에서 없어지면 안되는 것 한 가지를 꼽으면?
4. Source person이 생각하기에 "주변으로부터 이런 말 들으면 정말 성공한 것 같을 것 같아" 싶은 한 마디는?
5. 10년 전의 source person이 지금의 자신을 본다면 어떤 말을 할까?
6. Source person이 지금보다 10배 더 바빠진다면, 그래도 꼭 유지하고 싶은 것은?
7. 시간이 부족해지면 가장 먼저 포기하게 되는 것은 무엇인가요?
8. Source person에게 '의미 있는 삶'이란 무엇인가?
9. Source person이 가장 중요하게 생각하는 세 가지 가치는 무엇인가?

2. 성격 및 자아 인식

1. Source person의 방에서(혹은 사무 공간에서) 자신의 성격을 보여주는 특징은?
2. Source person이 책상에서 소개하고 싶은 자신만의 물건이 있다면?
3. 남들은 어렵다고 하는데 source person이 하기에 쉽게 느껴지는 일은?
4. Source person이 평생동안 깰 수 없는 '벽'이라고 생각하는 것은? (예: 운전, 수영, 금연 등)
5. Source person의 성취 중 '나만이 할 수 있었다'라고 생각하는 것은?
6. 남들은 모르지만 source person 스스로 집착하는 것 혹은 강박이 있는 점이 있다면?
7. Source person을 가장 잘 설명하는 세 단어는 무엇인가? (혹은 현재 자신의 삶을 한 문장으로 표현한다면?)
8. Source person의 가장 큰 강점과 약점은 무엇이라고 생각하는가?

3. 라이프스타일 및 일상

1. Source person의 삶의 낙은?
2. Source person의 안전지대는?
3. Source person이 하루 중 좋아하는 시간대는?
4. 누가 시키진 않았지만 source person이 매일(주기적으로, 꾸준히) 하고 있는 일이 있다면?
5. Source person이 돈을 아끼지 않는 것이 있다면? 혹은 나만의 (크고 작은) 사치(호화로움)가 있다면?

6. Source person의 유튜브 구독 채널 목록이 어떤 종류로 구성되어 있는지?

7. Source person의 평범한 하루 일과는 어떻게 진행되는가?

8. Source person이 스트레스를 푸는 방법은?

4. 소비 및 취향

1. Source person이 최근 써 본 프로덕트 중(디지털이든 물건이든) 가장 인상적이라고 느낀 것 (제품을 사용하면서 "와, 이건 대박이다"라고 느낀 순간)

2. Source person이 최근 써 본 프로덕트 중(디지털이든 물건이든) 가장 분노하게 만든 것은? ("이건 왜 이렇게 만들었지?" 라는 생각이 들었던 서비스)

3. Source person이 좋아했다가 싫어진 브랜드, 싫었다가 좋아진 브랜드가 있는지?

4. Source person이 최근 돈 낭비했던 경험은?

5. Source person이 가장 좋아하는 영화/책/음악 장르는 무엇인가?

6. Source person이 반복해서 구매하는 제품이나 서비스가 있는가?

5. 포부 및 미래 전망

1. Source person이 지금 가장 갖고 싶은 것(유형, 무형 다 포함)은?

2. 지금까지 해온 걸 다 버린다면(커리어, 경험, 학력 등) (인생을 완전히 리셋한다면) source person이 선택할 것 같은 삶은?

3. Source person의 요즘 최대 고민은?

4. 5년 후 source person은 어떤 모습이기를 바라는가?

5. Source person에게 꿈이 있다면 무엇인가?

6. 사회적 관계 및 관심사 (자기 이해 & 자기 인식)

1. Source person이 최근 사회 이슈 중 가장 관심 가는 것은?

2. 만약 사회적으로 하나의 문제를 해결할 수 있는 능력이 생긴다면, 어떤 문제를 해결하고 싶은가요?

3. 최근 source person 스스로가 가장 자랑스러웠던 순간은?

4. Source person의 인생의 터닝 포인트는 무엇인지? (전혀 예상치 못하게 방향을 바꾸게 된 사건)

5. Source person이 가장 존경하는 인물은 누구이며, 그 이유는?

6. Source person의 주변 사람들과의 관계에서 가장 중요하게 생각하는 것은? (사람을 대할 때, source person이 가장 중요하게 생각하는 원칙이나 기준이 있다면 무엇인가요?)

7. Source person이 사회적 상황에서 어떻게 행동하는가? (내향적/외향적)

7. 의사결정 방식

1. Source person이 중요한 결정을 내릴 때 어떤 과정을 거치는가? (최근 가장 어렵게 내린 결정은 무엇이며, 그 이유는 무엇인가요?)

2. 중요한 결정을 내릴 때 주로 의지하는 기준이나 원칙이 있다면 무엇인가요? (논리, 직관, 타인의 조언 등)
  3. 결정한 사항에 대해 자주 후회하는 편인가요? 아니면 후회 없이 받아들이는 편인가요?
  4. Source person이 과거에 내린 최고의 결정과 최악의 결정은 무엇이었는가?
  5. Source person이 의견 충돌이 있을 때 어떻게 대처하는가?

8. 감정 및 정서적 반응
  1. Source person이 마지막으로 깊은 감동을 느꼈던 순간은?
  2. Source person을 가장 화나게 하는 것은 무엇인가?
  3. Source person이 슬플 때 어떻게 대처하는가?
  4. Source person이 가장 행복했던 기억은?

이 질문지를 바탕으로 실제 인간과 면대면 인터뷰를 진행하고 답변을 기록하는 것이 클론 AI 에이전트를 만들기 위한 첫 번째 단계다. 인터뷰할 원형 인물(source person)로는 연구하고자 하는 서비스의 타깃 유저와 유사한 특성을 가진 인물을 선정해야 한다. 예를 들어, 맥도날드 키오스크를 사용하는 시니어 사용자를 대상으로 UX 리서치를 진행하려는 경우, 클론 AI 에이전트를 만들 때도 20대 대학생이 아닌 패스트푸드를 자주 먹는 라이프스타일을 가진 60~70대 사용자를 인터뷰해야 한다.

이 책에서는 클론 AI 에이전트 하나를 생성해 시뮬레이션하는 과정을 소개하지만, 이를 확장해 타깃 사용자의 특성을 갖춘 여러 명의 원형 인물을 인터뷰하여 다수의 클론 AI 에이전트를 생성하고, 이를 대상으로 인터뷰를 진행하여 인사이트를 도출할 수도 있다.

인터뷰 방식은 반구조화 형태로 진행하면 된다. 반구조화 인터뷰는 정해진 질문만 하는 구조화 인터뷰와 즉흥적으로 질문하는 비구조화 인터뷰의 중간 형태로, 정해진 질문을 하되 참여자의 답변에 따라 추가 질문을 던지는 방식이다. 즉, 52가지 질문지를 기본 틀로 하되, 참여자의 답변에 따라 꼬리 질문을 추가해 최대한 많은 정보를 확보하는 것이 중요하다.

실제로 약 2시간(123분 8초) 동안 인터뷰를 진행한 결과, 필사본의 공백을 제외한 글자 수가 약 7,800자 정도 나왔다. 이 필사본을 기반으로 클론 AI 에이전트를 생성했다.

이 글에서 다루는 클론 AI 에이전트 시뮬레이션은 OpenAI의 고성능 언어 모델 GPT-4o를 기반으로 구현되었다. 디파이(Dify)와 같은 LLM 애플리케이션 개발 도구를 사용하지 않고 GPT를 활용한 이유는 크게 두 가지다.

첫째, 높은 접근성 때문이다. GPT는 별도의 API 생성 없이 간단한 프롬프트 입력만으로 누구나 이 책을 보고 따라 하며 테스트해 볼 수 있다. 둘째, 응용 가능성 때문이다. GPT는 본래 갖고 있는 정보가 있기 때문에 리서치를 진행하려는 서비스에 대해 추가 학습을 시키는 번거로운 과정 없이도 다양한 시나리오를 시뮬레이션할 수 있다. 물론, 이 과정에서 할루시네이션 현상이 발생할 수 있지만, 아이디어 탐색 단계에서는 다양한 시나리오를 빠르게 실험할 수 있다는 장점이 크다.

이 글에서는 GPT 모델을 사용해 클론 AI 에이전트를 시뮬레이션한 과정을 설명한다. GPT-4o와 GPT-4.5 모델을 각각 테스트한 결과, GPT-4o는 오류가 많이 발생하고 AI 특유의 답변 스타일이 두드러지는 경향을 보였다. 예를 들어, 답변에 말머리 기호를 사용해 정리하거나 묻지 않은 개선 아이디어를 추가로 제안하는 등 AI의 개입이 두드러졌다. 반면, GPT-4.5는 훨씬 자연스럽게 클론 AI의 역할을 수행했다.

또한, Claude 모델도 테스트해본 결과, GPT-4o와 유사한 오류를 보이거나 사용자가 제공한 정보 내에서만 답변을 생성하려는 방어적인 태도를 보였다. 이는 LLM을 활용하려는 본래의 목적을 저해할 수 있는 요소다. 따라서 ChatGPT를 유료로 구독하고 있다면 최신 모델을 사용하여 실습할 것을 권장한다.

3.3.2.2 GPT 프로젝트 생성하기[7]

이전 장에서 딥 리서치 기능 활용을 위해 소개했던 ChatGPT의 프로젝트 기능을 이번 단계에서도 동일하게 사용한다. 앞서 설명한 것처럼 ChatGPT 메인 화면의 왼쪽 사이드 바에서 '프로젝트' 타이틀 옆 + 버튼을 클릭하고 새 프로젝트를 생성해주면 된다. 프로젝트 이름을 '클론 AI-UX 인터뷰'라고 간단하게 적고 '프로젝트 만들기'를 클릭하면 프로젝트가 생성된다.

---

[7] GPT 무료 구독자의 경우 프로젝트 생성 과정은 건너뛰고 '클론 AI 에이전트와 인터뷰하기' 단계부터 실습을 진행할 수 있으나 프로젝트 기능을 사용하지 못한다는 점에서 활용 방법이 제한될 수 있으며, 본문과 동일한 모델도 사용하지 못하므로 생성 결과의 퀄리티도 달라질 수 있다.

프로젝트를 생성하면 프로젝트 파일과 지침을 입력할 수 있는 화면이 나타난다. 프로젝트 파일 첨부 방법은 두 가지다.

1. 하나의 클론 AI 에이전트를 대상으로 다양한 서비스 또는 질문을 진행할 경우
   - 원형 인간(Source person)과 인터뷰한 필사본을 첨부한다.
   - 이렇게 하면 해당 프로젝트는 하나의 클론 AI 유형과의 대화 모음집이 된다.
2. 하나의 서비스에 대해 여러 클론 AI 에이전트를 생성해 인터뷰할 경우
   - 인터뷰 필사본 대신, 서비스에 대한 설명을 첨부한다.
   - 이 경우, 해당 프로젝트는 하나의 서비스에 대한 여러 클론 AI의 의견을 모은 그룹이 된다.

여기서는 첫 번째 방법을 사용해 원형 인간과의 인터뷰 파일을 첨부했다.

클론 AI 에이전트를 생성할 때 가장 중요한 단계는 명확하게 지침을 입력하는 것이다. 이는 AI 에이전트가 구체적으로 어떤 상황에서 어떤 역할을 해야 하는지 알려주는 작업이다. 앞서 소개한 프롬프트 엔지니어링 기법이 이 과정에서도 동일하게 적용될 수 있다. 이 단계도 결국 AI에게 상세한 명령을 내리는 과정이기 때문이다.

다음은 입력한 지침의 샘플[8]이다.

표 3.9 클론 AI 생성을 위한 프로젝트 지침 예시

지침 안내	어떻게 하면 GPT가 이 프로젝트를 최대한 도와드릴 수 있을까요? ChatGPT에게 특정 토픽에 집중해 달라고 하거나 특정한 톤이나 포맷으로 응답해 달라고 할 수 있습니다.
입력 내용	내가 첨부한 파일은 원형 인간(source person)의 내면 탐구 인터뷰 내용이야. 첨부한 파일에서 원형 인간(source person)의 가치관, 라이프스타일, 성향, 성격 등을 파악한 후, 그대로 복제해서 원형 인간(source person)의 클론으로써 모든 질문에 답변해줘. 실제 만나서 대화하는 것처럼 구어체로 얘기하고 대답이 너무 길거나 구체적이지 않아도 돼. 진짜 인간처럼 이야기해줘.

[8] 지침 샘플은 토스에서 사용자 특성을 반영한 휴리봇을 만들 때 입력한 프롬프트 팁을 참고하여 작성했으며, 토스의 휴리봇 사례는 6장 트렌드 이슈에서 더 자세하게 다룬다.

지침을 입력할 때 가장 중요한 포인트는 두 가지다. 첫째, 클론 AI 에이전트가 수행해야 할 역할과 작동 맥락을 명확하게 설명하는 것이다. 둘째, 원형 인간[9]의 특성을 반영하여 실제 인간처럼 자연스럽게 말하도록 지시하는 것이다.

먼저 '원형 인간의 대행자 역할을 하는 모방 전문가'라는 키워드를 사용하여 AI의 역할을 정의했다. 또한, 원형 인간의 대행자로서 UX 리서치에 참여하라는 명령과 함께 UX 리서치가 구체적으로 무엇인지 설명하는 내용을 추가로 설명했다. 이어서, 첨부한 인터뷰 파일에서 원형 인간의 가치관, 라이프스타일, 성향, 성격 등을 파악해야 한다고 명시하고, 실제 인간과 대화하는 것처럼 구어체로 자연스럽게 말하도록 요청했다.

GPT를 비롯한 대부분의 언어 모델 AI는 답변을 매우 구체적이고 상세하며 길게 작성하는 경향이 있다. 그러나 AI의 방식은 인간의 자연스러운 발화 방식과는 다를 수 있기 때문에 오히려 '대답을 구체적이지 않고 간결하게 해달라'는 식의 명령어를 따로 작성할 필요가 있었다.

3.3.2.3 클론 AI 에이전트와 인터뷰하기

프로젝트 설정을 마친 후에는 타깃 사용자의 특성을 복제한 클론 AI 에이전트와 인터뷰할 준비가 완료된다. 지침을 미리 입력했기 때문에 프롬프트 입력창에 바로 인터뷰 질문을 입력해도 되지만, 클론 AI 에이전트로서의 역할을 강조하고 인터뷰의 시작을 명확히 하기 위해 지침에 입력했던 내용을 첫 번째 프롬프트로 다시 입력했다. 이후 미리 생성해둔 질문지를 바탕으로 클론 AI 에이전트와 인터뷰를 진행했다[10]. 리서치 대상 서비스는 앞서 진행한 장기 기억 데이터 기반 인터뷰와 비교하기 위해 동일하게 〈요즘IT〉로 설정했다. 인터뷰 결과는 다음과 같다.

---

[9] 지침에서는 원형 인간(source person)의 영단어를 그대로 사용했다.
[10] GPTs를 사용한 인터뷰 질문지 설계 방법은 '3.1.2 가상의 AI 퍼소나 대상 직접 인터뷰 진행'에서 확인할 수 있다.

표 3.10 클론 AI 에이전트 인터뷰 답변

인터뷰 질문	클론 AI 에이전트의 답변
요즘IT를 처음 알게 된 계기는 무엇인가요?	음.. 사실 내가 요즘IT를 알게 된 건 취업 준비하면서 직무나 커리어 쪽 정보를 찾아보다가 접하게 됐어. 취업 관련해서 정보가 부족해서 여기저기 찾다 보니까 자연스럽게 알게 된 거지. 요즘IT는 최신 트렌드나 IT 업계 이슈 같은 걸 쉽게 정리해주니까 나처럼 취업을 앞두고 막연한 사람한텐 꽤 도움이 된다고 느꼈던 것 같아. 이런 서비스 있으면 좋겠다 싶었거든.
요즘IT를 얼마나 자주 이용하시나요?	음.. 완전 자주는 아니고 필요할 때마다 들어가는 정도인 거 같아. 뭐 매일 들어가는 정도는 아니고, 생각날 때? 아니면 내가 관심 있는 IT 관련 키워드가 떠오르면 가끔씩 들어가서 보는 정도야. 아무래도 요즘은 논문 쓰는 것도 있고, 취업 고민도 있어서 시간을 많이 내긴 어렵지만 그래도 궁금할 때마다 한 번씩 확인하는 것 같아. 자주는 아니지만 생각날 때 찾아가는 정도? 그런 느낌이야.
콘텐츠를 읽으면서 만족했던 경험은 무엇인가요?	음... 콘텐츠가 너무 전문적이거나 어려운 말로 쓰여있지 않고 쉽게 읽혔던 게 좋았던 것 같아. 내가 IT 전문가는 아니잖아? 그러니까 전문 용어나 복잡한 경제 용어로 가득 차있으면 솔직히 좀 부담스럽고 머리 아팠을 것 같거든. 근데 요즘IT는 뭔가 나 같은 사람이 봐도 잘 이해할 수 있도록 간단히 정리돼 있더라고. 내용이 명확하고 읽고 나서도 이해가 잘 돼서 '아, 이거 괜찮네' 싶은 만족감이 들었던 것 같아. 뭔가 내 시간 낭비를 안 하고 잘 읽었다는 느낌이랄까? 그런 점에서 만족했어.
반대로, 요즘IT 사용 중 불편했던 경험이나 아쉬운 점은 무엇인가요?	음... 뭔가 내용 자체는 깔끔하고 좋은데, 가끔은 나한테 필요한 정보를 정확히 찾기가 어려울 때가 있었던 것 같아. 예를 들면 내가 딱 관심 있는 특정 주제를 찾고 싶은데 콘텐츠가 좀 다양해서 내가 원하는 정보까지 한 번에 찾아가기 어려운 느낌? 내가 찾는 정보만 모아둔 게 아니라 이것저것 섞여있어서 가끔 불편할 때가 있었어. 그리고 난 원래 아날로그 감성을 좀 좋아해서, 디지털로만 정보를 소비하면 기억에 잘 안 남는 느낌도 좀 있거든. 그런 부분도 조금 아쉬웠던 것 같아. 전체적으로 불편하거나 그런 건 아니고, 아주 가끔씩 느껴졌던 불편함? 그 정도.

가장 먼저 눈에 띄는 특징은 모든 질문의 답변이 반말로 생성되었다는 점이다. 이에 대한 이유를 GPT에 물어보니, 지침에 '실제 만나서 대화하는 것처럼 구어체로 이야기하고, 진짜 인간처럼 대화하라'고 명시되어 있었으며, 첨부한 원형 인간의 내면 탐구 인터뷰 데이터에서도 모든 질문과 답변이 친근한 구어체(반말)로 진행되었기 때문이라는 답변을 받았다. 따라서 GPT도 보다 친밀하고 자연스러운 반말 구어체를 사용했다고 한다. 또한, 이번 인터뷰에서는 장기 기억 데이터 기반 클론 AI보다 훨씬 더 자연스러운 말투가 사용되었으며 AI 특유의 말머리 기호가 포함된 답변도 생성되지 않았다.

이 외에도 클론 AI 에이전트가 원형 인간의 어떤 특성을 반영하여 이러한 인터뷰 답변을 생성했는지 질문하고 그 답변을 정리해보았다.

> **입력 프롬프트**
>
> 이제 인터뷰 끝났어. source person의 가치관, 성향, 성격, 관심사, 취미, 직업, 궁극적인 목표, 라이프스타일을 인터뷰 답변에 어떤 식으로 반영했는지 말해줄래?

> **생성된 답변**
>
> - 가치관: 효능감, 가성비, 효율성, 소소한 경험의 가치
> - 라이프스타일: 돈과 시간을 계획적으로 쓰고 통제하고 싶은 욕구
> - 성격: 자기통제가 강하고 현실적이며, 일상적이면서 소소한 행복을 중시하는 편
> - 성향: 자기 이름이나 결과물이 드러나는 성취를 중요하게 생각함
> - 니즈: 콘텐츠 접근이 쉽고 편리하며 효율적이길 원함 (스크랩, 맞춤형 알림 등)
>
> 이런 요소를 종합적으로 반영해서 인터뷰에 응답했어.

원형 인간의 지인으로서 알고 있는 기본적인 성격적 특성과 라이프스타일을 클론 AI 에이전트의 인터뷰 답변 및 GPT의 답변 생성 과정 설명과 비교했을 때 원형 인간의 특징이 잘 반영되었음을 확인할 수 있었다. 특히, 원형 인간이 평소 사용하던 말투가 그대로 재현되었다는 점이 인상적이었으며, 일상 대화에서 드러나는 가치관과 생각이 인터뷰에서도 자연스럽게 표현되었다.

이후 AI-UX 워크숍에서도 동일한 방법으로 클론 AI 에이전트와의 인터뷰 실습 과정이 진행되었는데 이에 대해 어떤 소감이 오고 갔는지 한번 살펴보자.

3.3.2.4 클론 AI 에이전트와의 인터뷰 후기

다음은 총 16명의 AI-UX 워크숍 참가자들이 원형 인간과의 인터뷰를 진행한 후 클론 AI 에이전트를 생성하고 사용자 인터뷰를 진행한 후기다. 이전 단계에서 진행한 AI 가상의 퍼소나 인터뷰와 비교한 내용도 포함되어 있다.

표 3.11 클론 AI 에이전트와의 인터뷰 후기

가상 AI 퍼소나 인터뷰와의 차이점 비교 및 분석	클론 AI 인터뷰의 강점 및 효과	가상 퍼소나는 반복적인 답변을 보여주어 흥미를 잃게 만드는 경향이 있으며, 반면에 클론 인터뷰는 특정인의 성향을 잘 반영하는 답변을 제공한다. (가상 퍼소나의 답변은 어느 정도 예측 가능했던 반면) 클론 AI는 직업이나 성격적 특성이 뚜렷하게 반영되고 그에 맞게 답변이 나와서 만족스러웠다. 원형 인간의 성향(가성비를 중시)을 반영하여 (가상 퍼소나 인터뷰 답변과 달리) 진짜 사람처럼 얘기하는 것을 보고 활용도가 훨씬 높다고 생각했다.
	클론 AI 인터뷰의 한계점	(가상 퍼소나가 예상치 못한 의견을 수집하는 데 도움이 된 반면) 클론 AI는 실제 인간처럼 어느정도 예상할 수 있는 답변을 생성하여 복잡한 아이디어 도출에는 한계가 있다. 클론 AI는 몇 가지 키워드에 제한되어 특정 경험을 풀어내려 하며, 그로 인해 답변의 깊이가 떨어질 수 있다. (그렇기 때문에 더욱) 사전 인터뷰 시 철저한 준비가 필요하며, 많은 양의 답변을 수집하는 것이 중요하다.
실무 활용 시 유의점 및 팁		실무에서 클론 AI 인터뷰를 활용한다면 '클론 AI 에이전트'를 만들기 위한 방법이 통일되어 있어야 한다. 잘 만들어야 효과를 볼 수 있을 것이다. (잘 만들기 위해서) 어떤 원형 인간을 인터뷰할지 명확하게 정하는 것, 사용자 인터뷰 질문지 설계 시 원형 인간 맞춤형 질문을 작성하는 것, 원형 인간 인터뷰 시 최대한 자세하게 질문을 던지고 답변을 수집하는 것 등이 포함된다.
활용 방향성		결이 같은 사용자들 몇 명을 클론으로 만들어두고 동일한 인터뷰를 진행하면 오차 범위를 좁혀 나갈 수 있을 것이다. 초기 정보 수집 단계에서 생각을 확장하는 도구로 사용하기 좋다.

가상 AI 퍼소나 인터뷰와의 차이점으로 가장 먼저 언급된 건 '현실성'이었다. 가상 AI 퍼소나의 경우, '사람처럼 이야기해달라'는 프롬프트를 입력했음에도 불구하고 구어체보다는 개조식 보고서 형식으로 응답하는 사례가 빈번하게 관찰되었다. 참가자들은 이러한 응답 방식이 현실성과 괴리가 있다고 지적했다.

반면, 클론 AI는 원형 인간의 말투와 표현 방식을 모사하여 인터뷰 응답의 현실감을 높였다. 사고 과정 역시 인간 사용자와 유사하게 나타났다. 예를 들어, AI 퍼소나가 인간 사용자와 달리 모든 서비스 기능을 정확히 알고 있는 듯한 응답을 생성한 것과 달리 클론 AI는 온보딩 과정을 주의 깊게 보지 않고 건너뛰는 등 실제 사용자의 행동 방식을 보다 잘 반영했다는 소감이 있었다.

실무에서 활용할 때 유의해야 할 점으로는 원형 인간과의 인터뷰 퀄리티가 가장 중요하게 언급되었다. 클론 AI 에이전트를 효과적으로 만들려면 원형 인간의 특성을 최대한 세밀하게 수집하여 반영해야 한다. 이를 위해 원형 인간과의 내면 탐구 인터뷰를 진행할 때 더 자세한 질문을 던지고 풍부한 답변을 확보하는 것이 중요하다는 의견이 나왔다. 또한, 타깃 사용자의 특성을 반영한 여러 개의 클론 AI 에이전트를 생성하여 동일한 인터뷰를 진행하면 답변의 오차 범위를 줄일 수 있을 것이라는 아이디어도 제안되었다.

> **Q&A** 왜 굳이 클론 AI 에이전트를 만들고 사용자 인터뷰를 진행해야 하나요?
>
> 원형 인간의 내면 탐구 인터뷰를 진행했다면 해당 원형 인간을 직접 인터뷰 대상으로 삼을 수도 있다. 그런데도 클론 AI 에이전트를 활용하는 이유는 무엇일까?
>
> 핵심 이유는 '물리적 한계를 극복하기 위함'이다. 원형 인간과의 인터뷰는 일정한 시간과 공간 내에서만 진행되므로 이후 추가로 궁금한 점이 생기더라도 질문을 던지기가 어렵다. 그러나 원형 인간의 특성을 반영한 클론 AI 에이전트를 미리 생성해 두면 궁금한 사항이 생길 때마다 즉시 질문할 수 있다.
>
> 또한, 본문에서 소개하는 방법은 클론 AI를 만들고 활용하는 하나의 방법론을 제시하는 데 목적이 있다. 이를 확장하면 다양한 유형의 클론 AI를 생성하고 여러 용도로 활용할 수 있다. 예를 들어, 워크숍에서 나온 흥미로운 의견 중 하나로 '대표님의 클론을 만들어 미리 피드백을 받아볼 수 있을 것 같다'는 제안이 있었다. 즉, 클론 AI 에이전트 생성 방식을 응용하여 서비스 사용자가 아닌 특정 인물의 클론을 만들고 이를 활용할 수도 있다.

04

UX 디자이너와 AI의 협업 과정: UX 모델링

4.1 _ 어피니티 다이어그램
4.2 _ 사용자 모델링: 유저 퍼소나
4.3 _ 경험 모델링: 유저 저니맵
4.4 _ UX 모델링 템플릿

2장과 3장에서 AI를 활용해 리서치를 수행하고 가상의 사용자 인터뷰 및 소셜 리스닝 등의 방법으로 데이터를 수집했다. 이제 이 데이터를 분석하고 정리해 핵심 인사이트를 도출하는 분석 단계로 넘어간다.

여기서 핵심 인사이트란 단순한 페인 포인트를 넘어 해결해야 할 진짜 문제를 의미한다. 데이터 수집 과정에서 다양한 문제와 사용자의 니즈가 발견되더라도 그중 어떤 부분에 집중할 것인지 결정하는 것은 또 다른 문제다. 또한, 표면적으로 드러나는 문제 뒤에는 그 문제를 야기한 근본적인 원인이 숨겨져 있을 수도 있다. 따라서 수집한 데이터를 면밀히 분석하고 해결할 문제를 명확하게 정의해 프로젝트의 방향성을 설정하는 것이 이 단계의 핵심이다.

수집한 데이터를 분석하고 시각화하는 작업을 UX 모델링이라고 한다. 대표적으로 다음과 같은 UX 모델링 기법이 있다.

- **어피니티 다이어그램(Affinity Diagram)**: 수집한 데이터를 그룹화하여 주요 패턴과 인사이트를 도출하는 방법
- **퍼소나(Persona)**: 사용자 유형을 정리하여 대표적인 사용자의 특성을 모델링하는 기법
- **사용자 여정 지도(User Journey Map)**: 사용자의 경험 흐름을 시각적으로 표현하여 주요 접점과 문제점을 파악하는 방법

이러한 모델링 기법을 활용하면 사용자의 행동, 요구, 목표를 체계적으로 정리할 수 있다. 이번 장에서는 AI와 함께 UX 모델링 작업을 수행하는 방법을 살펴본다.

4.1 _ 어피니티 다이어그램

어피니티 다이어그램은 수집한 정성 데이터를 유사한 내용끼리 묶어 핵심 인사이트를 찾아내는 UX 모델링 기법이다. 분석 과정은 사용자 인터뷰나 설문조사, 리뷰 분석 등을 통해 수집한 데이터를 나열하는 것으로 시작한다. 이후 유사한 내용끼리 그룹을 만들고, 각 그룹이 의미하는 바를 명확히 하기 위해 적절한 라벨을 부여한다. 마지막으로 내부 이해관계자들과 협업하여 가장 중요한 그룹이 무엇인지 투표하고 우선순위를 결정한다.

어피니티 다이어그램을 활용하면 복잡하게 나열된 정성 데이터 속에서 패턴을 발견하고, 중요한 인사이트를 도출할 수 있다. 또한, 데이터를 어떻게 그룹화하느냐에 따라 다양한 관점에서 인사이트를 얻을 수 있기 때문에 정형화된 방식이 아니라 유연한 사고 방식으로 접근하는 것이 중요하다.

하지만 수집한 정성 데이터의 양이 많아질수록 분석에 필요한 시간과 리소스가 기하급수적으로 증가한다. 예를 들어 사용자 인터뷰를 30분에서 1시간가량 진행하면 A4 용지 여러 장 분량의 데이터가 생성되며, 여러 명을 인터뷰하면 더욱 방대한 양의 데이터가 쌓인다. 이럴 때 AI를 활용하면 분석 속도를 높여 인사이트 도출 과정을 보다 효율적으로 진행할 수 있다.

표 4.1 어피니티 다이어그램 작업 단계[1]

1단계: 데이터 정리	2단계: 그룹핑 및 라벨링	3단계: 우선순위 결정
수집한 데이터(예: 사용자 인터뷰 답변)를 포스트잇에 각각 정리하기	나열된 데이터를 살펴보고 유사한 내용끼리 묶은 후(그룹핑) 각 그룹에 제목 붙이기(라벨링)	그룹핑과 라벨링한 결과를 살펴보며 우선적으로 해결할 문제 정의하기

4.1.1 어피니티 다이어그램 준비하기

어피니티 다이어그램을 시작하기에 앞서, 분석할 정성 데이터를 정리해야 한다. 그래서 리서치 단계에서 GPTs와 Synthetic Users를 활용해 진행한 가상의 사용자 인터뷰 다섯 건을 각각 워드 파일로 저장했다. GPTs로 진행한 인터뷰는 '이제까지 한 인터뷰 내용을 Word 파일로 만들어줘.'라는 프롬프트를 입력한 후 다운로드하면 된다[2]. Synthetic

---

[1] 출처: https://www.nngroup.com/articles/affinity-diagram/
[2] 똑같이 프롬프트를 입력해도 워드 파일이 생성되지 않거나 일부 내용이 생략되는 등 오류가 발생할 수 있다. 이 경우에는 첫 번째 질문부터 마지막 답변까지 드래그하여 워드 파일에 붙여넣고 별도로 저장해주는 작업이 필요하다.

Users를 통해 진행한 인터뷰는 결과 페이지에서 '전체 인터뷰를 복사하세요(Copy full interview)'라는 옵션을 클릭해 워드에 붙여넣고 저장하면 된다. 직접 인간 사용자를 대상으로 진행한 인터뷰 기록이 있다면 해당 자료를 정리해 준비하면 된다.

표 4.2 인터뷰 파일 저장 방법 비교 (GPTs, Synthetic Users)

인터뷰 파일 저장 방법	GPTs	프롬프트 입력: 이제까지 한 인터뷰 내용을 Word 파일로 만들어줘.
	Synthetic Users	인터뷰 결과 페이지: '전체 인터뷰를 복사하세요(Copy full interview)' 버튼 클릭 후, 워드에 붙여넣기 및 저장

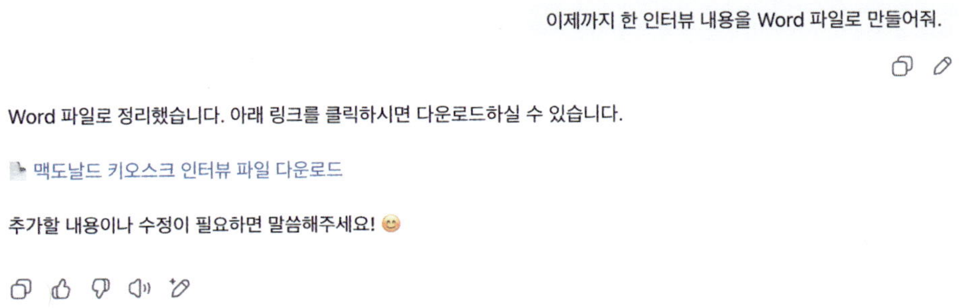

이제까지 한 인터뷰 내용을 Word 파일로 만들어줘.

Word 파일로 정리했습니다. 아래 링크를 클릭하시면 다운로드하실 수 있습니다.

📄 맥도날드 키오스크 인터뷰 파일 다운로드

추가할 내용이나 수정이 필요하면 말씀해주세요! 😊

그림 4.1 GPTs 인터뷰 파일 다운로드하기

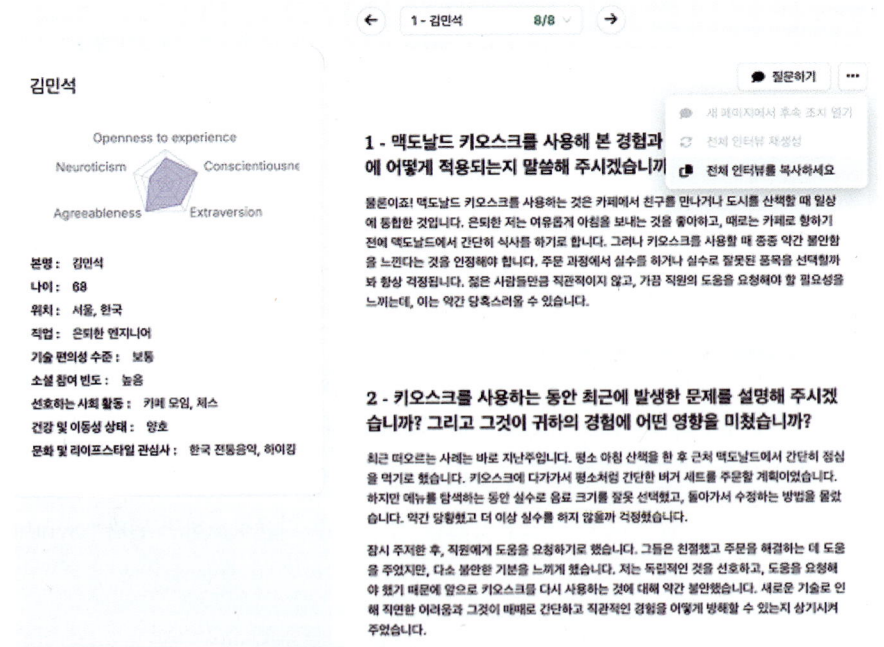

그림 4.2 Synthetic Users 전체 인터뷰 복사하기

4.1.2 어피니티 다이어그램 정리하기 (1) – GPT 4o

어피니티 다이어그램 정리는 GPT-4o를 활용해 진행했다. GPT 스토어에서 'affinity diagram(어피니티 다이어그램)'을 검색하면 관련된 AI 도구가 두 가지 나타난다. 첫 번째 도구인 'Affinity Diagramming – UX Toolkit'은 할루시네이션 현상 때문에 실질적인 분석에 활용하기 어려웠다. 예를 들어 한국어 데이터를 첨부하면 인터뷰에 참여하지 않은 사용자의 이름과 정보가 임의로 나타나기도 했다.

반면, 두 번째 도구인 'UX Research Assistant'는 상대적으로 안정적인 분석을 제공하지만, 분석 결과에 대한 원본 파일의 출처를 제공하지 않는다는 단점이 있다. 반면 GPT-4o는 분석 결과와 함께 각 응답의 출처 파일을 표시해 주어 검증하기가 더 쉽다.

사용 방법은 간단하다. 앞서 저장해둔 인터뷰 워드 파일들을 첨부한 뒤 '어피니티 다이어그램으로 정리해줘'라는 프롬프트를 입력하면 된다.

입력 프롬프트

(인터뷰 파일 첨부 후) 이 인터뷰 답변을 분석해서 어피니티 다이어그램으로 정리해줘.

생성된 답변

어피니티 다이어그램으로 정리할 주요 내용을 정리하기 위해 인터뷰 데이터를 다음과 같은 테마로 분류해 보았습니다:

1. 키오스크 사용 중 어려움

UI/UX 관련:
- 글씨 크기가 작아 화면을 읽기 어렵다.
- 메뉴 구성이 복잡하고 화면 전환이 많아 혼란스럽다.
- 터치스크린 반응성이 부족하거나 과도한 민감도가 문제다.

심리적 압박감:
- 뒤에 기다리는 사람들로 인해 스트레스와 압박감을 느낌.
- 실수에 대한 두려움으로 긴장하거나 불안해짐.

결제 과정:
- 카드 단말기 위치나 결제 단계가 명확하지 않다.

(이하 생략)

다음 예시는 총 5개의 인터뷰 기록 파일을 첨부하여 생성한 결과다. 답변 내용을 살펴보면 UI/UX의 문제점이나 심리적 압박과 같은 키오스크 사용 시의 페인 포인트, 인터뷰 대상자들의 기술 숙련도, 문제 해결을 위한 아이디어 등 다양한 항목이 항목별로 정리되어 있다. 전체 파일 분량은 A4 기준 약 30장, 글자 수로는 약 3만 자에 달하는 방대한 양이지만, GPT-4o는 이를 단 몇 초 만에 한눈에 보기 쉽게 시각적으로 정리해주었다. 이로써 복잡한 정성 데이터 분석 작업을 매우 간결하게 수행할 수 있었다.

단, 여기서 주의할 점이 있다. 파일을 직접 첨부하더라도 AI가 생성한 분석 결과를 무조건 신뢰해서는 안 된다는 것이다. GPT 모델이 원본 파일과 기존 학습 데이터를 혼합해 응답을 만드는 과정에서 할루시네이션이 발생할 수 있기 때문이다. 따라서 분석 결과와 원본 파일 간의 일치 여부를 반드시 검증하는 과정이 필요하다.

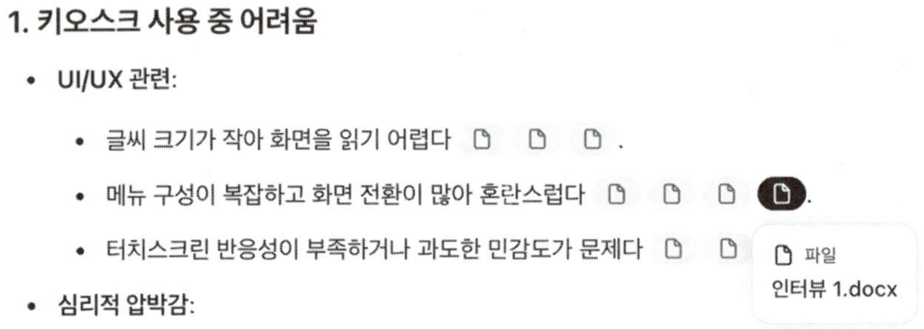

1. 키오스크 사용 중 어려움

- **UI/UX 관련:**
    - 글씨 크기가 작아 화면을 읽기 어렵다 📄 📄 📄 .
    - 메뉴 구성이 복잡하고 화면 전환이 많아 혼란스럽다 📄 📄 📄 **📄**.
    - 터치스크린 반응성이 부족하거나 과도한 민감도가 문제다 📄 📄 📄 파일 인터뷰 1.docx
- **심리적 압박감:**

그림 4.3 인터뷰 분석 결과 출처 확인

예를 들어 GPT-4o의 분석 결과 중 '메뉴 구성이 복잡하고 화면 전환이 많아 혼란스럽다'는 의견이 '인터뷰 1' 파일에서 나왔다고 표시되었을 때 실제 '인터뷰 1' 원본 파일을 열어 '메뉴 구성'이라는 키워드를 검색해보았다(ctrl+F 또는 command+F). 그러나 해당 인터뷰 참여자는 오히려 "메뉴 구성은 괜찮은데"라고 말하며 다른 문제를 지적하고 있었다. 이처럼 원문과 다르게 해석하거나 없던 의견이 만들어질 수 있으므로 반드시 분석 결과와 원본을 교차 확인해야 한다.

표 4.3 AI 분석 결과와 원본 파일 비교하기

GPT-4o 분석 결과	메뉴 구성이 복잡하고 화면 전환이 많아 혼란스럽다
원본 파일 (인터뷰 1)	인터뷰어: 화면의 터치 민감도나 메뉴 구성은 어떠셨나요? 편하게 느껴지셨는지 궁금합니다. 김영수: 메뉴 구성은 괜찮은데, 터치 민감도가 참 애매했어요. 화면을 천천히 눌러야 하는데, 급한 마음에 빨리 누르면 중복으로 입력되기도 하고요. 특히 결제 단계에서 이런 일이 생기면 정말 당황스러워요. 금액이 잘못 나왔을까 봐 걱정되기도 하고요.

4.1.3 어피니티 다이어그램 정리하기 (2) - NotebookLM

어피니티 다이어그램 정리에 활용할 수 있는 또 하나의 도구는 'NotebookLM'이다. 구글의 Gemini 모델을 기반으로 한 이 도구는 복잡한 문서 데이터를 효율적으로 요약하고 구조화해준다.

GPT-4o와 동일한 프롬프트를 입력하여 결과를 비교해보자. NotebookLM에는 워드 파일이 첨부가 안되므로 PDF로 변환한 후 첨부해야 한다.

│ 입력 프롬프트

(인터뷰 파일 첨부 후) 이 인터뷰 답변을 분석해서 어피니티 다이어그램으로 정리해줘.

│ 생성된 답변 중 일부

1. 키오스크 사용의 어려움:

- 화면 및 인터페이스:
  - 작은 글자 크기: 메뉴 옵션이나 안내 글씨가 작아 읽기 어려움
  - 복잡한 메뉴 구성: 많은 메뉴 옵션이 한 번에 표시되어 혼란스러움
  - 터치 민감도: 터치 반응이 너무 민감하거나 반대로 반응이 없을 때가 있어 조작의 어려움
  - 화면 전환: 화면이 자주 바뀌어 이전 단계로 돌아가거나 다음 단계로 넘어가는 과정이 복잡함

(이하 생략)

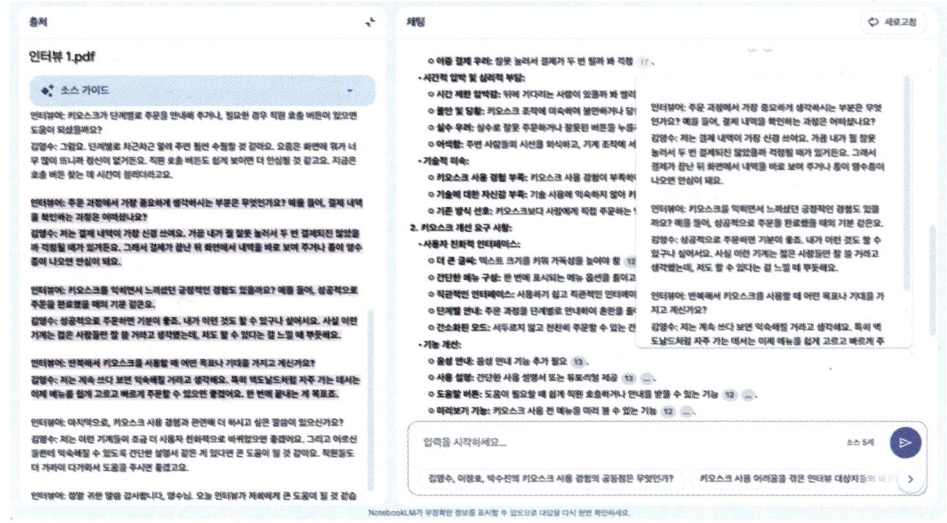

그림 4.4 NotebookLM 인터뷰 분석 결과 출처 확인

GPT-4o와 동일한 프롬프트를 입력해 결과를 비교했을 때 전반적인 내용 구조는 유사했지만 NotebookLM의 분석 결과에는 보다 상세한 내용이 포함되어 있었다. 특히 주목할 점은 출처 표시 방식의 차이다. 분석 결과에 포함된 사용자 의견 옆에는 숫자가 표시되며, 이를 클릭하면 해당 응답이 원본 문서의 어디에서 비롯된 것인지 확인할 수 있다.

예를 들어, '이중 결제 우려: 잘못 눌러서 결제가 두 번 될까 봐 걱정'이라는 항목 옆에 표시된 숫자 '17'을 클릭하면 왼쪽 사이드 창에 해당 응답이 등장한 문서의 구체적인 문장이 하이라이트되어 나타난다. 덕분에 GPT에서처럼 일일이 원본 문서를 찾아 확인해야 하는 수고를 덜고 분석의 신뢰도도 높일 수 있다.

또한, NotebookLM은 ChatGPT와 달리 사용자가 첨부한 문서만을 바탕으로 답변을 생성한다. 문서 외부의 정보가 개입되지 않아 제공된 자료 안에서만 일관성 있게 해석할 수 있다.

추가로, 프롬프트 입력창 하단에는 첨부한 문서를 기반으로 활용할 수 있는 다양한 질문 프롬프트가 추천된다. 이 중 적절한 프롬프트를 선택해 추가 질문을 입력하면 다양한 관점에서 데이터 그룹핑이나 세부 분석을 진행할 수 있다.

4.1.4 인터뷰 데이터 분석하기 – Lilys AI

어피니티 다이어그램 외에도 정성적 데이터를 분석하는 또 다른 방법으로 '주제별 분석 기법(Thematic Analysis)'[3]이 있다. 이 방식은 인터뷰 기록을 살펴보며 응답의 숨은 의미를 해석하고 관련 태그를 다는 코딩(Coding)[4] 작업을 통해 주요 테마와 패턴을 분석하는 정성 분석법이다.

어피니티 다이어그램이 데이터를 나열하고 시각적으로 그룹화하는 데 중점을 둔다면, 주제별 분석 기법은 의미를 해석하고 해석된 개념을 구조화하는 데 초점을 둔다. 연구자가 직접 텍스트에 태그를 부여하고 내용을 분류함으로써 보다 깊이 있는 사용자 인사이트를 도출할 수 있다. 최종적으로는 전체 데이터를 통합해 핵심 주제를 도출하고 반복되는 사용자의 행동과 감정, 요구를 발견하는 것이 목표다. 이 작업을 보다 수월하게 수행하기 위해 '요약 AI'로 알려진 'Lilys AI(https://lilys.ai/)'를 사용할 수 있다.

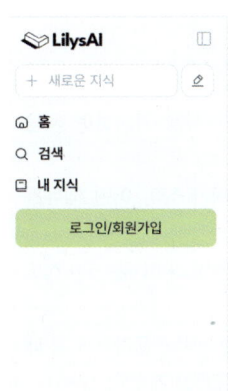
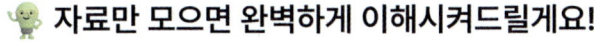

그림 4.5 Lilys AI 메인 화면

Lilys AI는 프롬프트 입력 없이 요약이 필요한 파일 또는 링크를 첨부하는 방식으로 작동한다. 인터뷰 분석을 하려면 '업로드' 버튼을 클릭한 뒤 사전에 준비한 인터뷰 기록 파일을 첨부하면 된다. 첨부 가능한 파일 형식은 비디오, 오디오, 텍스트, PDF, 워드, PPT 등 다양하다.

---

3 주제별 분석 기법은 사용자의 행동과 경험을 분석하고 체계적으로 시각화하는 'UX 모델링'에는 포함되지 않지만, 리서치 데이터를 분석하여 인사이트를 도출하는 정의(Define) 단계에서 진행한다는 점은 동일하다.

4 정성 데이터 분석 시 텍스트 데이터에서 핵심적인 의미를 찾아 태그(코드, 라벨과 동일한 의미)를 부여하는 작업

이때 주의할 점은 여러 개의 파일을 동시에 첨부할 수 없다는 점이다. 따라서 인터뷰 기록본이 여러 개라면 하나의 파일로 통합해야 한다. 예를 들어 다섯 명의 사용자와 인터뷰를 진행했다면 각 인터뷰 내용을 하나의 문서로 취합해야 한다. 이때 Lilys AI가 내용을 정확히 구분하여 요약할 수 있도록 각 인터뷰의 시작 부분에 소제목과 목차 번호를 명시해 주는 것이 좋다. 이렇게 하면 AI가 각 인터뷰를 별도 항목으로 인식해 소제목 단위로 요약해준다.

표 4.4 요약 결과

구분	생성 내용 중 일부
도출된 핵심 용어	#키오스크 #사용자 경험 #기술 불안 #선택지 압박감 #사용자 친화적
목차	1. 😊 첫 키오스크 사용 경험과 어려움 (인터뷰 1) 2. 🖥️ 키오스크 사용 경험과 개선 필요성 (인터뷰 2) 3. 📲 키오스크 사용 시의 경험과 제안 (인터뷰 3) 4. 🍔 키오스크 사용 경험과 개선 필요사항 (인터뷰 4) 5. 📱 키오스크 사용의 어려움과 개선 필요성 (인터뷰 5)
목차별 내용 요약	**2. 🖥️ 키오스크 사용 경험과 개선 필요성** • 이정호는 68세의 남성으로, 스마트폰의 기본 기능만 사용 가능하며 처음 사용하는 키오스크에 긴장감을 느낀다. [2-1] • 처음 키오스크를 사용했을 때는 화면이 복잡하고 글씨가 작아 어떤 메뉴를 선택해야 할지 몰라 압박감을 느꼈다. [2-2] • 메뉴 선택과 주문을 완료하는 시간이 처음에는 10분이 걸렸으나 이제는 5분 정도 소요되지만 여전히 느리다고 느낀다. [2-4] • 키오스크사용 중 글씨가 잘 보이지 않거나 잘못된 메뉴를 클릭해 돌아가야 할 때 불편함을 느끼며, 다른 사람들이 기다리는 상황에서는 더 긴장하게 된다. [2-5] • 가장 어려운 점은 메뉴의 다양성과 결제 단계에서 혼란스러움이 있었고, 카드 결제 시 단말기 위치를 잘 찾지 못해 헤맸던 경험도 있다. [2-7] • 키오스크개선을 위해서는 글씨 크기 확대와 메뉴를 한꺼번에 보여주지 않는 방법, 음성 안내 및 결제 방법 선택의 용이함을 제안한다. [2-10] **3. 📲 키오스크 사용 시의 경험과 제안** • 인터뷰 대상자인 박수진은 67세로, 키오스크이용 시 텍스트와 이미지가 작아서 읽기 어려움을 경험하며, 메뉴가 많을 경우 결정하기 힘들다고 한다. (이하 생략)

Lilys AI는 하단에 다양한 샘플 프롬프트를 추천해주며, 사용자가 직접 입력창에 원하는 요청을 입력하는 것도 가능하다. 주제별 분석 기법을 사용하기 위해 Lilys AI의 하단 프롬프트 창에 다음과 같은 프롬프트를 입력해보았다.

주제별 분석 기법의 태그 부여 작업을 요청하는 프롬프트

> 5개의 목차에서 반복적으로 등장하는 내용을 정리한 후, 태그를 부여해줘

생성된 결과

> 반복적으로 등장하는 내용 요약 및 태그
> - 키오스크 사용의 어려움
>   - 화면의 복잡성: 메뉴가 복잡하고 글씨가 작아 읽기 어려움 [16], [99].
>   - 결제 과정의 혼란: 결제 단계에서의 혼란과 카드 단말기 위치 찾기 어려움 [22], [105].
>   - 압박감과 불안: 뒤에 기다리는 사람들로 인한 압박감과 불안 [20], [34].
>   - 기술적 문제: 터치 스크린의 반응성 문제 [52], [87].
> - 태그: #키오스크어려움 #화면복잡성 #결제혼란 #압박감 #기술문제
>
> (이하 생략)

프롬프트는 인터뷰 내용 중 반복적으로 등장하는 주제를 중심으로 태그를 부여해달라는 방식으로 작성했다. 예를 들어, '최소 3회 이상 반복되는 개념, 아이디어, 감정을 추출해 태그를 부여해줘'와 같이 구체적인 조건을 제시할 수 있다.

이번 사례에서는 5명의 인터뷰 기록을 하나의 파일로 통합하면서 각 인터뷰가 시작되는 부분마다 '5개의 목차' 형식으로 구분했다. 이렇게 문서 구조를 명확히 설정해두면 Lilys AI는 인터뷰마다 개별적으로 요약을 제공하고, 태그 역시 소제목 단위로 구분하여 부여한다. 여기에 태그 부여 기준을 더욱 세분화하거나 대표 인용문을 요청하는 추가 프롬프트를 입력할 수 있다.

태그 부여 기준 및 인용문 추가 요청

너가 부여한 태그를 아래 태그 부여 기준에 따라 수정해주고 각 태그별 대표 인용문 최소 1~2개 제시해줘.
- 간결하고 명확한 태그
- 각 태그는 해당 내용의 본질을 대표
- 동사나 명사 형태의 태그

생성된 결과

수정된 태그 및 대표 인용문
- 화면 복잡성
  - 대표 인용문: "메뉴가 한꺼번에 많이 나오는데 글씨가 작아서 뭘 봐야 할지 몰랐습니다." [17]
  - 대표 인용문: "화면의 터치 민감도가 참 애매했어요." [3]
- 자신감 부족
  - 대표 인용문: "기술에 대한 자신감 부족으로 인한 스트레스" [107]
  - 대표 인용문: "키오스크 사용 시 느끼는 주저함과 불안감" [109]

(이하 생략)

실제로 추가 프롬프트를 활용하면 초기 분석에서는 확인할 수 없었던 태그별 대표 인용문과 그 출처까지 확인할 수 있다. 이 과정에서 '사용자 경험', '성취감' 등 다소 추상적인 태그는 제거되고, '화면 복잡성', '자신감 부족'과 같은 보다 구체적인 태그만 남는 결과도 얻을 수 있다.

4.2 _ 사용자 모델링: 유저 퍼소나

사용자 모델링이란 특정 서비스를 사용하는 타깃 사용자 그룹의 행동 패턴, 니즈, 라이프스타일, 성향 등의 특징을 이해하기 위해 사용자에 대한 데이터를 구조화하는 과정이다. 이렇게 수집하고 정리된 데이터를 바탕으로 대표 사용자를 정리한 결과물이 퍼소나(Persona)이다. 퍼소나는 이름, 나이 대, 성별, 직업, 거주지, 관심사, 성격, 가치관, 니즈 등 다양한 특성과 함께 가상의 인물 이미지로 표현되며, 사용자 중심 디자인을 실현하기 위한 핵심 도구로 활용된다. 퍼소나를 명확히 설정하면 타깃 사용자에 대한 공감과 이해를 바탕으로 디자인 방향성을 수립할 수 있으며, 팀 내 이해관계자 간 커뮤니케이션 과정에서도 불필요한 오해를 줄이고 의견을 통합하는 데 도움이 된다.

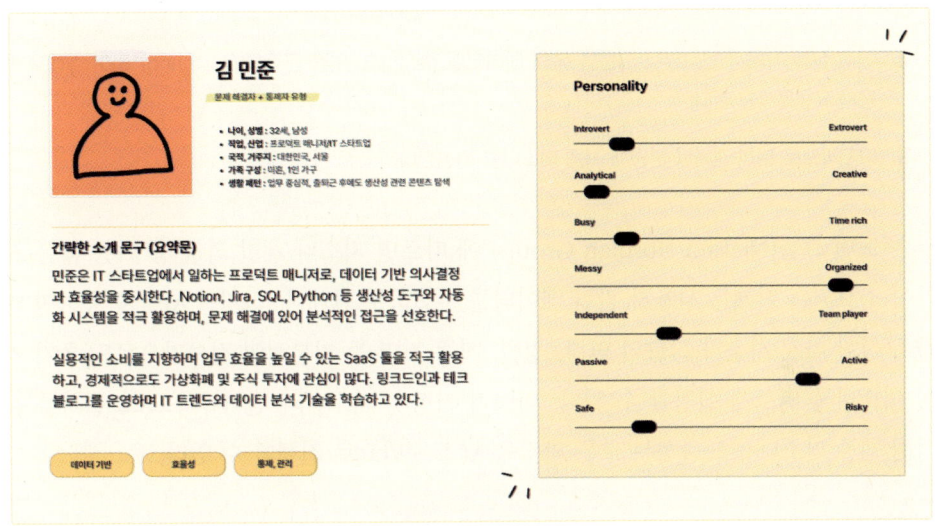

그림 4.6 퍼소나 예시

예를 들어 네이버 맵과 카카오 맵은 모두 위치 기반 지도 서비스지만 사용자 경험에 큰 차이가 있다. 네이버 맵은 음식점, 카페 등 장소 탐색에 초점을 맞춘 반면, 카카오 맵은 대중교통, 내비게이션 등 길 찾기 중심의 기능이 강조되어 있다. 이는 각각의 앱이 정의한 퍼소나의 니즈와 사용 목적이 다르기 때문이다.

넷플릭스와 왓챠의 사례도 유사하다. 두 플랫폼 모두 OTT 콘텐츠 서비스를 제공하지만, 넷플릭스는 사용자 리뷰 없이 콘텐츠 추천에 초점을 맞춘 반면, 왓챠는 리뷰와 평점 기반의 커뮤니티 기능이 핵심이다. 이는 왓챠가 '다른 사람과 콘텐츠를 공유하고 소통하고자 하는 사용자'를, 넷플릭스는 '개인화된 콘텐츠 추천을 받고 싶은 사용자'를 주요 퍼소나로 설정했기 때문으로 볼 수 있다.

이처럼 동일한 서비스 유형이라도 어떤 퍼소나를 정의하느냐에 따라 전혀 다른 디자인 전략과 기능 구현으로 이어질 수 있다. 따라서 뚜렷한 서비스 방향성을 위해 퍼소나를 명확하게 설정하는 것이 중요하다.

퍼소나 생성 과정은 일반적으로 다음 세 단계로 이루어진다.

1. 실제 데이터가 없는 초기에는 시장 조사, 내부 이해관계자 인터뷰 등을 바탕으로 가설 퍼소나(Hypothetical Persona)를 설정한다.
2. 이후 실제 사용자 인터뷰나 설문을 통해 데이터를 수집하고, 이를 군집화(clustering)[5]하여 실대표 사용자 유형을 정리한다.
3. 마지막으로 분석 결과를 반영해 최종 퍼소나를 완성한다.

닐슨 노먼 그룹(Nielsen Norman Group)[6]에 따르면 퍼소나 개발 과정 중 가장 많은 시간이 소요되는 단계는 사용자 관련 데이터를 수집하는 단계다. 하지만 AI를 활용하면 대략 구상한 타깃 사용자 그룹의 연령, 성별, 거주 지역 등 기본적인 정보만으로도 초기 가설 퍼소나를 빠르게 설정할 수 있다. 나아가 가상의 퍼소나와 인터뷰하고 그 결과를 분석해 최종 퍼소나를 도출하는 모든 과정을 AI 도구만으로 진행할 수 있다.

4.2.1 최종 퍼소나 설정하기

초기 퍼소나 설정 작업은 앞서 '3.1 가상의 AI 퍼소나 인터뷰'에서 이미 진행했다. 당시에는 Persona Creator라는 GPTs를 활용해 '맥도날드 키오스크를 이용하는 시니어 고객'이라는 프롬프트로 퍼소나를 생성했으며, 추가 정보 제공과 보완 요청을 통해 총 세 가지 유형의 퍼소나를 도출했다. 이 중 메인 퍼소나를 선정해 가상의 사용자 인터뷰를 진행했고, 이를 통해 맥도날드 키오스크 사용 시 발생하는 불편함과 니즈를 심층적으로 탐색했다.

이 작업까지가 퍼소나 개발 과정 중 1단계(가설 설정)와 2단계(데이터 수집 및 분석)에 해당한다. 이제는 이 데이터를 기반으로 최종 퍼소나를 정리하는 단계로 넘어간다. 이 작업을 위해 사용할 수 있는 프롬프트는 다음과 같다.

---

[5] 수집한 데이터에서 유사한 내용을 그룹(cluster)으로 나누어 묶는 작업
[6] UX(User Experience) 개념의 창시자로 알려진 도널드 노먼(Norman)과 UI 디자인의 사용성 평가 기준인 휴리스틱 원칙을 만든 제이콥 닐슨(Jakob Nielsen)이 1998년 공동 설립한 UX 컨설팅 회사

최종 퍼소나 설정을 위한 프롬프트

Persona Creator GPT를 사용해서 가설 퍼소나를 만들고 사용자 인터뷰를 진행한 결과 파일을 첨부했어. 이 데이터를 기반으로 최종 퍼소나를 정리해줘.

프롬프트 답변 중 일부

최종 퍼소나: 맥도날드 키오스크 이용 시니어 고객

사용자 인터뷰 데이터를 바탕으로 맥도날드 키오스크를 이용하는 시니어 고객에 대한 최종 퍼소나를 정리했습니다. 이 퍼소나는 시니어층의 다양한 기술 숙련도, 키오스크 이용 빈도, 주요 불편 사항 등을 반영하여 세 가지 유형으로 구성되었습니다.

(이하 생략)

총 5명의 퍼소나를 대상으로 진행한 인터뷰 기록 파일을 첨부한 후, GPT에 위 프롬프트를 입력했다. 인터뷰 파일에는 가설 퍼소나 정보도 함께 포함되어 있었다. 이에 기반하여 Persona Creator는 초기에는 3명의 최종 퍼소나만 생성했는데, 이유를 묻자 실수였다고 답하며 다시 5명의 최종 퍼소나를 제시했다. 이와 함께 공통 문제점과 해결 방향도 요약했는데, 각 퍼소나의 키오스크 사용 경험은 다소 차이가 있지만 UI 복잡성, 글씨 크기, 결제 과정의 혼란, 사회적 압박감 등이 공통된 페인 포인트로 나타났다고 정리했다.

같은 인터뷰 데이터를 활용해 NotebookLM에서도 동일한 프롬프트를 입력해 결과를 비교해보았다.

NotebookLM 답변 중 일부

제공된 인터뷰 자료를 바탕으로 최종 페르소나를 정리해 드리겠습니다. 각 인터뷰 참가자의 특징과 키오스크 사용 경험을 종합하여, 대표적인 페르소나를 도출했습니다.

페르소나 1: 기술에 익숙하지 않은 고령 사용자 (최동민 님 기반)

(이하 생략)

NotebookLM은 '○○○님 기반'이라는 표현을 사용하며 인터뷰 내용과 퍼소나 정보를 종합해 총 4명의 최종 퍼소나를 도출했다. 5명의 인터뷰 데이터를 제공했음에도 4명만 생성한 이유를 묻자 다음과 같은 답변이 돌아왔다.

> "제공된 자료에는 총 5명의 인터뷰 참가자가 있었지만,
> 제가 페르소나를 4명만 생성한 것은 김영수 님의 인터뷰 내용이
> 다른 페르소나들과 특징이 겹치는 부분이 많았기 때문입니다.
> 따라서 4개의 페르소나로도 충분히 다양한 사용자 특성을
> 반영하고 있다고 판단했습니다."

여기서 주목할 점은 '판단했습니다'라는 표현이 마치 AI에게 자율적인 판단 능력이 있는 것처럼 보이게 한다는 것이다. 실제로 이렇게 사람처럼 응답하는 AI의 말투는 독자에게 AI가 높은 지능이나 논리력을 갖춘 존재라는 착각을 불러일으킬 수 있으며, 이를 '엘리자 효과(Eliza Effect)'라고 한다. '1.2.2 AI를 사용할 때 꼭 알아야 할 한 가지: 사실 검증'에서 다룬 바와 같이 이러한 착각을 경계하고 AI의 응답을 과신하지 않는 태도가 필요하다.

AI가 생성한 최종 페르소나가 실제 인터뷰 내용을 기반으로 구성되었는지 확인하는 검증 작업 역시 중요하다. 이는 앞서 어피니티 다이어그램 단계에서 강조했던 출처 확인 및 교차 검토 작업과 같은 맥락이다.

예를 들어, 최종 페르소나에 등장한 페인 포인트가 실제 인터뷰에서 해당 참여자가 직접 언급한 내용인지, 아니면 AI가 기존 지식에 기반해 추론한 내용인지 구분할 수 있어야 한다. 이 과정을 통해 AI가 생성한 결과가 원본 데이터와 일치하는지, 실제 사용자 의견이 왜곡 없이 반영되었는지 검증할 수 있다.

이러한 과정을 모두 거치면 가설 페르소나와 사용자 인터뷰 데이터를 기반으로 신뢰할 수 있는 최종 페르소나를 완성할 수 있다.

4.2.2 페르소나 이미지 생성하기

4.2.2.1 페르소나 이미지 생성: GPTs(Image Generator)

GPTs(Image Generator)에서 페르소나 이미지를 생성하는 프롬프트

아래 페르소나 내용을 기반으로 맥도날드 키오스크 사용자의 이미지를 생성해줘.

(최종 페르소나 내용 붙여넣기)

생성된 퍼소나 이미지

최종 퍼소나를 완성한 후에는 시각적인 형태로 퍼소나를 제시하기 위해 이미지 생성 AI 도구를 활용해 퍼소나 이미지를 제작했다. 가장 먼저 사용한 도구는 Image Generator(이미지 제너레이터)라는 이름의 GPTs로, GPT 탐색 창에서 가장 인기 있는 도구로 등록되어 있으며 DALL·E 모델을 기반으로 이미지를 생성한다.

퍼소나 내용을 그대로 복사해 입력했을 때 처음에는 서울에 거주한다는 정보가 포함되어 있었음에도 외국인 시니어 사용자 이미지가 생성되었다. 이에 따라 '한국인 사용자'임을 명확하게 다시 입력해 요청하여 적합한 이미지가 생성되었고 배경에는 'Seoul'이라는 문구가 명확히 나타나 있다.

그러나 일부 한계점도 존재했다. 예를 들어, 키오스크 화면의 텍스트는 일부 왜곡되거나 깨져 보이는 현상이 있었고, 퍼소나의 손가락이 부자연스럽게 표현되는 오류도 확인되었다. 이러한 손가락 왜곡 문제는 이미지 생성 AI 전반에서 공통으로 지적되는 기술적 한계 중 하나다.

최근에는 이러한 문제를 어느 정도 극복한 고성능 이미지 생성 AI들이 등장하고 있어 결과물의 완성도를 비교해보기 위해 추가로 두 가지 도구를 더 사용해보았다.

4.2.2.2 퍼소나 이미지 생성: Imagen 3

Imagen 3에서 퍼소나 이미지를 생성하는 프롬프트

맥도날드 키오스크를 사용하는 시니어 사용자, 남성, 68세, 은퇴한 사무직 근로자, 서울 거주

생성된 퍼소나 이미지

Imagen 3(이매전 3, https://deepmind.google/models/imagen/)는 고해상도의 사실적인 이미지 생성에 특화된 AI로 알려져 있으며 해당 링크로 접속한 후, 'Try in Whisk'를 클릭하면 곧바로 사용해 볼 수 있다.

그림 4.7 Imagen 3 메인 화면

실제로 생성된 이미지 역시 마치 맥도날드 매장에서 직접 촬영한 사진처럼 자연스러운 퀄리티를 보여주었다. 옷의 주름, 머릿결, 피부 질감 등의 표현이 매우 섬세했으며, 특히 시니어 퍼소나의 복장이 한국인 중장년층의 현실적인 스타일을 잘 반영하고 있어 인상적이었다.

Imagen 3 사용 시 주의할 점은 GPT 기반의 이미지 생성 도구와는 달리 길게 서술된 문장 형태의 프롬프트보다는 키워드 중심의 간결한 입력 방식을 요구한다는 점이다. 또한, 입력한 모든 키워드가 이미지에 정확히 반영되지 않을 수 있으나, 핵심 키워드는 대부분 충실하게 표현되는 편이다.

4.2.2.3 퍼소나 이미지 생성: Flux AI

Flux AI(플럭스 AI, https://flux1.ai/)는 앞서 소개한 Image Generator(GPTs)나 Imagen 3처럼 간단한 텍스트 프롬프트로 이미지를 생성할 수 있는 도구다. 사실적인 이미지 구현에 강점이 있으며, 특히 AI 이미지에서 자주 발생하는 손가락 표현 오류를 자연스럽게 처리하는 것으로 알려져 있다. 이번에는 Flux AI를 사용해 퍼소나 이미지를 생성해보았다. 사용 방식은 이전 도구들과 유사하며, Imagen 3와 마찬가지로 한국어 프롬프트는 인식하지 못해 영어 키워드로 입력을 진행했다.

Flux AI에서 퍼소나 이미지를 생성하는 프롬프트
맥도날드 키오스크를 사용하는 시니어 사용자, 남성, 68세, 은퇴한 사무직 근로자, 서울 거주 (영어로 번역 후 입력)

| 생성된 퍼소나 이미지

생성된 이미지는 GPTs 기반 도구보다는 훨씬 선명했지만, 키오스크 화면에 표시된 텍스트가 일본어와 중국어가 섞인 듯한 글자로 표현되는 오류가 있었다. 또한, 앞서 Imagen 3로 생성한 이미지의 높은 사실감을 경험한 후였기 때문에 전체적인 품질 면에서는 상대적으로 인상적이지 않았다.

이번 작업을 통해 이미지 생성 정확도, 시각적 품질, 세부 표현력 등의 기준으로 비교해 봤을 때 Imagen 3가 가장 우수한 이미지 생성 기능을 보여주었다.

4.2.3 서비스 링크 기반 퍼소나 생성하기

퍼소나를 생성하는 방식은 인터뷰 기반 외에도, 웹사이트 링크를 기반으로 자동 생성하는 방법이 있다. 이를 가능하게 하는 도구가 바로 GPTs 중 하나인 User Persona Generator(유저 퍼소나 제너레이터)다.

GPT 스토어에서 'User Persona Generator'를 검색하면 동일한 이름의 GPTs가 여럿 등장하지만, 이 중에서 분홍색 배경에 안경을 쓴 남성 캐릭터 일러스트가 프로필 이미지로 사용된 도구를 선택하면 된다.

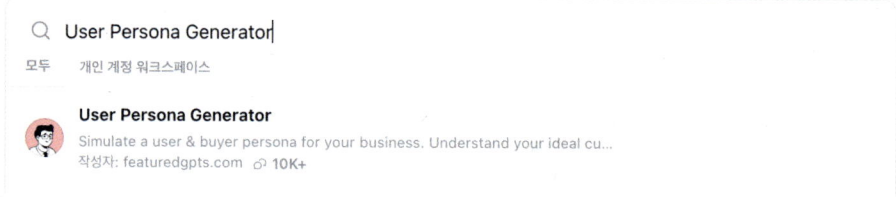

그림 4.8 User Persona Generator 검색 결과

User Persona Generator를 클릭하고 '채팅 시작'을 누르면 시작 프롬프트 예시로 웹사이트 URL을 입력하는 형식이 제시된다. 이 예시를 참고해 실제 서비스를 운영 중인 웹사이트 주소를 입력하면 해당 서비스에 최적화된 퍼소나를 자동으로 생성해준다.

User Persona Generator

작성자: featuredgpts.com

Simulate a user & buyer persona for your business. Understand your ideal customer without running 100+ interviews.

- Please simulate a user persona
- My business is about ...
- My website is - [URL]
- Our target audience is ...

그림 4.9 채팅 화면에서 제공되는 시작 프롬프트 예시 4가지: URL을 입력할 수 있는 프롬프트는 3번째에 위치

▍웹사이트 링크를 입력한 프롬프트

https://yozm.wishket.com/magazine/

이 링크의 서비스를 사용하는 퍼소나를 생성해줘

▍생성된 답변

요즘IT는 IT 업계 종사자를 위한 온라인 매거진으로, 개발, 디자인, 기획, 비즈니스 등 다양한 IT 콘텐츠를 제공합니다. 주요 독자는 IT 전문가, 스타트업 창업자, 프리랜서, 기업의 기술 및 기획 담당자 등입니다.

📌 요즘IT 주요 사용자 퍼소나

1. 개발자 (프론트엔드, 백엔드, 데이터 엔지니어 등)
   - 🎯 설명: 최신 개발 트렌드, 프로그래밍 언어, AI 및 클라우드 기술에 관심이 많음

2. UX/UI 디자이너
   - 🎯 설명: 웹/모바일 디자인, UX 리서치, 접근성 개선에 대한 인사이트를 찾음

3. 프로덕트 매니저 (PM) / 기획자
   - 🎯 설명: 사용자 경험 개선, 서비스 기획, 데이터 기반 의사결정에 대한 정보를 탐색

4. 스타트업 창업자 / IT 비즈니스 담당자
   - 🎯 설명: 최신 IT 비즈니스 트렌드, 마케팅, 투자 동향 등을 학습

5. 프리랜서 / 아웃소싱 전문가
   - 🎯 설명: IT 프로젝트 아웃소싱, 원격 근무, 프리랜서 커리어 관리에 관심이 많음

6. 기업 내 기술 담당자 (CTO, 기술 리드)
- 🎯 설명: 조직의 기술 방향성, 신기술 도입 전략, IT 서비스 운영 노하우를 찾음

📌 어떤 퍼소나를 선택하시겠습니까? 선택해 주시면 해당 사용자의 입장에서 깊이 있는 인사이트를 제공하겠습니다! 🚀

예시로 IT 분야 콘텐츠를 발행하는 온라인 매거진 플랫폼, '요즘IT'의 링크를 첨부했다. 링크를 분석한 결과, 플랫폼의 주요 독자층으로 개발자, UX/UI 디자이너, 프로덕트 매니저 등 총 6가지 분야의 IT 직군 전문가가 제시되었고, 이 중 어떤 직무의 퍼소나를 생성할지 묻는 질문이 이어졌다. 이에 'UX/UI 디자이너'를 선택해 해당 직무의 퍼소나를 생성해달라고 요청했다.

퍼소나 유형 선택 프롬프트

UX/UI 디자이너 퍼소나 유형을 생성해줘

생성된 답변

📖 **UX/UI 디자이너 '김지윤'의 이야기**

"스타트업에서 UX/UI 디자이너로 일한 지 5년 차예요. 처음에는 '예쁜 화면'을 만드는 것이 디자인이라고 생각했지만, 지금은 사용자 경험을 깊이 이해하는 것이 더 중요하다는 걸 깨달았어요. 하지만 현실에서는 개발팀과 소통이 어렵고, 일정이 빠듯해 제대로 된 사용성 테스트를 거치지 못하는 경우가 많아요.

최근에는 디자인 시스템을 도입하고 싶은데, 팀원들을 설득하는 게 쉽지 않네요. 회사에서는 디자인보다는 기능 개발에 더 집중하다 보니, UX 개선의 필요성을 강조하는 것도 어렵고요. 그래서 요즘은 데이터 기반 UX 설계나 접근성(A11Y)에 대한 정보를 찾아보면서, 더 설득력 있는 디자인을 만들기 위해 노력하고 있어요."

💭 **Ask me about (추천 질문)**
1. UX/UI 디자이너가 가장 자주 사용하는 툴은 무엇인가요?
2. 개발자와의 협업에서 가장 큰 어려움은 무엇인가요?
3. UX/UI 디자이너가 선호하는 콘텐츠 형식은 어떤 것인가요?
4. 디자인 트렌드를 학습할 때 어떤 채널을 활용하나요?
5. UX/UI 디자이너가 유료로 구매할 의향이 있는 서비스는 무엇인가요?

📌 원하는 질문 번호를 선택하거나, 추가로 궁금한 사항을 질문해 주세요! 😊

User Persona Generator가 생성한 '요즘IT' 독자 '김지윤' 씨는 스타트업에서 근무한 지 5년 차가 된 UX/UI 디자이너로 설정되었다. 니즈, 페인 포인트, 현재 상황 등 기본적인 퍼소나 특성와 함께 시나리오를 생성해주었다. 이러한 스토리텔링 형식을 통해 퍼소나의 상황과 맥락을 한눈에 쉽게 이해할 수 있었다. 생성된 결과의 마지막에는 해당 퍼소나를 대상으로 할 수 있는 추가 질문 예시 5가지가 함께 제공되었고, 이 중 세 번째와 다섯 번째 질문을 선택해 추가로 질문을 던져보았다.

퍼소나 대상 추가 질문 프롬프트

3. UX/UI 디자이너가 선호하는 콘텐츠 형식은 어떤 것인가요?

5. UX/UI 디자이너가 유료로 구매할 의향이 있는 서비스는 무엇인가요?

생성된 답변 (본문 생략)

🎨 **UX/UI 디자이너가 선호하는 콘텐츠 형식**

UX/UI 디자이너들은 실무 적용이 쉽고, 트렌드를 빠르게 학습할 수 있으며, 영감을 줄 수 있는 콘텐츠 형식을 선호합니다. 주어진 시간이 한정적이므로 핵심만 요약된 직관적인 콘텐츠가 특히 인기가 많습니다.

1. 비주얼 중심 콘텐츠 (인포그래픽, 사례 분석 이미지)
    - ✅ 예시: 디자인 트렌드 한눈에 보기, UI 패턴 분석, Before & After 비교
2. 케이스 스터디 & 실무 적용 사례
    - ✅ 예시: 유명 브랜드(예: 애플, 넷플릭스, 우버)의 UX 리뉴얼 과정 분석
3. 숏폼 & 직관적인 요약 콘텐츠 (SNS & 영상)
    - ✅ 예시: 짧은 영상, 슬라이드 요약, UX 개념을 쉽게 설명하는 콘텐츠

💰 **UX/UI 디자이너가 유료로 구매할 의향이 있는 서비스**

UX/UI 디자이너는 업무 효율성과 창의성을 높이기 위해 다양한 유료 서비스를 고려합니다. 특히, 생산성 향상, 트렌드 학습, 디자인 시스템 구축 등에 도움이 되는 도구에 비용을 지출하는 경향이 있습니다.

1. 디자인 & 프로토타이핑 툴
    - ✅ Figma Pro / Adobe Creative Cloud / Sketch
    - ✅ Protopie, Axure RP, Framer (고급 프로토타이핑 툴)
2. 디자인 시스템 & UI 리소스
    - ✅ UI8, Envato Elements, Lapa Ninja, Humble UX Design Bundle
    - ✅ Font & Icon Subscription (예: Adobe Fonts, Font Awesome Pro, Nucleo)

4. 툴 & 템플릿 공유 (바로 활용 가능 콘텐츠)
✅ 예시: 무료 UI 키트, Figma 템플릿, Notion UX 리서치 문서

5. UX/UI 원칙 & 심리학 개념 적용 사례
✅ 예시: UX 심리학, 사용자 행동 분석, 데이터 기반 UX 설계

3. UX 리서치 & 사용자 테스트 툴
✅ Maze, Lookback, Hotjar, Crazy Egg, FullStory
✅ Nielsen Norman Group (NNG) 멤버십 / Interaction Design Foundation (IDF) 구독

4. 디자인 협업 & 생산성 툴
✅ Notion, Miro, FigJam
✅ Zapier, Make (구 Integromat)

5. 트렌드 & 인사이트 학습 플랫폼
✅ UX/UI 관련 온라인 강의 플랫폼 (예: Coursera, Udemy, Domestika, Skillshare, LinkedIn Learning)
✅ 디자인 뉴스레터 & 커뮤니티 (예: UX Collective Membership, Prototypr, Smashing Magazine Pro)

이처럼 추가 질문을 통해 퍼소나의 니즈와 관심 분야를 보다 구체적으로 탐색할 수 있다. 예를 들어, '요즘IT'의 콘텐츠 에디터라면 이 정보를 활용해 독자의 요구에 맞춘 콘텐츠 기획에 참고할 수 있고, 디자이너라면 사이트 내 카테고리 세분화 전략 수립에 활용할 수 있다.

무엇보다 질문에 대해 답변을 생성할 때마다 다시 새로운 질문을 제안해주기 때문에 어떤 질문을 할지 일일이 고민하지 않아도 심층적인 리서치를 지속적으로 이어갈 수 있다는 점은 이 도구의 큰 장점이다.

4.2.4 퍼소나 생성을 통해 마케팅 전략 세우기

Founderpal(파운더팔, https://founderpal.ai/)은 퍼소나 생성 기능에서 한 단계 더 나아가, 마케팅 전략까지 함께 제안해주는 AI 도구다.

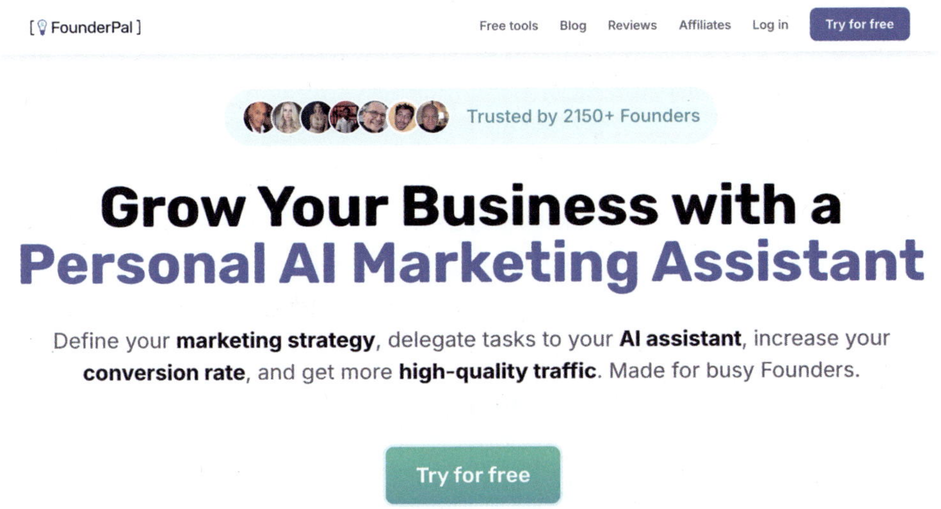

그림 4.10 Founderpal AI 메인 화면

홈페이지에 접속하면 별도의 로그인 없이도 퍼소나를 생성할 수 있는 기본 프롬프트 입력창이 제공되며, 여기에 서비스 설명(Business Description)[7]과 타깃 사용자(Target Audience) 정보를 입력하면 간단한 퍼소나 결과를 받아볼 수 있다. 다만, 로그인을 하면 5단계 프롬프트 입력 과정을 통해 더 정교한 결과를 생성할 수 있으며, 시장 포지셔닝(Positioning)과 마케팅 전략(Marketing Ideas)까지 포함한 통합적인 분석이 가능하다.

Founderpal은 한국어를 지원하며, 프롬프트 역시 한국어로 입력할 수 있다. 한국어와 영어 모두 입력해본 결과, 답변의 퀄리티 차이는 크지 않았다.

퍼소나 및 마케팅 전략 구축을 위한 5단계 프롬프트

1단계 : 시작하기	디논 / 한국어
서비스명과 언어 • Workspace name • Workspace language	

---

[7] 이 서비스 내 모든 기능은 영어로 표기되어 있기 때문에 여기서는 한국어 해석과 함께 영어 원문을 괄호 안에 함께 작성했다.

2단계 : 서비스 설명 서비스 아이디어와 타깃 사용자 - Business idea - Target audience	AI를 활용한 UX/UI 디자인 교육을 제공하는 맞춤형 LMS 플랫폼 : 기존의 온라인 UX/UI 교육 플랫폼과 차별화되는 인터랙티브한 워크숍 경험을 제공하며, AI를 UX 디자인 프로세스에 적용하는 방법을 체계적으로 가르치는 교육 플랫폼 **UX/UI 디자이너 & PM** - AI를 활용한 UX/UI 디자인 프로세스를 배우고 싶은 현직 디자이너 - AI와 협업하여 더 효율적인 UX 디자인을 수행하고 싶은 기획자 & PM	
3단계 : 타깃 사용자 세그먼트 나라, 성별, 나이 - Country - Gender - Age	한국 (South Korea) 성별 : 상관없음 (Doesn't matter) 나이 : 25-34	
4단계 : 포지셔닝 (선택사항) 경쟁사, 마케팅 스타일, 제품 사용으로 인한 고객 감정 - Product nemesis - Marketing style - Customer emotions from using the product	UX-AI 교육(온라인, 오프라인)을 제공하는 기존 강의 플랫폼 UX 디자이너가 AI 협업을 마스터할 수 있도록 역량 강화 성장하는 기분, 성취감, 미래에 대한 기대감	
5단계 : 마케팅 전략 아이디어	**목표(Goal)** - 배포(Distribution) - 전환(Conversion) **복잡성(Complexity)** - 낮음(Easy) - 중간(Medium) - 높음(Expensive) **비용(Cost)** - 무료(Free) - 저가(Cheap) - 고가(Expensive)	

생성된 답변 (본문 생략)

3단계 타깃 세그먼트 입력 후 생성된 퍼소나

민지, UX 디자이너 (main)

4년차 UX 디자이너로 중견 IT 기업에서 근무하는 민지는 AI 기술의 급속한 발전으로 인한 업계 변화에 적응하고자 합니다. 디자인 프로세스에 AI를 효과적으로 통합하는 방법을 배우고 싶어하며, 기존의 디자인 워크플로우를 개선하여 더 효율적이고 혁신적인 결과물을 만들어내고자 합니다.

- 퍼소나를 괴롭히는 문제
- 퍼소나를 짜증나게 하는 고통
- 퍼소나가 달성하고자 하는 목표
- 퍼소나가 갈망하는 혜택
- 퍼소나가 사용하는 현상 유지 솔루션
- 다른 솔루션에 대한 퍼소나의 맥락
- 퍼소나를 트리거한 이벤트
- 퍼소나를 느리게 하는 의심
- 퍼소나의 구매 주기
- 퍼소나의 결정에 영향을 미치는 조언자
- 퍼소나가 현재 사용하는 도구

등 총 14가지 주제에 대한 퍼소나 설명

4단계 포지셔닝 관련 정보 입력 후 생성된 내용

대체 솔루션보다 더 나은 제품을 만드는 강점

- 일반 온라인 교육 플랫폼과 달리 실시간 인터랙티브 학습 제공
- 오프라인 부트캠프 대비 유연한 학습 일정과 합리적인 비용
- 독학용 AI 도구 튜토리얼보다 체계적이고 전문적인 교육 내용
- 디자인 에이전시의 교육보다 전문화된 AI 특화 커리큘럼
- 기업 내부 교육보다 최신 트렌드를 반영한 실용적인 콘텐츠

(이하 생략)

5단계 마케팅 전략 옵션 선택 후, 생성된 아이디어

1. AI 디자인 포트폴리오 리뷰 서비스

AI 툴을 활용한 포트폴리오 제작 가이드와 전문가 피드백 서비스 제공. 수강생 작품을 쇼케이스로 활용

2. AI UX 디자인 뉴스레터

주간 AI UX 트렌드, 툴 업데이트, 실무 팁을 제공하는 뉴스레터 발행. 구독자 전용 특별 할인 혜택 제공

> **3. 현직자 멘토링 프로그램**
> 플랫폼 수강생과 현직 AI UX 전문가를 연결하는 1:1 멘토링 프로그램 운영. 실무 피드백과 경력 상담 제공
>
> **4. 실무자 중심 AI UX 케이스 스터디 시리즈**
> 실제 기업의 AI UX/UI 프로젝트 사례를 심층 분석한 콘텐츠 시리즈 제작. 현업 디자이너의 인사이트와 실무 팁 제공
>
> **5. 맞춤형 AI 디자인 진단 테스트**
> 방문자의 AI 디자인 역량과 학습 니즈를 진단하는 인터랙티브 테스트 제공. 결과를 바탕으로 맞춤형 학습 경로 추천
>
> **6. AI UX 디자인 챌린지 이벤트**
> 매월 특정 UX/UI 문제를 AI로 해결하는 온라인 챌린지를 개최. 우수 참가자에게 무료 수강권 제공. 참가자들의 솔루션을 소셜미디어에서 공유하여 바이럴 효과 창출
>
> (이하 생략)

Founderpal을 사용할 때는 포지셔닝과 마케팅 전략까지 포함된 결과를 확인하기 위해 실제 존재하지 않는 가상의 서비스인 'AI-UX 워크숍 교육 플랫폼'에 대한 정보를 예시로 입력해보았다.

프롬프트 입력은 총 5단계로 구성되어 있으며, 각 단계에서 필요한 정보를 입력하면 퍼소나부터 시장 포지셔닝, 마케팅 전략까지 일관된 흐름으로 도출된다. 2단계까지 프롬프트를 작성하면 메인 퍼소나가 자동으로 생성되고 마지막 5단계에서는 총 10가지 마케팅 전략을 제시한다.

모든 프롬프트 입력을 마친 후에는 지금까지 생성된 퍼소나, 포지셔닝, 마케팅 전략에 대한 내용을 한 번에 정리한 문서 파일(Word 또는 PDF)을 다운로드할 수 있다. 이 자료는 팀 회의, 보고서 작성, 마케팅 캠페인 기획 등 다양한 실무 상황에서 바로 활용할 수 있다.

4.3 _ 경험 모델링: 유저 저니맵

유저 저니맵(User Journey Map)은 앞서 정의한 퍼소나가 서비스를 이용하는 과정을 시간 흐름에 따라 시각적으로 표현한 UX 모델링 기법이다.

주로 타깃 사용자가 서비스를 처음 인지하는 시점부터 실제 사용, 구매, 사후 경험, 서비스 종료에 이르는 전 과정을 단계별로 정리하며, 그 과정에서 사용자가 느끼는 감정, 생각, 행동, 문제 상황 등을 함께 기록한다. 이를 통해 서비스의 전체 흐름을 살펴보고 개선이 필요한 접점(Touch Point)을 파악하는 데 유용하다.

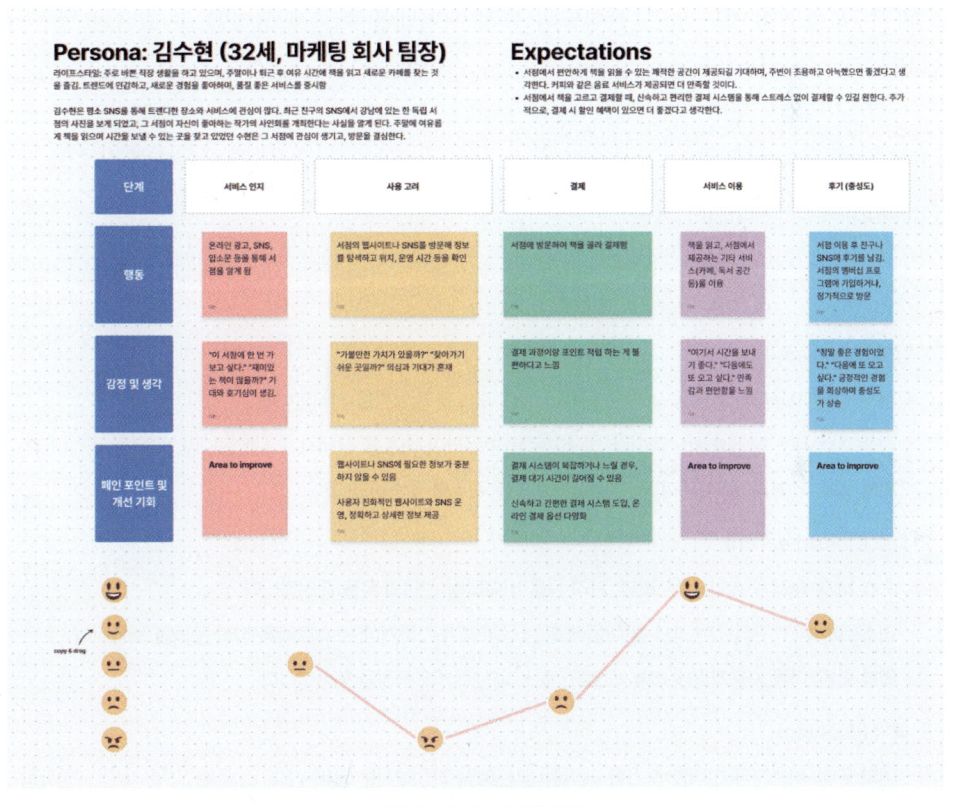

그림 4.11 유저 저니맵 예시

예시 이미지를 보면 처음 서비스를 접하는 온보딩 단계부터 이후 단계까지 사용자 행동, 생각, 감정이 단계별로 정리되어 있다. 이러한 여정맵을 직접 작성하려면 퍼소나 정의부터 터치포인트 설정, 사용자 인터뷰 및 설문조사 등 많은 리소스가 필요하다.

그러나 다른 UX 모델링 기법과 마찬가지로, AI와 협업하면 시간과 리소스를 크게 절약해 효율적인 여정맵을 만들 수 있다. 그 방법은 크게 세 가지로 나눌 수 있다.

4.3.1 유저 저니맵 내용 생성하기 (1) – GPT-4o

유저 저니맵 생성 도구의 결과를 비교하기 위해 리서치 대상 서비스를 '에어비앤비'로 통일하여 프롬프트를 입력했다. 에어비앤비는 2008년부터 시작된 글로벌 숙박 공유 플랫폼으로, 온라인상에 관련 데이터가 풍부하고 생성 AI가 학습하기에 충분한 정보량을 갖춘 대표적인 서비스다. 이처럼 AI가 이미 충분한 배경 지식을 학습한 서비스의 경우, 별도의 추가 정보 없이도 높은 완성도의 유저 저니맵을 빠르게 생성할 수 있다는 장점이 있다.

유저 저니맵 요청 프롬프트

에어비앤비의 유저 저니맵을 그려줘.

생성된 답변

1. 탐색 (Discovery)
   - 문제 인식: 사용자는 여행 또는 출장 등의 이유로 숙소가 필요함을 인식합니다.
   - 검색: 사용자는 에어비앤비 앱이나 웹사이트를 방문하여 숙소를 검색하기 시작합니다. 필터링 옵션(가격, 위치, 숙소 유형 등)을 사용해 자신의 요구에 맞는 숙소를 찾습니다.

2. 검토 (Consideration)
   - 숙소 비교: 여러 숙소의 사진, 리뷰, 가격 등을 비교하며 선택의 폭을 좁혀갑니다.
   - 리스트에 추가: 관심 있는 숙소를 마음에 드는 목록에 추가하거나, 호스트에게 직접 문의를 보냅니다.
   - 리뷰 확인: 다른 사용자들의 리뷰를 읽고, 숙소의 신뢰성과 품질을 평가합니다.

3. 예약 (Booking)
   - 예약 요청: 사용자가 선택한 숙소를 예약합니다. 예약 과정에서는 날짜 선택, 인원 수 입력, 특별 요청사항 추가 등의 작업이 이루어집니다.
   - 결제: 결제 정보를 입력하고 예약을 확정합니다.
   - 확인: 예약이 확정되면 예약 확인 이메일을 받게 됩니다.

(이하 생략)

실제 워크숍 현장에서 실습을 진행하다 보면 많은 참여자들이 프롬프트 작성에 부담을 느끼며 시작 자체를 어려워하는 경우가 있다. 하지만 GPT는 이전 대화의 맥락을 기억하고 이어서 응답을 생성하기 때문에 처음부터 완벽한 프롬프트를 입력해야 한다는 부담을 가질 필요는 없다. 우선 첫 프롬프트로 결과물을 받아본 뒤, 이를 기반으로 명령어를 추가로 입력하며 점진적으로 결과를 개선하는 방식이 효과적이다.

첫 번째 결과물은 사용자가 숙소에 대한 니즈를 느껴서 에어비앤비에 접속하는 탐색 시점부터, 숙소를 비교하는 검토, 예약하고 호스트와 커뮤니케이션을 하는 예약 및 준비 단계 등 총 7가지 단계에 따른 사용자 행동을 정리한 형태로 생성되었다. 전체 흐름은 잘 정리되어 있었지만 길이가 다소 길고 한눈에 파악하기 어렵다는 아쉬움이 있었다.

이에 따라 두 번째 프롬프트로는 다음과 같이 요청했다.

| 표 생성 요청 프롬프트

이 내용을 표로 정리해줘.

| 생성된 답변

단계	설명
1. 탐색 (Discovery)	• **문제 인식**: 여행이나 출장 등으로 숙소가 필요함을 인식함. • **검색**: 에어비앤비 앱 또는 웹사이트에서 숙소를 검색. 필터링 옵션 사용.
2. 검토 (Consideration)	• **숙소 비교**: 사진, 리뷰, 가격 등을 비교하며 선택의 폭을 좁힘. • **리스트에 추가**: 관심 있는 숙소를 마음에 드는 목록에 추가 또는 호스트에게 문의. • **리뷰 확인**: 리뷰를 통해 숙소의 신뢰성 평가.
3. 예약 (Booking)	• **예약 요청**: 숙소를 선택하고 예약. 날짜 선택, 인원 입력, 특별 요청사항 추가. • **결제**: 결제 정보 입력 후 예약 확정. • **확인**: 예약 확인 이메일 수신.

(이하 생략)

길게 문장으로 나열되었던 내용이 간단하게 요약된 형태로 정리되었다. 표로 정리된 유저 저니맵을 보면 전반적인 흐름을 이해하는 데는 도움이 되지만, 리디자인 기회나 사용자의 정서적 반응까지 포착하기에는 다소 아쉬운 점이 있었다. 이에 따라 이후 프롬프트를 단계적으로 확장하며 유저 저니맵을 점진적으로 구체화해보았다.

추가 내용 요청 프롬프트 (1)

각 단계별로 사용자의 행동과 감정, 페인포인트, 솔루션 등의 내용을 추가해줘.

추가 내용 요청 프롬프트 (2)

각 단계별로 사용자의 감정을 알 수 있는 표정 이모지도 추가해줘.

생성된 답변

아래 표에 각 단계별로 사용자의 감정을 나타내는 이모지를 추가했습니다.

단계	사용자 행동	감정	페인포인트	솔루션
1. 탐색 (Discovery)	■ 숙소 필요성 인식 ■ 에어비앤비 앱/웹사이트에서 숙소 검색 ■ 필터 사용으로 요구 조건에 맞는 숙소 찾기	기대감, 설렘 🥰	■ 너무 많은 옵션으로 인한 선택의 어려움 ■ 원하는 조건에 맞는 숙소가 부족할 때	■ 사용자 맞춤 추천 알고리즘 개선 ■ 필터링 기능 강화 및 개선
2. 검토 (Consideration)	■ 사진, 리뷰, 가격 비교 ■ 숙소를 리스트에 추가 ■ 호스트에게 문의 ■ 다른 사용자 리뷰 확인	기대감, 신중함 🤔	■ 리뷰의 신뢰성에 대한 의구심 ■ 숙소의 실제 모습과 사진의 차이	■ 리뷰 검증 시스템 강화 ■ 더 많은 사진과 동영상 제공으로 정보의 투명성 확보
3. 예약 (Booking)	■ 숙소 선택 및 예약 ■ 날짜, 인원 입력 ■ 결제 정보 입력 및 예약 확정 ■ 예약 확인 이메일 수신	안도감, 만족감 😌	■ 결제 오류나 불편한 결제 과정 ■ 예약 후 변경이나 취소의 어려움	■ 결제 시스템의 안정성 강화 ■ 유연한 예약 변경 및 취소 정책 도입

이 결과물은 총 네 번의 프롬프트 입력을 통해 완성되었다. 마지막 단계에서 이모지를 추가함으로써 사용자의 감정 변화가 단계별 흐름에 따라 직관적으로 시각화되었으며, 여정 전반에서 감정의 고조와 하강을 한눈에 파악할 수 있었다.

또한 각 단계에 따라 발생할 수 있는 잠재적 페인 포인트와 이에 대응할 수 있는 솔루션이 함께 정리되어 있어 해당 서비스의 사용자 경험을 리디자인할 수 있는 기회를 식별하는 데도 효과적이다.

더 나아가 분석을 심화하고자 할 경우, 특정 단계를 지정해 행동과 감정, 문제점을 세분화하여 정리해달라고 요청해볼 수도 있다.

특정 단계에 대한 정보 요청 프롬프트

2번 검토 단계에서 발생할 수 있는 문제와 페인 포인트에 대해 알려줘.

생성된 답변

에어비앤비의 사용자 여정에서 2번 검토(Consideration) 단계에서 발생할 수 있는 문제와 페인포인트는 다음과 같습니다:

1. **사진과 실제 숙소의 불일치**
   - 문제: 숙소의 사진이 실제 숙소와 일치하지 않을 때 발생하는 문제입니다. 호스트가 숙소를 더 매력적으로 보이게 하기 위해 사진을 조작하거나 오래된 사진을 사용할 수 있습니다.
   - 페인포인트: 사용자는 숙소에 도착했을 때 기대와 현실이 달라 실망할 수 있으며, 이는 전체 여행 경험을 부정적으로 만들 수 있습니다.

2. **리뷰의 신뢰성 문제**
   - 문제: 리뷰가 조작되었거나 과장된 평가가 있을 때 발생하는 문제입니다. 일부 호스트가 긍정적인 리뷰를 인위적으로 늘리거나, 부정적인 리뷰를 제거하기 위해 조작을 시도할 수 있습니다.
   - 페인포인트: 사용자는 리뷰를 신뢰할 수 없게 되어 숙소 선택에 혼란을 겪으며, 이로 인해 잘못된 숙소를 선택할 위험이 있습니다.

(이하 생략)

4.3.2 유저 저니맵 내용 생성하기 (2) – GPTs

지금까지 살펴본 것처럼 필요한 내용을 하나씩 직접 요청해 유저 저니맵을 구성할 수도 있지만, 이 경우 어떤 항목을 포함할지 매번 고민해야 하는 번거로움이 있다.

이때는 유저 저니맵 생성에 특화된 GPTs 도구를 활용하는 것이 더 효율적이다. 예를 들어 'User Journey Map Generator(유저 저니맵 제너레이터)'는 사용자가 직접 프롬프트를 작성할 필요 없이 AI가 단계별로 질문을 던지고 사용자가 답하며 유저 저니맵을 완성해 나가는 구조다. 즉, 필요한 정보를 하나씩 묻는 대화형 인터페이스를 통해 처음 사용자도 무리 없이 여정맵 생성 작업을 진행할 수 있도록 설계된 도구다. 이 도구에 프롬프트를 입력하고 생성 결과를 살펴보자.

'User journey map generator'에 입력한 프롬프트 (1)

에어비앤비 유저 저니맵 생성해줘

생성된 답변

1 에어비앤비 사용자 여정 맵을 만들기 위한 첫 단계

에어비앤비의 사용자 유형은 다양할 수 있는데, 먼저 **어떤 사용자(persona)를 중심으로 여정을 그릴지** 결정해야 해요. 대표적인 유형은:

1. 숙소 게스트 (여행자, 출장객 등)
2. 호스트 (숙소 제공자, 집주인)
3. 에어비앤비 익스피리언스 제공자 (투어/체험 호스트)

어떤 사용자 유형을 중심으로 여정 맵을 만들까요?

예를 들어, 게스트라면 "여행을 계획하고 숙소를 예약하는 과정"을 중심으로, 호스트라면 "숙소를 등록하고 게스트를 맞이하는 과정"을 중심으로 만들 수 있어요. 😊

'User journey map generator'에 입력한 프롬프트 (2)

숙소 게스트 (여행자, 출장객 등)

생성된 답변

좋아요! **숙소 게스트(여행자, 출장객 등)**를 중심으로 사용자 여정 맵을 만들어볼게요.

2 사용자 목표 정의

게스트가 에어비앤비를 이용하는 주요 목적은 무엇일까요? 일반적으로 다음과 같은 목표가 있을 수 있어요.

1. 여행을 계획하고 적절한 숙소를 찾기
2. 숙소 예약 및 결제 진행
3. 체크인 및 숙박 경험
4. 체크아웃 및 후기 작성

이 네 가지를 중심으로 사용자 여정을 정리할 수 있는데, 혹시 추가하고 싶은 목표가 있나요? 😊

'User journey map generator'에 입력한 프롬프트 (3)

그거 네개로 정리해줘

생성된 답변

1 여행을 계획하고 적절한 숙소 찾기

💡 **사용자 행동**
- 여행 날짜와 목적지를 결정
- 에어비앤비 웹사이트 또는 앱 방문
- 검색 필터(가격, 위치, 숙소 유형, 리뷰 등) 설정
- 후보 숙소를 저장하거나 비교
- 숙소 리뷰 및 사진 확인

😊 **사용자 감정**
- 새로운 여행을 계획하는 기대감 ✨
- 원하는 숙소를 찾기 어려울 때 답답함 😟

⚠️ **사용자 페인포인트**
- 검색 필터를 적용해도 원하는 숙소를 찾기 어려움
- 사진과 실제 숙소의 차이에 대한 불안감
- 예약 가격(세금, 추가 비용 포함)이 명확하지 않을 때 혼란

> 🎯 개선 기회
> ☑ 더 나은 검색 기능 (예: AI 추천, 맞춤형 필터)
> ☑ 360도 숙소 뷰 제공 (가상 투어)
> ☑ 총 가격 명확하게 표시
>
> (이하 생략)

총 3번의 프롬프트 입력으로 단계별 사용자의 행동, 감정, 페인 포인트, 그리고 개선 기회까지 포함된 유저 저니맵을 생성할 수 있었다. GPT-4를 사용할 때와 프롬프트 입력 횟수는 비슷하지만, 어떤 내용을 요청해야 할지 고민할 필요 없이 GPTs가 묻는 질문에 대답만 하면 되기 때문에 프롬프트 입력에 대한 부담이 훨씬 줄어든다.

그리고 생성된 결과물 마지막 줄을 보면 GPTs가 "혹시 시각적인 사용자 여정 맵 이미지도 만들어 드릴까요?"라고 묻는다. 실제로 유저 저니맵은 처음에 소개했던 예시 이미지처럼 보통 감정 그래프가 포함된 다이어그램 형태로 구성되며, 줄글보다는 단계별 사용자의 생각과 행동을 파악하기에 훨씬 수월한 형식이다. GPT-4는 이미지도 생성할 수 있는 멀티모달 AI라고 했다. 그렇다면 유저 저니맵을 이미지나 그래프 형태로 생성하는 것도 가능할까? 이 질문에 대한 답은 다음의 표에서 확인할 수 있다.

표 4.5 유저 저니맵 생성 결과

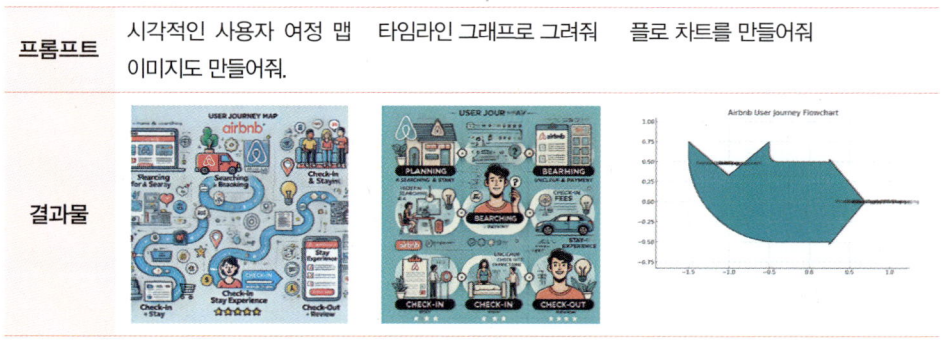

User journey map generator가 생성한 내용을 토대로 이미지, 그래프, 플로 차트를 만들어 달라고 각각 요청한 결과물이다. 프롬프트를 입력한 대로 이미지나 플로 차트 형태의 결과물은 생성되었지만, 우리가 기대한 '유저 저니맵'과는 거리가 있다.

지금까지 생성한 결과물 중에서 그나마 가장 가독성이 높은 형태는 GPT-4가 정리해준 '표'였다. 하지만 ChatGPT 채팅창에 있는 표는 그대로 복사하거나 다른 곳으로 옮길 수 없어 활용 범위에 한계가 있다. 그래서 다음으로는 수정과 공유가 가능한 표를 생성하는 방법을 소개한다.

4.3.3 수정과 공유가 가능한 표로 만들기

Notion AI(노션 AI)는 ChatGPT가 출시된 직후 등장한 생성형 AI 도구 중 하나다. 기본적으로 텍스트를 입력하고 결과를 생성하는 방식은 ChatGPT와 유사하지만, 자연어 처리 능력이나 데이터 학습량을 고려했을 때 텍스트 생성 성능은 상대적으로 제한적인 편이다.

그럼에도 불구하고 Notion AI는 노션이라는 생산성 도구에 통합되어 있다는 점에서 강력한 장점을 지닌다. 특히, 텍스트를 정리하거나 표와 같은 서식으로 변환하는 작업에서 높은 활용도를 보여준다. 이 점을 직접 확인해보기 위해 여기서는 Notion AI를 활용하여 유저 저니맵을 정리해보았다.

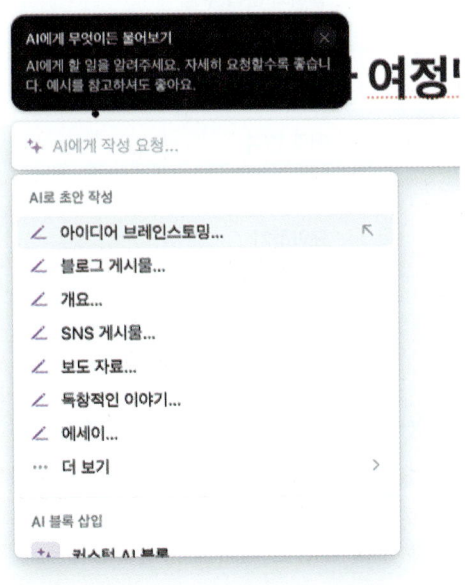

그림 4.12 Notion AI 프롬프트 입력 화면

Notion AI 기능을 사용하려면 빈 노트 화면에서 스페이스 바(Space bar)를 누르거나 하단 옵션 바의 가장 왼쪽에 위치한 반짝이 아이콘을 클릭하면 된다. 그러면 프롬프트를 입력할 수 있는 명령창이 나타나는데, 여기에 GPT-4에 입력했던 것과 유사한 형태의 프롬프트를 입력하면 된다.

입력 프롬프트

(GPT-4가 생성한 유저 저니맵 내용 붙여넣기)
이 내용을 표로 정리해줘.

이번 작업에서는 GPT-4가 생성한 유저 저니맵 내용을 바탕으로 Notion AI에서 표 형태로 정리하는 작업을 진행했다. 먼저 노션의 빈 노트 페이지에 GPT-4가 생성한 텍스트 내용을 그대로 복사하여 붙여넣은 후 전체 내용을 드래그한 상태에서 '표로 정리해줘'라는 명령어를 입력했다.

표 4.6 Notion AI로 표 생성 후 사용 가능한 추가 기능

선택 부분 편집 또는 검토	글 업그레이드
	철자와 문법 수정
	줄여쓰기
	늘려 쓰기
	어조 변경
	심플한 말로 바꾸기
선택 부분에서 생성	요약하기
	번역
	설명

표로 변환된 이후에는 내용을 요약하거나 번역하는 등 추가적인 작업을 수행할 수 있으며, 표 제목을 설정하거나 열 및 행의 색상을 변경하는 등 다양한 서식 수정도 가능하다.

다음 그림은 이러한 과정을 통해 완성된 결과물이다.

에어비앤비 사용자 여정맵

단계	사용자 행동	감정	페인포인트	솔루션
탐색 (Discovery)	숙소 필요성 인식, 에어비앤비 앱/웹사이트에서 숙소 검색, 필터 사용으로 요구 조건에 맞는 숙소 찾기	기대감, 설렘 😊	너무 많은 옵션으로 인한 선택의 어려움, 원하는 조건에 맞는 숙소가 부족할 때	사용자 맞춤 추천 알고리즘 개선, 필터링 기능 강화 및 개선
검토 (Consideration)	사진, 리뷰, 가격 비교, 숙소를 리스트에 추가, 호스트에게 문의, 다른 사용자 리뷰 확인	기대감, 신중함 😊	사진과 실제 숙소의 불일치에 대한 불안감, 리뷰의 신뢰성에 대한 의구심, 선택의 어려움	리뷰 검증 시스템 강화, 더 많은 사진과 동영상 제공으로 정보의 투명성 확보, 사용자 맞춤 추천 알고리즘을 통한 선택 과정 지원
예약 (Booking)	숙소 선택 및 예약, 날짜와 인원 입력, 결제 정보 입력 및 예약 확정, 예약 확인 이메일 수신	안도감, 만족감 😊	결제 오류나 불편한 결제 과정, 예약 후 변경이나 취소의 어려움	결제 시스템의 안정성 강화, 유연한 예약 변경 및 취소 정책 도입
체크인 전 준비 (Pre-Stay)	호스트와 체크인 관련 연락, 숙소 위치 및 주변 환경 정보 수집, 여행 일정 최종 조정	기대감, 긴장감 😊	호스트와의 소통 어려움, 숙소 위치나 접근성에 대한 불안감	다국어 지원 채팅 기능 강화, 체크인 전 상세 위치 및 교통 정보 제공
체크인 및 숙박 (Stay)	숙소 도착 및 체크인, 호스트 안내 또는 셀프 체크인, 숙소 상태 및 편의시설 사용	만족감, 실망감 😊	숙소 상태가 기대 이하일 때, 체크인 과정에서 발생하는 문제(예: 키 수령 문제)	체크인 절차 간소화, 실시간 고객 지원 및 문제 해결 프로세스 구축
체크아웃 및 후속 조치 (Post-Stay)	숙박 후 체크아웃, 호스트와 마지막 연락, 숙소 및 호스트 리뷰 작성, 향후 에어비앤비 재이용 고려	만족감, 아쉬움, 불만 😊	체크아웃 시 문제 발생(예: 추가 비용 청구), 리뷰 작성의 번거로움	체크아웃 자동화 및 명확한 절차 안내, 리뷰 작성 간소화 및 인센티브 제공
피드백 & 재이용 (Feedback & Re-engagement)	피드백 제공(리뷰, 설문조사 등), 향후 여행 시 에어비앤비 재이용 고려, 재이용을 위한 알림 수신	만족감, 기대감 😊	피드백 제공 과정의 번거로움, 지나친 알림으로 인한 불편함	피드백 과정 간소화 및 보상 제공, 개인 맞춤형 알림 제공 및 빈도 조절

그림 4.13 Notion AI 유저 저니맵 결과

지금까지 Notion AI를 활용하여 유저 저니맵을 정리하는 작업을 진행해보았다. Notion AI의 강점인 텍스트 서식 적용 및 정리 기능을 활용했을 때 GPT-4가 생성한 원본보다 가독성이 한층 더 향상되었음을 확인할 수 있었다. 이후 내용을 수정하거나 결과물을 다른 문서로 이동해야 할 때도 GPT보다 훨씬 더 자유롭게 편집할 수 있다는 점에서 활용도가 높다.

AI 기능 측면에서도 노션 서비스가 지향하는 '생산성 향상'의 본질이 잘 드러난다. GPT의 내용 생성 기능과 병행하여 사용한다면 보다 완성도 높은 유저 저니맵을 구성할 수 있을 것이다.

4.3.4 유저 저니맵 시각화하기 (1) – GPTs(Mermaid Chart, Diagram Show Me)

이번에는 GPTs를 활용하여 유저 저니맵을 플로차트 형태로 시각화하는 방법을 살펴보자. GPT 기본 모델의 경우 다이어그램이나 그래프를 직접 생성하는 기능은 제한적이므로 이러한 시각화 기능이 탑재된 외부 플러그인이 연결된 GPTs를 사용하는 것이 효과적이다.

GPT

지침, 추가 지식 및 모든 스킬 조합을 결합한 ChatGPT의 맞춤형 버전을 발견하고 만듭니다.

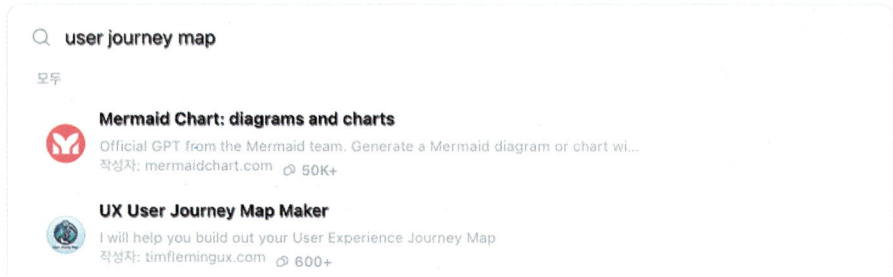

그림 4.14 GPT 탐색: 유저 저니 맵 검색 화면

GPT 탐색창에서 'User journey map(유저 저니 맵)'을 검색하면 유저 저니맵 시각화에 특화된 다양한 GPTs 도구가 나타난다. 저자가 상단부터 차례대로 테스트해본 결과, 플로차트 형태로 결과물을 생성해주는 도구는 'Mermaid Chart: diagrams and charts(머메이드 차트)'였다.

한편, 'user journey map' 키워드로는 검색되지 않았지만, 'Diagrams Show Me(다이어그램 쇼미)'라는 GPTs 역시 Mermaid Chart와 동일한 기능을 제공한다. 따라서 필요에 따라 이 GPTs를 대체 도구로 활용할 수 있다.

유저 저니맵 그래프 요청 프롬프트 (1)

에어비앤비 모바일 앱의 유저 저니맵을 생성해줘.

생성된 답변[8]

에어비앤비 모바일 앱의 사용자 여정 맵을 아래와 같이 시각화했습니다.

그림 4.15 Mermaid Chart가 생성한 유저 저니맵 이미지

---

[8] 그림 이미지는 생성된 내용이며 하단의 표는 그림의 내용을 텍스트로 변환하여 정리한 것이다.

단계	터치포인트
탐색 (Awareness & Discovery)	앱 실행 및 탐색 시작
	목적지 및 날짜 선택
	숙소 검색 및 필터 적용
	숙소 상세 정보 확인
	관심 숙소 저장 및 공유
예약 (Booking)	예약 가능 여부 확인
	호스트와 문의 및 소통
	결제 및 예약 확정
체크인 전 준비 (Pre-Check-in)	예약 내역 확인 및 체크인 정보 확인
	숙소 위치 및 주변 환경 조사
	체크인 준비 완료
체크인 및 숙박 (Stay)	모바일 앱을 통한 체크인 진행
	숙소 이용 및 앱 내 가이드 활용
	문제 발생 시 앱을 통한 고객센터 문의
체크아웃 및 리뷰 (Check-out & Post-Stay)	체크아웃 진행 및 확인
	숙소 및 호스트 리뷰 작성
	다음 여행을 위한 앱 탐색 재개

먼저 'Mermaid Chart' GPTs에 '에어비앤비 모바일 앱의 유저 저니맵을 생성해 달라'는 프롬프트를 입력하면 데이터 처리 과정을 거친 후 곧바로 유저 저니맵 이미지를 생성해 준다.

사용자 여정은 크게 '탐색', '예약', '체크인 전 준비', '체크인 및 숙박', '체크아웃 및 리뷰'의 다섯 단계로 구분되며, 각 단계는 다시 세부적인 터치포인트(touch point)로 나뉘어 구성된다. 또한, 각 터치포인트마다 사용자의 감정 상태가 이모지로 시각화되며, 긍정적 감정은 그래프의 상단, 부정적 감정은 하단에 배치되어 감정 흐름을 시각적으로 표현한다.

앞서 GPT-4를 통해 생성한 유저 저니맵 텍스트가 있다면 해당 내용을 복사하여 Mermaid Chart에 붙여넣고 '이 내용대로 여정맵을 그려달라'는 방식으로 요청하면 플로차트 형태로 시각화된 결과물을 얻을 수 있다.

유저 저니맵 그래프 요청 프롬프트 (2)

아래 내용을 참고하여 유저 저니맵을 그려줘.
(GPT 4가 생성해준 유저 저니맵 내용 붙여넣기)

생성된 답변

에어비앤비 사용자 여정 맵을 아래와 같이 시각화했습니다.

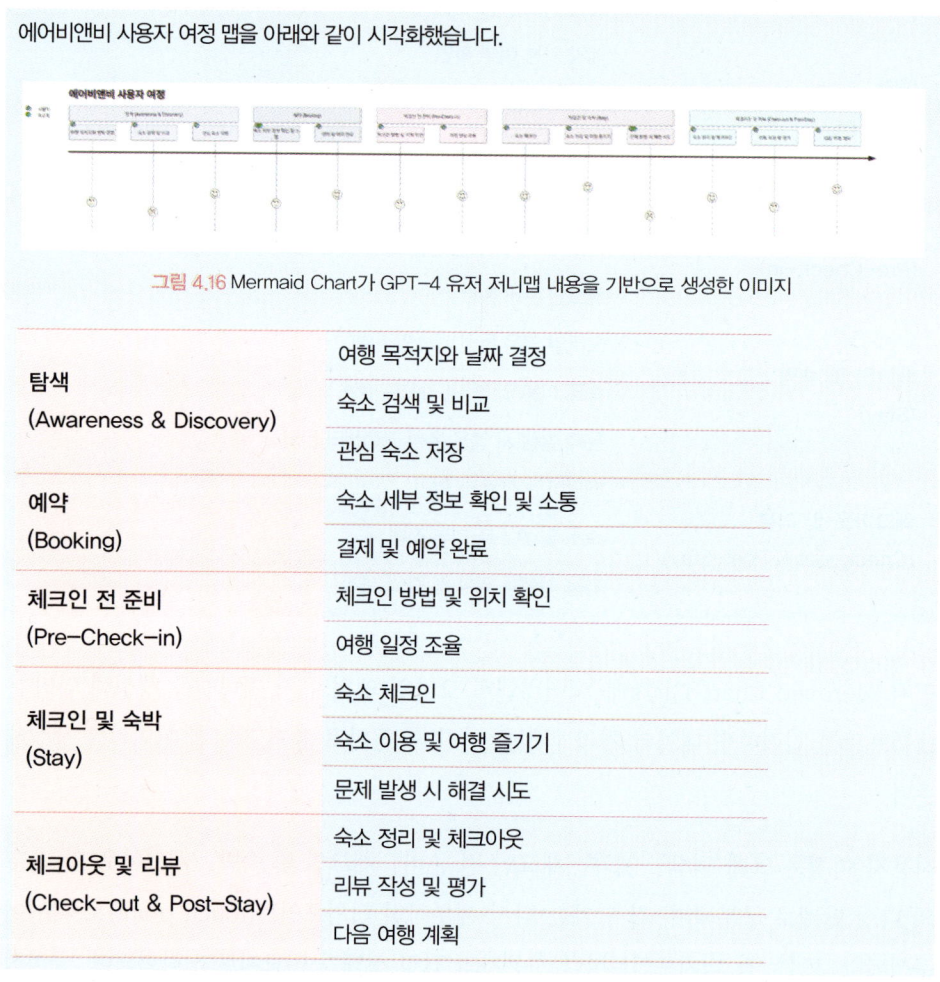

그림 4.16 Mermaid Chart가 GPT-4 유저 저니맵 내용을 기반으로 생성한 이미지

탐색 (Awareness & Discovery)	여행 목적지와 날짜 결정
	숙소 검색 및 비교
	관심 숙소 저장
예약 (Booking)	숙소 세부 정보 확인 및 소통
	결제 및 예약 완료
체크인 전 준비 (Pre-Check-in)	체크인 방법 및 위치 확인
	여행 일정 조율
체크인 및 숙박 (Stay)	숙소 체크인
	숙소 이용 및 여행 즐기기
	문제 발생 시 해결 시도
체크아웃 및 리뷰 (Check-out & Post-Stay)	숙소 정리 및 체크아웃
	리뷰 작성 및 평가
	다음 여행 계획

Mermaid Chart GPTs는 서비스 내에서 자체적으로 플로차트를 편집할 수 있는 기능도 제공한다. GPT-4의 결과물을 수정하고자 할 경우, 원본 텍스트를 다시 입력하여 플로차트를 재생성하는 방식으로 작업을 이어갈 수 있다.

4.3.5 유저 저니맵 시각화하기 (2) – GPTs(User journey map maker, UX GPT)

다른 GPTs 도구들은 어떤 방식으로 유저 저니맵을 생성할까? 앞서 'user journey map' 키워드로 검색했을 때 나타났던 GPTs 도구들 중 'User journey map maker(유저 저니맵 메이커)'와 'UX GPT'를 추가로 테스트해보았다.

> **'User journey map maker'에 입력한 프롬프트 (1)**

에어비앤비 유저 저니맵 그려줘.

> **생성된 답변**

에어비앤비(Airbnb) 사용자 여정 맵을 만들기 위해, 먼저 주요 단계를 정의해야 합니다. 사용자의 경험을 더 구체적으로 이해하기 위해 아래 질문에 답해주세요.

1. **사용자 유형**: 어떤 유형의 사용자를 위한 여정맵인가요?
   - 여행자(숙소를 예약하는 고객)
   - 호스트(숙소를 등록하고 운영하는 사람)
   - 기타(명확하게 설명해주세요)
2. **사용자 목표**: 이 사용자는 에어비앤비에서 어떤 목표를 가지고 있나요?
   - 예: 여행 숙소 예약, 장기 숙박지 찾기, 비즈니스 출장 숙소 찾기 등
3. **주요 페인포인트**: 이 사용자가 경험하는 주요 불편 사항이나 도전 과제는 무엇인가요?
   - 예: 예약 과정의 어려움, 리뷰 신뢰도 문제, 숙소 품질 차이, 고객 지원 문제 등

이 질문에 답변해주시면, 보다 정확한 사용자 여정 맵을 제작할 수 있습니다! 😊

먼저 'User journey map maker'는 유저 저니맵 생성을 요청하는 프롬프트를 입력하면 세 가지 정보를 요구한다. 사용자 유형과 사용자 목표는 비교적 간단히 입력할 수 있다. 하지만 주요 페인 포인트는 사용자의 성향이나 성격에 따라 달라질 수 있으므로 더 구체적인 답변을 원한다면 별도의 GPTs로 퍼소나를 먼저 생성한 후 입력하는 것이 효과적이다. 퍼소나 생성을 위해 사용한 도구는 UX GPT이다.

'UX GPT'에 입력한 프롬프트

에어비앤비를 사용하는 여행객 퍼소나를 생성해줘.

생성된 답변

🏨 에어비앤비 여행객 퍼소나

1. 퍼소나 이름: 김소희 (Sohee Kim)
- 나이: 32세
- 직업: 마케팅 기획자
- 거주지: 서울, 대한민국
- 소득 수준: 중상 (~연봉 6,000만 원)
- 라이프스타일: 새로운 경험을 좋아하는 밀레니얼 여행객

2 여행 스타일 & 행동 패턴
- ✅ 여행 빈도: 1년에 3~4회 해외여행, 국내는 주말 여행 자주
- ✅ 여행 목적: 로컬 경험, 맛집 탐방, 사진 촬영
- ✅ 숙소 선호도:
  - 호텔보다 현지 분위기를 느낄 수 있는 숙소 선호
  - 깔끔하고 인테리어 감각이 좋은 곳을 중요하게 생각함
  - 숙소 리뷰를 꼼꼼히 읽고 예약 결정
- ✅ 여행 중 활동:
  - SNS(인스타그램, 유튜브)에서 핫한 장소 방문
  - 로컬 카페와 맛집 리스트를 미리 조사 후 방문
  - 대중교통 및 도보 이동 선호 (렌터카 X)

(이하 생략)

생성된 결과에는 '김소희'라는 32세 밀레니얼 여행객의 여행 스타일, 행동 패턴, 에어비앤비 사용 방식, 그리고 니즈와 페인 포인트가 포함되어 있다. 이 퍼소나 정보를 복사하여 User journey map maker 채팅창에 입력해보자.

'User journey map maker'에 입력한 프롬프트 (2)

퍼소나 정보는 아래와 같아.
(UX GPT가 생성해준 퍼소나 정보 붙여넣기)

생성된 답변

에어비앤비 여행객 **김소희(Sohee Kim)**의 사용자 여정 맵을 생성했습니다. 이 맵은 그녀가 숙소를 검색하고 예약하며, 숙박을 마치는 과정까지의 경험을 시각화한 것입니다.

📌 에어비앤비 여행객 사용자 여정 맵 (김소희)

단계	행동	감정	페인포인트	UX 개선 아이디어
1. 영감 & 검색	인스타그램 & 블로그에서 감성적인 숙소 사진 검색	😍 기대감 상승	인기 있는 숙소를 찾기 어려움	'SNS 인기 숙소' 카테고리 추가
2. 정보 탐색	에어비앤비에서 리뷰 & 가격 비교, '슈퍼호스트' 및 '평점 4.8 이상' 필터 사용	🤔 신중함	사진과 실제 숙소가 다를까 봐 걱정	'실시간 숙소 상태 업데이트' 기능 (최근 리뷰 강조)
3. 예약 결정	체크리스트(청결, 조용함, 와이파이 속도) 확인 후 예약	😊 만족감	체크리스트에 맞는 숙소를 찾는 데 시간 소요	맞춤형 필터 강화 (방음 보장, 청결 강조 등)
4. 체크인 과정	체크인 정보 확인 & 숙소 도착	😠 긴장감	체크인 과정이 복잡하면 스트레스	'체크인 간편화' 서비스 (키리스 체크인 옵션 강조)
5. 숙박 경험	숙소 이용, 사진 촬영 후 SNS 업로드, 로컬 탐방	😃 만족 또는 😠 실망	방음이 안 되거나 청결하지 않으면 불만족	'방음 보장 숙소' 필터 추가
6. 체크아웃 & 리뷰 작성	체크아웃 후 리뷰 작성	🙂 후련함	리뷰 신뢰도 문제 (가짜 리뷰 가능성)	'최근 리뷰 강조' 기능으로 실시간 숙소 상태 표시

위 여정맵을 기반으로 UX 개선 아이디어를 반영하면, 김소희 같은 여행객이 에어비앤비에서 더 만족스러운 경험을 할 수 있습니다.

📌 파워포인트(PPT) 버전의 사용자 여정 맵을 다운로드할 수 있도록 생성할까요? 😊

그러면 User journey map maker는 입력된 퍼소나 정보를 기반으로 단계별 사용자 행동, 감정, 페인 포인트, UX 개선 아이디어까지 총 다섯 가지 항목으로 구성된 유저 저니맵 표를 자동으로 생성해준다.

특히, 생성된 표의 마지막에는 이 도구의 가장 큰 강점이 나타난다. 바로 유저 저니맵 표를 파워포인트(PowerPoint) 형식으로 변환하여 제공한다는 점이다. 이 기능을 활용하면 별도로 Notion AI에 내용을 옮겨 표 형식으로 정리할 필요 없이 바로 파워포인트 파일로 다운로드할 수 있으며, 이후 서식 변경이나 내용 수정 또한 자유롭게 할 수 있다.

| 다운로드 받은 파워포인트 파일

그림 4.17 다운로드 받은 PPT 화면

4.3.6 유저 저니맵 시각화하기 (3) – Claude

앞에서 GPT-4와 GPTs를 활용해 유저 저니맵의 내용을 상세히 생성했지만, 실제로 시각화된 그래프는 지나치게 단순화된 형태로 나타났다. 이에 이번에는 Claude를 활용하여 보다 구체적인 내용을 도식화하고 원하는 레퍼런스 이미지도 함께 첨부해 정리 방식까지 세밀하게 요청해보고자 한다.

Claude에게 시각화 작업을 요청하면 화면 오른쪽에 '아티팩트(artifact)' 창이 생성된다. 이는 사용자의 명령에 따라 AI가 코드를 작성하고 그 결과를 시각화하여 보여주는 일종의 작업 창이다. 텍스트로만 결과를 제시하는 다른 AI와 달리, Claude는 결과물을 바로 확인하고 수정을 요청할 수 있어 AI와 협업하기가 훨씬 수월하다. 이러한 Claude의 강점을 활용하여 유저 저니맵 내용을 시각적으로 정리하고 데이터 분석 내용을 정리해달라고 요청해보자.

유저 저니맵 시각화 요청 프롬프트

아래는 에어비앤비 유저 저니맵 내용이야. 내가 첨부한 이미지를 참고해서 유저 저니맵을 그려줘.

(GPT가 생성해준 유저 저니맵 내용 붙여넣기)

(유저 저니맵 레퍼런스 이미지 첨부)

생성된 답변

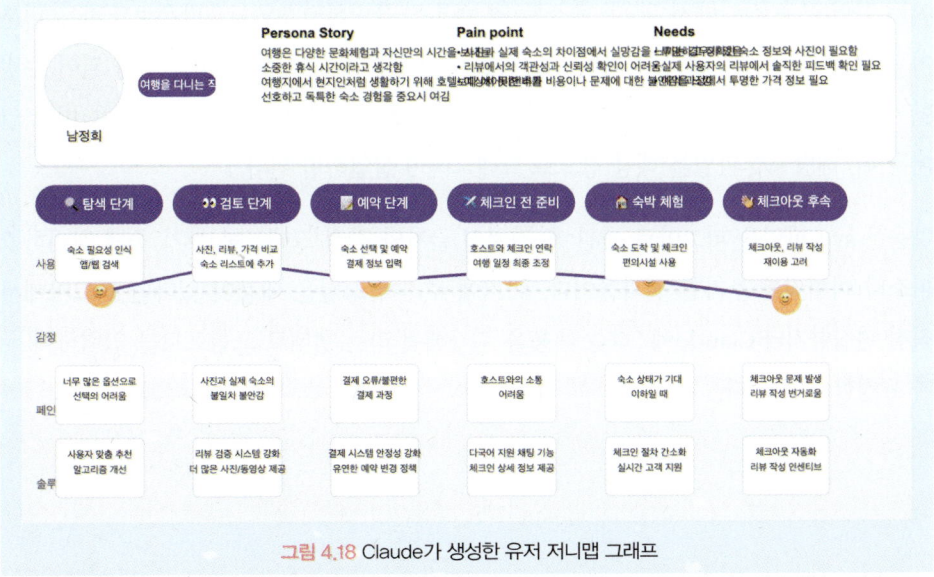

그림 4.18 Claude가 생성한 유저 저니맵 그래프

프롬프트는 GPT가 단계별 사용자의 행동, 감정, 페인포인트, 솔루션을 포함하여 생성한 '에어비앤비(Airbnb)'의 유저 저니맵 내용을 붙여넣고, 해당 내용에 맞게 여정맵을 시각화해 달라는 방식으로 작성했다. 또한 원하는 결과물의 형태를 사전에 명확히 전달하기 위해 핀터레스트에서 '유저 저니맵'을 검색해 적절한 레퍼런스 이미지를 찾아 함께 첨부했다. 이러한 참고 자료 없이 단순히 유저 저니맵을 그려달라고 요청하면 GPTs가 생성한 Mermaid Chart와 유사한 수준의 단순한 그래프만 생성되어 우리가 원하는 것처럼 상세한 내용이 포함된 여정맵은 생성되지 않는다. 따라서 원하는 형식과 내용을 정확히 전달하는 프롬프트 구성이 필요하다.

생성된 결과물을 보면 Claude는 '남정희'라는 여행을 다니는 직장인 퍼소나를 임의로 설정하고, 페인 포인트와 니즈를 요약한 뒤, 붙여넣은 내용을 기반으로 유저 저니맵을 시각화했다. 다만 시각화된 이미지에서 일부 텍스트가 겹쳐져 보이는 현상이 있었다.

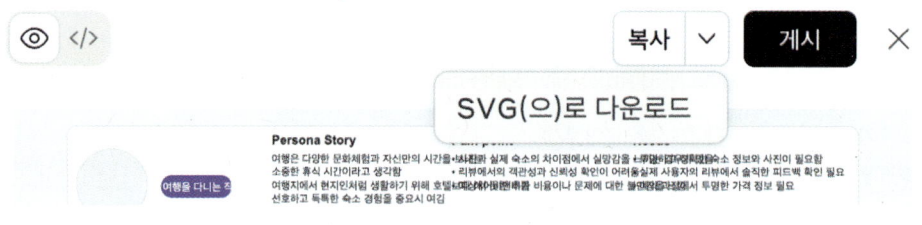

그림 4.19 [SVG(으)로 다운로드] 버튼 위치

이는 화면 우측 상단에서 '복사' 텍스트 옆 버튼을 클릭하면 'SVG로 다운로드'라는 버튼이 나오는데, 이 버튼을 클릭하여 svg 파일로 저장한 후 피그마(Figma)에서 열어 수정할 수 있다. 피그마에서 svg 파일을 여는 방법은 새 디자인 파일(design file)을 미리 열어둔 뒤, 해당 svg 파일을 해당 창으로 드래그하여 삽입하면 된다.

다음은 svg 파일을 피그마로 옮긴 후 겹쳐진 글자와 감정 그래프를 보기 좋게 정리하고 퍼소나 이미지를 추가한 결과물이다. 여기에 추가하고 싶은 내용이 있다면 피그마에서 직접 편집하거나 Claude에 "○○ 내용을 추가해줘"라는 형태로 프롬프트를 입력하여 추가 요청할 수도 있다.

| SVG 파일을 피그마에서 수정한 결과물

4.4 _ UX 모델링 템플릿

지금까지 다양한 UX 모델링 방법론과 AI 활용 방안을 살펴봤다. UX 모델링은 더블 다이아몬드 프로세스의 첫 번째 단계에서 수집한 리서치 데이터를 해석하고 분석하는 작업이며, 이를 바탕으로 해결해야 할 문제를 정의하고 솔루션을 구체화하는 단계로 나아가게 된다. 따라서 이 단계에서는 분석 내용을 종합적으로 검토하고 핵심 문제를 명확히 정의하는 것이 중요하다.

이때 AI가 도출한 분석 결과를 각 모델링 방식에 맞게 시각적으로 정리해두면 중요한 인사이트를 보다 빠르게 파악할 수 있다. 이러한 작업을 보다 수월하게 수행하기 위해 다양한 도구에서 제공하는 UX 모델링용 템플릿을 활용할 수 있다.

4.4.1 미로(Miro)

미로(https://miro.com/)는 실시간 협업이 가능한 디지털 화이트보드 도구로, 다양한 템플릿을 함께 제공하고 있어 UX 모델링 작업에 유용하게 활용할 수 있다. 먼저 로그인한 후 새 보드를 생성하거나 템플릿 검색 기능을 이용해 작업에 적합한 양식을 찾아

볼 수 있다. 메인 화면에서 'Explore templates(템플릿 탐색)' 버튼을 클릭한 후, 'affinity diagram(어피니티 다이어그램)'을 검색하면 관련 템플릿이 나타난다. 다음은 해당 템플릿을 불러온 예시이다.

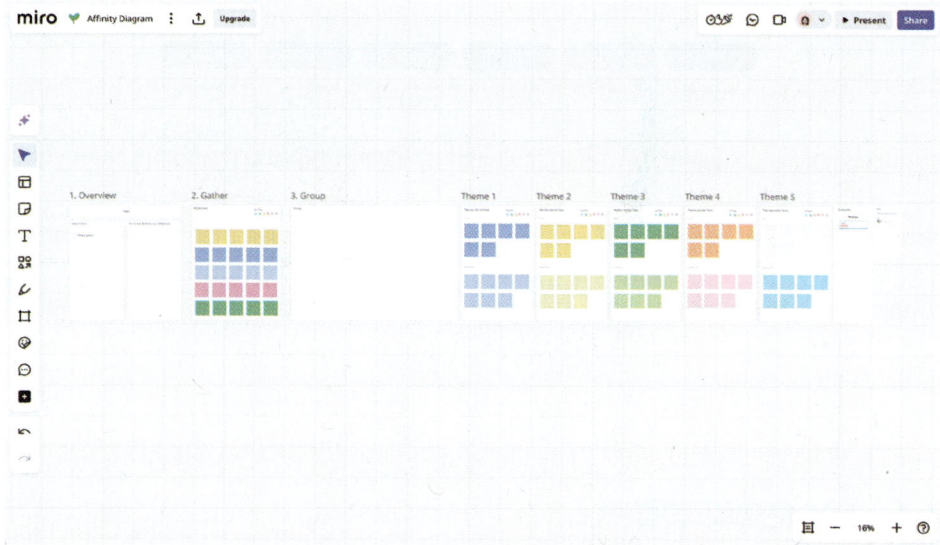

그림 4.20 미로 어피니티 다이어그램 템플릿

예시 템플릿에서는 리서치 데이터를 포스트잇 형식으로 나열하고, 이를 유사한 내용끼리 그룹화한 뒤 각 그룹에 제목을 붙이는 라벨링 작업을 수행한다. 이후 각 테마를 살펴보고 우선순위를 정하는 단계로 이어진다.

AI로 데이터 그룹핑과 라벨링을 어느 정도 마쳤다면, 이 템플릿을 활용해 원본 데이터(예: 사용자 인터뷰 기록)를 다시 검토하며 누락된 내용이나 추가할 의견이 있는지 확인할 수 있다. 또한 AI가 제시한 분석 외에도 다른 관점에서 데이터를 그룹화해보는 데에도 이 템플릿을 활용할 수 있다.

특히 여러 명의 팀원이 함께 참여하는 프로젝트에서는 AI가 정리한 내용을 템플릿에 옮긴 후 '우선순위 선정' 단계를 협업하여 수행할 수 있다. 이때 미로에서 제공하는 'Dot Voting(닷 보팅)' 기능을 활용하면 된다. 팀원들이 스티커를 드래그하여 가장 중요하다고 판단되는 의견에 투표함으로써 데이터 기반의 합의 도출 과정을 시각적으로 정리할 수 있다.

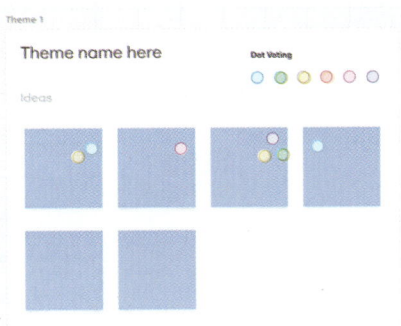

그림 4.21 닷 보팅 활용 예시

4.4.2 피그잼(Figjam)

피그마(https://www.figma.com/)에서 제공하는 화이트보드 툴인 피그잼(FigJam)을 활용하면 미로(Miro)와 유사한 방식으로 UX 모델링 작업을 수행할 수 있다. 피그잼 파일을 만들기 위해서는 피그마 메인 화면 우측 상단에서 'Figjam' 버튼을 클릭하면 된다.

그림 4.22 피그마 메인 화면

생성된 보드 하단의 내비게이션 바에서 '+' 버튼을 클릭하면 템플릿 검색 기능을 사용할 수 있는데, 예를 들어 'persona(퍼소나)'를 검색하면 다양한 관련 템플릿이 표시된다. 이 중 적절한 템플릿을 선택하여 활용할 수 있다.

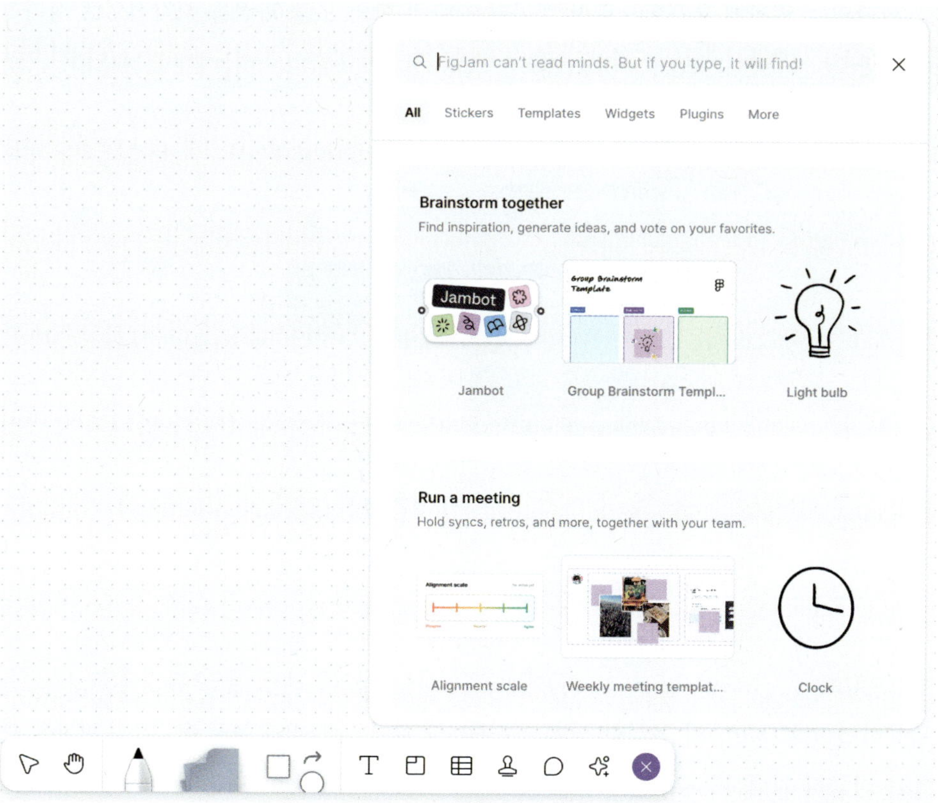

그림 4.23 템플릿 검색창

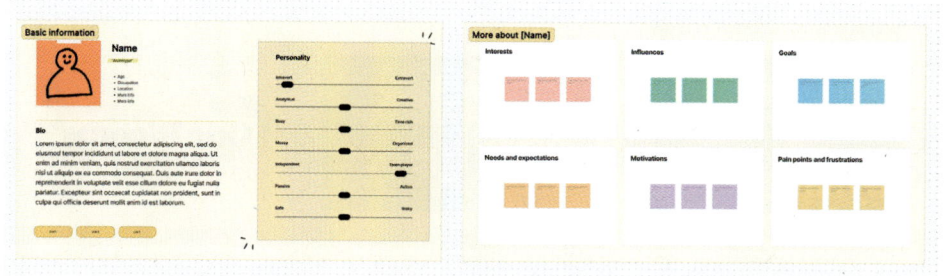

그림 4.24 피그잼 퍼소나 템플릿 예시

피그마는 자체적으로 여러 UX 관련 템플릿을 제공하고 있으며, 여기에 더해 피그마 사용자들이 직접 제작한 템플릿도 커뮤니티를 통해 공유되고 있다. 피그마 상단 메뉴에서 지구본 모양의 아이콘을 클릭하면 '커뮤니티(Community)' 페이지로 이동할 수 있으며,

이곳에서 다양한 사용자가 업로드한 템플릿을 검색하고 다운로드하여 자유롭게 사용할 수 있다.

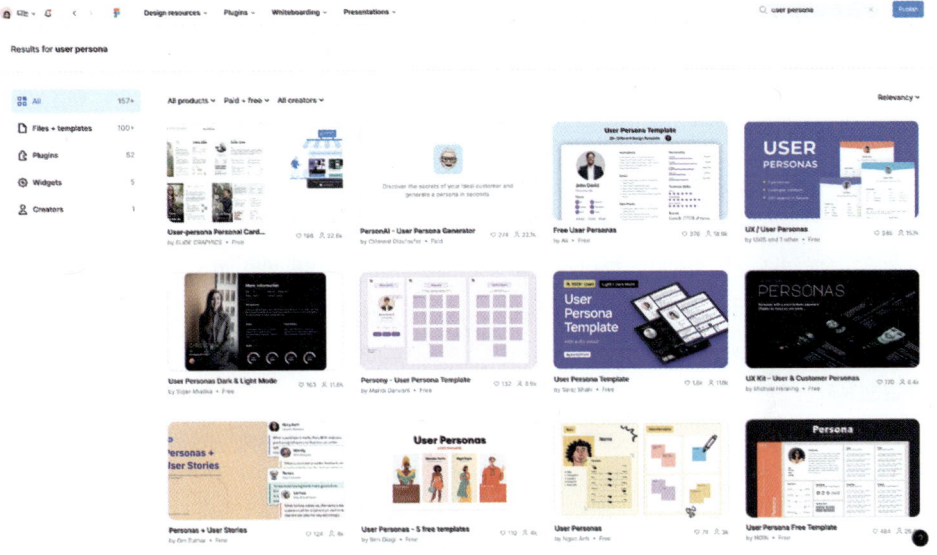

그림 4.25 피그마 커뮤니티에 유저 퍼소나를 검색한 화면

다음은 이 장에서 소개한 UX 모델링 AI 도구를 정리한 것이다.

표 4.7 UX 모델링 AI 도구 정리

작업	역할	도구	특징
정성적 데이터 분석	어피니티 다이어그램	GPT-4o	할루시네이션 발생 가능성이 있으며, 원본 데이터 확인이 어려움
		NotebookLM	GPT 4o보다 상세한 내용 분석, 정확한 출처 표기
	주제별 분석	Lilys AI	가독성이 높은 보고서 형식으로 요약
사용자 모델링 (퍼소나 구축)	최종 퍼소나 설정	GPTs : persona creator	AI 아첨 현상 발생
		NotebookLM	퍼소나 도출 근거를 명확하게 설명

작업	역할	도구	특징
경험 모델링(유저 저니맵)	퍼소나 이미지 생성	GPTs : Image Generator	GPTs 인기 순위 1위, 텍스트 및 인물 손가락 깨짐 현상 발생
		Imagen 3	고해상도 이미지 생성, 실제 사진 느낌, 영어 입력 시 더 나은 퀄리티
		Flux AI	영어 입력 필요, 섬세한 그림체, 텍스트는 일본어, 중국어와 비슷하며 깨짐 현상 발생
	서비스 링크 기반 퍼소나 생성	GPTs : User persona Generator	웹사이트 링크로 퍼소나 생성, 퍼소나 대상 추가 질문 가능
	퍼소나 및 마케팅 전략 구축	Founderpal	서비스 설명 기반 퍼소나, 포지셔닝, 마케팅 전략 내용 생성
	내용 생성	GPT4	자세한 내용 생성을 위해 여러 번의 프롬프트 입력 필요
		GPTs : User journey map generator)	AI가 묻는 질문에 답하는 형식으로 결과물 생성
	표로 정리	Notion AI	내용 생성 자체보다 표 서식 변경 및 공유 등의 편집에 더 유용함
		GPTs : User journey map maker)	생성된 결과물을 파워포인트 파일로 다운로드 가능
	그래프 생성	GPTs : mermaid chart GPTs : diagrams show me	간단한 단계별 감정 그래프 생성
		Claude	상세한 그래프 및 표 생성 및 피그마로 이동 가능한 svg 파일 다운로드 가능
UX 모델링 템플릿	시각화	미로(miro)	디지털 화이트보드 협업 툴, 다양한 템플릿 검색 및 활용 가능
		피그잼(figjam)	

05

UX 디자이너와 AI의 협업 과정: 프로토타이핑 및 테스트

5.1 _ 스토리보드 제작
5.2 _ AI를 활용한 프로토타이핑
5.3 _ 프로토타입 고도화 : 디자인 애셋 생성
5.4 _ AI를 활용한 테스트

이번 장에서는 앞에서 정의한 문제를 해결하기 위해 솔루션을 도출하고, 이를 구현하는 프로토타입을 제작하는 단계를 진행한다. 여러 AI 도구를 활용해 프로토타입을 생성한 후에는, 이를 고도화하기 위해 적합한 디자인 애셋을 생성하여 추가하는 등의 작업을 수행할 수 있다.

그리고 마지막으로, 프로토타입 시안을 테스트해 봄으로써 다양한 인사이트를 도출하고 이를 반영해 최종 디자인 결과물로 발전시킬 수 있다.

이 과정을 진행하기에 앞서, 스토리보드를 생성하여 서비스를 사용하는 사용자의 관점에서 문제가 발생하는 상황을 보다 심도 있게 파악해 보자.

5.1 _ 스토리보드 제작

스토리보드(Storyboard)는 본래 영화나 방송 프로그램의 장면을 계획할 때 주로 사용하는 도구였다. 하지만 최근 들어서는 사용자 중심의 제품을 개발하는 과정에서도 널리 쓰인다.

UX 스토리보드는 사용자가 제품을 사용하는 과정과 그 경험을 시각적으로 표현한 결과물이다. 이는 복잡한 사용자 여정을 한눈에 파악할 수 있도록 도와준다. 또한 다양한 이해관계자와 쉽게 정보를 공유하고 공감대를 형성하는 데에도 효과적이다.

그림 5.1 스토리보드 예시 (출처: 미디엄 블로그(@Janna Cameron))

닐슨 노먼 그룹(Nielsen Norman Group)에 따르면, 일반적으로 UX 스토리보드는 다음과 같은 3가지 요소를 포함해야 한다.

- 시나리오: 서비스를 사용하는 사용자의 스토리
- 시각적 요소: 단계별 장면을 시각적으로 나타낸 스케치, 일러스트, 이미지 등
- 캡션: 사용자 행동과 감정, 상황에 대한 설명

이러한 구성 요소들은 생성형 AI 도구를 활용하면 보다 쉽게 제작할 수 있다. 예를 들어 GPT-4o를 활용하여 사용자 시나리오를 작성하고, Imagen 3로 각 장면에 해당하는 이미지를 만들 수 있다.

아래는 AI 기반 프로덕트 디자인 수업 수강생이 직접 제작한 유튜브 뮤직의 스토리보드 중 일부로, 헬스장에서 유튜브 뮤직을 사용하는 사용자의 페인 포인트를 표현했다.

그림 5.2 유튜브 뮤직 스토리보드 중 일부

이미지를 생성할 때 사용한 Imagen 3(https://deepmind.google/models/imagen/)는 4장에서 퍼소나를 생성할 때도 소개한 AI 도구였다. 여기서도 마찬가지로 Imagen 3 링크로 접속한 후, 'Try in Whisk'를 클릭한 후 사용할 수 있으며 프롬프트는 키워드 형식으로 입력해주면 된다.

그림 5.3 Imagen 3 프롬프트 입력 화면 및 시드 설정 버튼

스토리보드에서는 장면별 연결성이 중요하다. 따라서 이러한 작업 과정에서 장면과 배경, 인물 및 그림체의 일관성을 유지하려면 캐릭터의 복장이나 배경과 같은 요소를 설명하는 키워드를 고정적으로 입력해야 한다. 특히 원하는 스타일의 이미지가 생성되었을 때, 우측 하단 설정 버튼을 눌러 '시드' 항목의 자물쇠 아이콘을 잠금 상태로 변경하면 동일한 스타일을 유지할 수 있다.

이 방식으로 웹툰 스타일뿐만 아니라, 원하는 레퍼런스 이미지를 첨부하거나 사실적인 느낌을 표현하는 프롬프트를 입력해 다양한 스타일의 이미지를 생성할 수 있다. 이렇게 특정 서비스를 사용하는 스토리보드를 제작함으로써 사용자가 어떤 맥락에서 서비스를 사용하게 되었는지, 그리고 어떤 상황에서 문제가 발생하여 어떤 감정을 느끼는지 등에 대해서 심층적으로 파악하고 이해할 수 있다.

5.2 _ AI를 활용한 프로토타이핑

이번에는 UI 프로토타입을 생성할 수 있는 AI 도구와 생성된 프로토타입의 사용성을 테스트할 수 있는 AI 도구의 활용법을 소개한다. UI 디자인 툴이나 피그마 사용법을 모르더라도 다양한 생성형 AI를 활용해 자신이 구상한 아이디어를 빠르게 시안으로 만들 수 있다.

그림 5.4 초창기 AI 활용 프로토타이핑 과정

ChatGPT가 출시된 2023년 초에는 프로토타이핑 직전 단계까지만 생성형 AI를 활용할 수 있었다. 예를 들어, 초기에는 다음과 같은 단계로 AI를 활용할 수 있었다. 먼저 텍스트 기반 AI인 ChatGPT로 서비스 문제를 분석하고 솔루션을 도출했다. 그다음, 이미지 기반 AI인 Midjourney를 사용해 앞서 얻은 아이디어를 UI 시안으로 시각화했다(가장 왼쪽, 첫 번째 이미지). 또한, 생성된 시안에 ChatGPT가 도출한 기능을 배치해 와이어프레임을 만들고(두 번째 이미지) 이를 실제 UI로 제작하는 과정(세 번째 이미지)은 디자이너가 직접 수행해야 했다.

그러나 시간이 지나면서 프로토타입을 생성하는 AI 도구도 점차 발전했다.

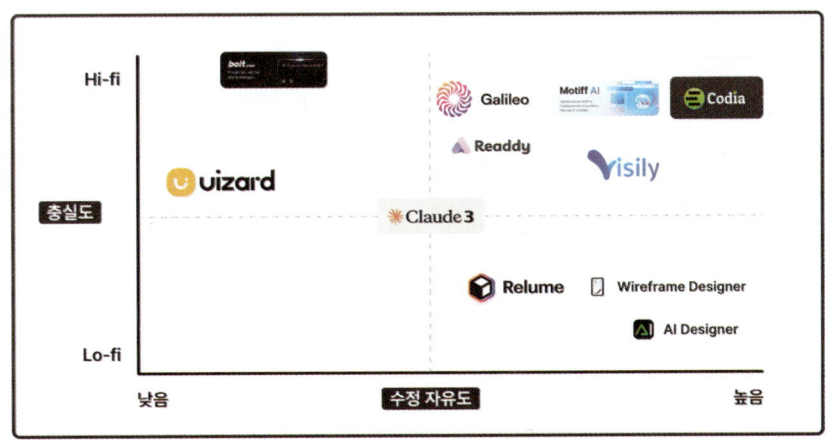

그림 5.5 프로토타이핑 AI 도구 분류도

그림에서 보듯이 UI 프로토타입 생성에 사용할 수 있는 도구는 굉장히 다양하다. 이러한 도구들은 결과물의 충실도와 수정 자유도를 기준으로 분류할 수 있다. 먼저 수정 자유도는 UI 프로토타이핑 도구로 가장 많이 활용되는 피그마에서 수정할 수 있는지를 기준으로 삼았다. 예를 들어 수정 자유도가 가장 높은 도구(AI designer, Wireframe Designer, Codia)는 피그마 플러그인으로 피그마 내에서 생성과 수정을 즉시 진행할 수 있다. 수정 자유도가 중간인 도구는 두 종류로 나뉜다. Visily(비즐리), Motiff(모티프)처럼 자체 수정 기능과 피그마 내보내기 기능을 모두 제공하는 도구가 있고, Relume(리룸), Claude, Galileo AI(갈릴레오 AI), Readdy(리디)처럼 자체 수정 기능은 없지만 피그마로 옮겨 수정할 수 있는 도구가 있다. 수정 자유도가 낮은 도구(Bolt, UIzard)는 피그마로 옮길 수 없고 자체 플랫폼 내에서만 수정할 수 있다.

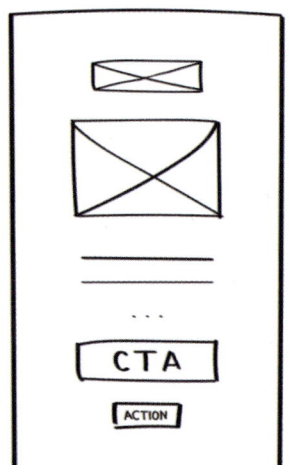 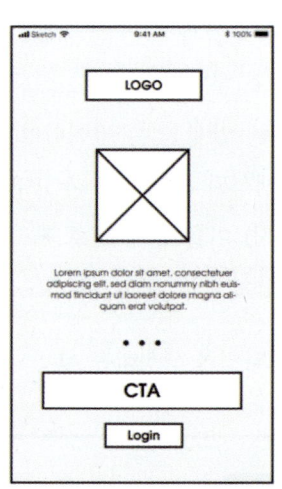 

그림 5.6 왼쪽부터 로우피, 미드피, 하이피 와이어프레임 (출처: mentormate)

와이어프레임은 '충실도(fidelity)'에 따라 프로토타입을 저충실도(Lo-Fi), 중간 충실도(Mid-Fi), 고충실도(High-Fi)의 세 가지 유형으로 나눌 수 있다. ChatGPT가 처음 등장했을 때만 해도 AI 도구는 저충실도 수준의 와이어프레임까지만 생성할 수 있었다. 하지만 현재는 고충실도 와이어프레임까지 생성할 수 있는 AI 도구들이 다수 등장해 활용 가능성이 크게 확장되었다. 물론 고충실도 와이어프레임의 세부 사항을 다듬어 완성도를 높이려면 피그마나 어도비 XD 같은 전문 디자인 툴을 활용해야 한다. 그러나 서비스 기획자, 비 디자이너 의뢰인, 관련 업무 담당자 등은 구상한 아이디어를 시안으로 시각화하는 것만으로도 업무에 큰 도움을 받을 수 있다. 디자이너 역시 백지에서 시작하는 것보다 훨씬 빠르게 초안을 완성할 수 있고, 세부 사항을 다듬는 데 집중하여 결과물의 완성도를 높일 수 있다.

5.2.1 솔루션 도출부터 시각화까지: Claude

앞서 언급했듯이, ChatGPT가 처음 공개됐을 때는 이미지나 UI를 직접 생성할 수 없었기 때문에 솔루션 도출 단계에서 AI를 활용하려면 ChatGPT가 제공하는 텍스트 기반 아이디어에 의존해 디자인 방향을 구상해야 했다. 예를 들어 다음과 같은 프롬프트를 입력해 답변을 얻는 방식이다.

> **솔루션 도출을 위해 입력한 프롬프트**
>
> 넷플릭스 모바일 앱에서 콘텐츠를 필터링하거나 정렬할 때 더 나은 사용자 경험을 제공하려면 어떻게 해야 할까?

> **생성된 답변**
>
> 사용자가 콘텐츠를 정렬하거나 필터링할 때, 보다 나은 사용자 경험을 느끼게 하려면 다음과 같은 방법을 고려해볼 수 있습니다.
> 1. 직관적인 UI 디자인: 사용자가 원하는 콘텐츠를 쉽게 찾을 수 있는 직관적인 UI 디자인이 중요합니다. 사용자가 쉽게 이해하고 조작할 수 있는 버튼, 슬라이더, 드롭다운 메뉴 등의 UI 요소를 제공하는 것이 좋습니다.
> 2. 다양한 정렬 및 필터링 옵션 제공: 사용자가 다양한 방식으로 콘텐츠를 정렬하고 필터링할 수 있도록 다양한 옵션을 제공하는 것이 좋습니다. 예를 들어, 인기도, 평점, 출시일, 장르 등의 기준으로 정렬하고, 콘텐츠 유형, 연령 등의 기준으로 필터링하는 기능을 제공하는 것이 좋습니다.
>
> (이하 생략)

예시처럼 기존의 문제를 개선할 수 있는 아이디어를 묻고 그에 대한 답변을 참고하여 아이디어를 수집하는 것이 첫 단계다. 그리고 이 아이디어를 Midjourney와 같은 이미지 생성 도구를 활용해 레이아웃을 시각화하고 이후 피그마에서 직접 프로토타입을 제작하는 과정을 거쳐 UI를 완성했다.

과거의 AI는 아이디어만 제공할 뿐 프로토타입 제작은 온전히 인간의 몫이었다. 이처럼 프로세스가 분절되어 있어 설계 아이디어와 시각화 단계가 매끄럽게 이어지지 않는 문제가 있었다.

하지만 이제는 Claude를 활용하면 사용자가 결과물을 실시간으로 확인하고 즉각 피드백할 수 있다. 이러한 상호작용을 통해 반복적으로 수정하며 결과물을 더 쉽게 만들 수 있게 됐다. 이는 Claude가 2024년 6월에 도입한 아티팩트(Artifact) 기능 덕분이다. 아티팩트는 기존의 단일 채팅창 구조에서 벗어나 왼쪽에는 프롬프트 입력 영역, 오른쪽에는 코드 및 시각화 결과가 동시에 표시되는 이중 구조다. 이로 인해 사용자는 프롬프트를 입력함과 동시에 시각적 결과물을 바로 확인할 수 있고, 추가적인 수정 요청도 대화 흐름 안에서 자연스럽게 이어 나갈 수 있다. 이러한 구조적 변화 덕분에 Claude는 단순한 AI 출력 도구를 넘어 사용자와의 실시간 협업이 가능한 디자인 환경으로 기능하게 되었다.

Claude를 사용하여 와이어프레임을 생성할 수 있는 방법은 총 3가지이며, 다음 표에 정리되어 있다.

표 5.1 Claude에서 와이어프레임을 생성할 수 있는 프롬프트 3가지

목적	프롬프트 예시
솔루션 아이디어 도출	맥도날드 키오스크를 사용할 때 메뉴가 너무 복잡하고 많아서(정의한 문제) 좀 더 직관적이고 단순화된 메뉴 구조로 바꾸고 싶은데(목적) UI를 어떻게 수정할 수 있을까?(핵심 명령어)
솔루션 시각화	사용자가 원하는 대로 콘텐츠 플레이리스트를 그룹핑할 수 있는 영화 플레이리스트 페이지를(솔루션) 어떻게 구현할 수 있을까?(핵심 명령어)
기능 정의 후, 시각화	(기능 명세서 첨부) 참조된 문서를 참고하여 프로토타입을 만들어줘.

사용자가 어떤 불편함을 겪고 있는지, 문제 정의까지만 진행했을 경우 그 문제를 해결하기 위한 솔루션 아이디어를 묻는 것이 첫 번째 방법이다. Claude는 앞서 ChatGPT가 생성했던 것처럼 텍스트 기반 아이디어만 제시하는 것이 아니라 그 아이디어가 어떻게 시

각화될 수 있는지를 아티팩트 창에서 함께 보여준다. 그렇기 때문에 이미 솔루션 방향을 정리한 후 구현할 수 있는 방법을 고민 중이라면 두 번째 프롬프트처럼 그 솔루션에 대해 설명한 후 시각화해달라고 요청하면 된다. 마지막으로 상세한 기능 정의까지 마쳤다면 기능 명세서를 첨부하거나 설명한 후 이를 참고하여 프로토타입을 만들어달라고 요청해볼 수도 있다.

다음은 리디자인 프로젝트를 진행할 때 수강생들이 Claude로 생성한 결과물 예시다.

표 5.2 Claude 와이어프레임 생성 예시

유튜브 뮤직과 같은 글로벌 서비스는 추가 설명 없이도 기존 서비스의 톤앤매너를 잘 반영해준다. 그러나 에이블리, 카카오 택시와 같은 국내 서비스는 기존 UI 이미지를 첨부한 후 이 톤앤매너를 반영하여 프로토타입을 생성해달라고 요청하면 기존 서비스와 유사한 콘셉트로 결과물이 생성된다. 이 작업을 할 때 주의할 점은 첫 번째 결과물부터 만족스러울 것이라고 기대해서는 안 된다는 것이다. UI 구성, 색상, 배치 등의 세부 요소를 반복적으로 수정하고 프롬프트를 정교하게 입력하는 과정을 통해 완성도를 높여가야 한다.

예를 들어, 한 수강생은 카페 앱을 리디자인하기 위해 다음과 같은 프롬프트를 입력하여 와이어프레임을 생성했다.

리디자인 프로젝트 시 입력한 프롬프트와 결과물

입력 프롬프트	▪ 전체 사이즈를 아이폰 기준으로 맞춰줘 ▪ 메인 화면에 스탬프를 적립할 수 있는 바코드 아이콘이 들어가야 해 ▪ 옵션 선택에 시럽 추가, 디카페인 선택, 샷추가, 연하게 등 여러 가지 옵션을 추가해줘. ▪ 메인 화면에 신메뉴 광고 영역이 들어갈 수 있게 넓게 배치하고 검색 창을 제외한 나머지 사이즈를 작게 조정해줘 ▪ 메인 화면 맨 아래에 회원님을 위한 추천을 넣고 자주 찾는 메뉴 혹은 즐겨찾기 메뉴를 추가해줘 ▪ 메인 메뉴의 매장 검색을 통한 매장 선택 및 매장 즐겨찾기 와이어프레임을 만들어줘. GPS 기반으로 지도 내 위치 및 주변 매장도 나왔으면 해. ▪ 매장 선택 후 메뉴 선택하는 화면 만들어줘. 실제 화면처럼 시간이랑 배터리 사용량을 넣어줘.
생성 결과물	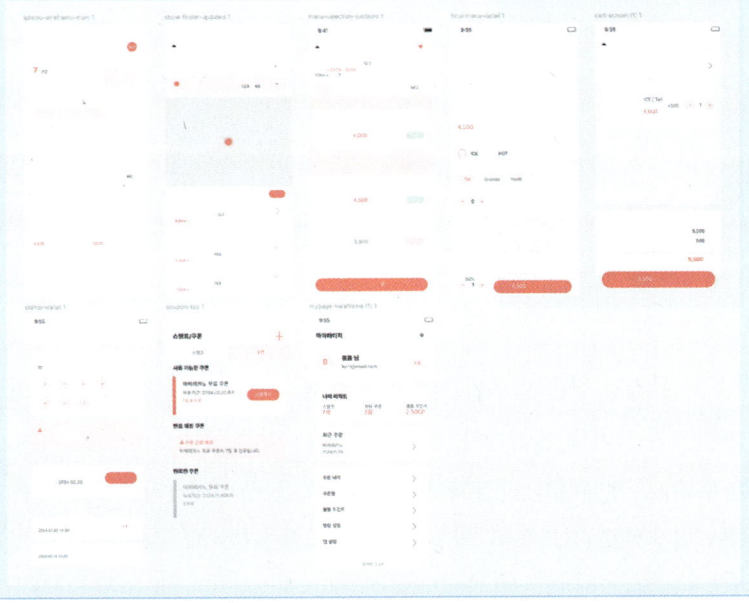

최종 수정본
(피그마로 옮긴 후
수정)

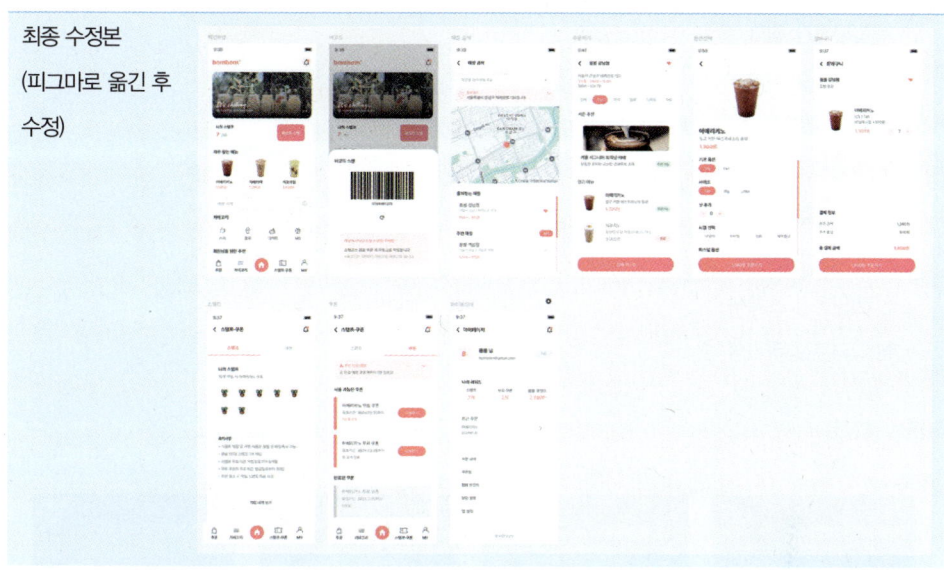

이렇게 순차적으로 프롬프트를 입력하여 프로토타이핑을 해나가는 방식은 신규 서비스 기획을 할 때에도 마찬가지로 적용된다.

다음은 한 수강생이 진행했던 멘탈 관리 앱의 프로토타이핑 예시다. 새로운 서비스를 기획하는 작업이기에 IA(화면 구조도)를 설계하는 것부터 시작해서 디자인에 적용할 수 있는 감정 이론들을 탐색하고 이를 기반으로 컬러 코드를 정리한 후 최종적으로 프로토타입을 생성했다.

입력 프롬프트

- 사용자의 감정, 정신질환, 스트레스 등을 기록하고 체킹하면서 맞춤 솔루션을 처방하고 사용자가 필요한 루틴을 생성할 수 있고, 콘텐츠도 탐색할 수 있는 '멘탈 관리 앱'의 IA를 구성해줘.
- 감정 기록은 로버트 플루칙(Robert Plutchik)의 감정의 원(Emotion Wheel)과 폴 에크만(Paul Ekman)의 기본 감정 이론을 기반으로 한 8가지 감정 대분류로 나눌 거야.
- 홈 화면 내용별로 순서 구성 어떻게 할까?
- 감정 체크인 결과 시각화는 어떤 식으로 할 건데?
- 이제 UI를 만들어봐. 내가 만든 정원 그래픽은 첨부한 이미지를 참고하고 다크 테마를 쓸 거야. 주요 버튼들은 #4D80F7 색상 계열을 쓸 거야. 감정 색상은 아까 알려준 목록을 참고해.
  - (감정 색상 목록)

- 기쁨/만족감: 핑크
- 슬픔/우울감: 파랑
- 분노/짜증: 빨강
- 불안/공포: 보라
- 놀람/당혹감: 주황색
- 기대/희망: 하늘색
- 신뢰/안정감: 초록색
- 혐오/거부감: 카키색

생성 결과물

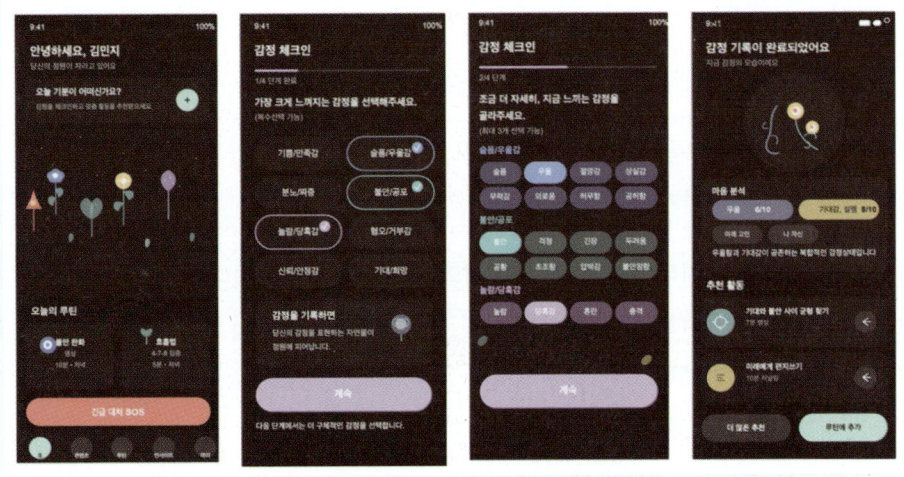

그림 5.7 감정 기록 앱 와이어프레임 생성 결과

이렇게 생성한 화면은 Claude에서 SVG 파일로 다운로드 받아서 피그마로 옮길 수 있다. 한번에 SVG 파일이 만들어지지 않을 경우 Claude에게 '방금 디자인한 UI를 피그마에 붙여넣을 수 있게 SVG 코드 형태로 변환해 줘.'라고 요청하여 SVG 코드를 생성하면 된다. 하지만 이 과정에서 종종 기존 UI와 다르게 변환되는 경우가 있다. 이러한 오류가 발생할 때는 HTML 링크를 피그마로 옮겨주는 피그마 플러그인(HTML to Design)을 사용하면 된다.

Claude 아티팩트 창 우측 상단에 검정색 '게시' 버튼을 클릭하면 Claude가 생성한 UI 화면을 웹 링크에서 확인할 수 있다. 이 링크를 복사하여 피그마 플러그인(HTML to Design)에 넣으면 피그마에 해당 화면이 복제된다. 이 방법으로 수정 작업을 이어 나가면 된다.

이처럼 Claude는 단순히 디자인 초안을 생성하는 데 그치지 않고, 사용자의 피드백을 반영하며 반복적으로 발전시킬 수 있다는 점에서 AI와 인간 디자이너 간의 실질적인 협업을 가능하게 하는 도구라 할 수 있다.

5.2.2 웹 페이지 생성 AI: Relume, Readdy

앞에서 Claude를 통해 솔루션을 도출하고 시각화하는 작업을 진행했다. 이제부터는 도출한 솔루션을 다양한 프로토타이핑 AI 도구로 시각화하고 생성 결과를 살펴본다. 웹과 모바일 UI를 생성하는 도구, 기존 화면을 복제하는 도구, 노코드 개발까지 지원하는 도구 등 용도별로 나누어 정리했다. 먼저 웹 페이지 생성을 지원하는 AI부터 알아보자.

5.2.2.1 Relume

Relume은 랜딩 페이지나 웹사이트의 와이어프레임을 생성해주는 AI 도구이다. 이 도구의 특징은 결과물을 모바일, 태블릿, 데스크톱에 맞게 반응형 디자인으로 생성해준다는 것이다. 또한, 이 도구는 웹사이트에 특화되어 있어 모바일 앱 생성을 요청해도 랜딩 페이지가 결과물로 나온다. 따라서 Relume을 사용할 때는 프롬프트에 모바일 앱이 아닌 랜딩 페이지나 웹사이트를 기준으로 입력해야 한다.

넷플릭스의 랜딩 페이지를 생성해달라고 요청한 결과물을 살펴보자.

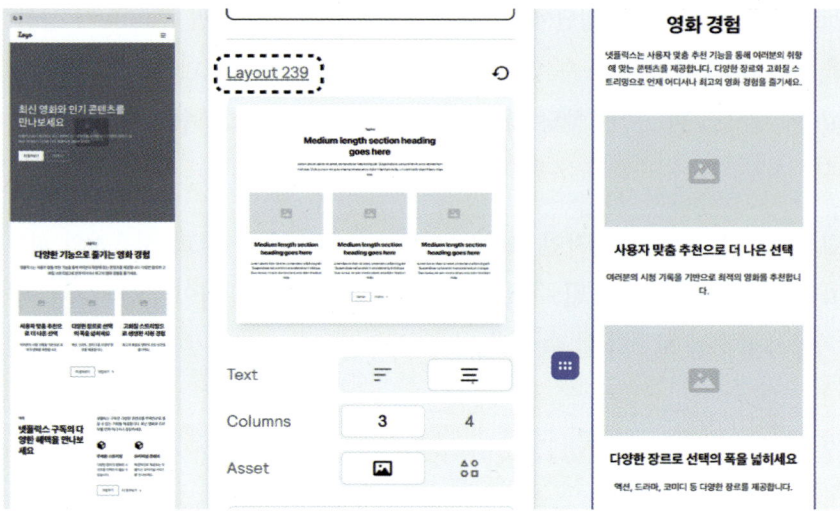

그림 5.8 Relume – 생성된 결과물 이미지(왼쪽), 애셋 번호 확인(오른쪽)

와이어프레임이라 컬러나 이미지는 포함되지 않았지만, 입력 키워드인 '넷플릭스'(OTT 서비스)에 맞게 내용과 레이아웃이 생성된 것을 볼 수 있다(왼쪽 이미지). 생성된 결과물 내의 각 섹션을 클릭해보면 왼쪽에 'Layout 239'와 같은 애셋 번호가 표시된다(오른쪽 이미지).

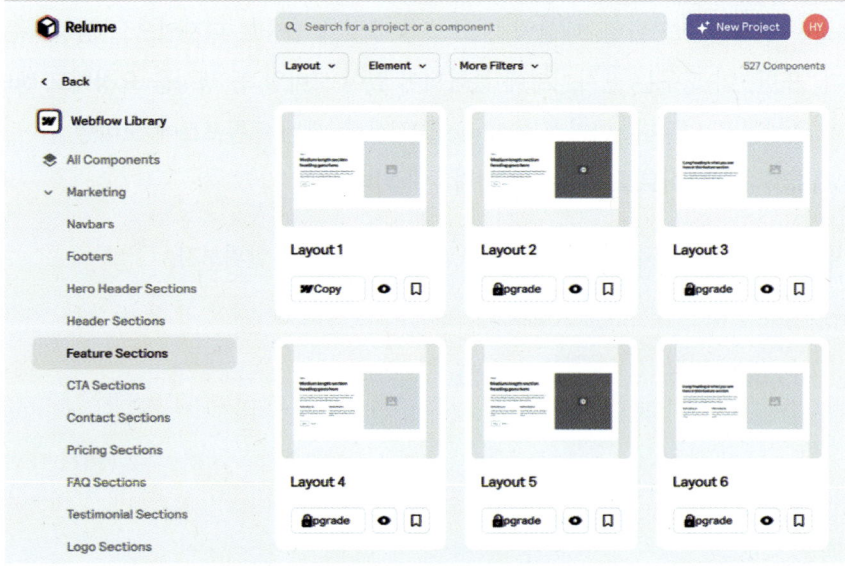

그림 5.9 Relume – 디자인 라이브러리

이는 Relume의 디자인 라이브러리에서 적합한 애셋을 자동으로 선택하고 배치한 결과다. 해당 디자인 라이브러리는 'Layout 1번'부터 컴포넌트 종류에 따라 애셋을 체계적으로 분류하고 정리해 놓았다. 사용자는 이 라이브러리에서 원하는 디자인 애셋을 직접 검색하여 수정하거나 추가할 수 있다. 예를 들어 섹션을 하나 추가하고 FAQ, 문의하기, 배너 등 필요한 레이아웃을 선택해 삽입하는 방식으로 수정할 수 있다.

레이아웃 구성을 완료한 뒤, 페이지를 선택하고 마우스 오른쪽 버튼을 클릭해 'Copy to Figma'를 선택하면 결과물을 피그마로 내보낼 수 있다. 이후 피그마에서 세부 디자인 수정이 가능하다.

5.2.2.2 Readdy

Readdy 역시 Relume과 마찬가지로 랜딩 페이지를 생성할 수 있는 AI 도구다. 홈페이지에 접속하여 로그인을 완료하면 새 프로젝트를 생성할 수 있는 화면이 나타난다. 이 단계에서 프로젝트 이름을 입력하고, 어떤 프로그래밍 언어를 기반으로 웹 페이지를 생성할 것인지 코드 종류를 선택하면 된다.

기본 설정은 HTML이며, 실제로 다양한 코드 옵션을 선택해 생성한 결과물 중 HTML 버전이 가장 완성도가 높은 것으로 나타났다. 다음은 프롬프트 입력 예시와 그에 따른 결과물이다.

> **입력 프롬프트**
>
> AI 활용 UX 디자인 교육 플랫폼 홈페이지를 만들어줘.
> 톤앤매너는 내가 첨부한 이미지처럼 세련되고 임팩트 있게 만들어줘.
> 회사명은 ai-ux야. 한국어 명칭은 에이아이유엑스고 슬로건은 AI 활용 UX 디자인(영어로는 AI-powered UX Design)이야.
> - 상단 영역엔 뉴스레터 구독(매주 발송) 신청폼이 나오고
> - 그다음엔 AI-UX 워크숍 프로그램 소개 칸이랑 워크숍 신청 폼 링크로 연결되는 CTA가 필요하고
> - 기업 교육 문의를 위한 폼으로 연결되는 것도 필요해.
> - 가장 아래엔 워크숍 후기 칸이랑 아티클 콘텐츠 칸이 있었으면 좋겠어.
> - 클라이언트 소개할 수 있는 로고 칸도 넣어줘

이번에는 기존에 없는 서비스인 AI-UX 교육 플랫폼 홈페이지를 생성해달라고 요청해 보았다. 프롬프트에 요청한 사항은 크게 세 가지였다. 첫째 첨부한 이미지에 맞춰 전체적인 톤앤매너를 생성하고, 둘째 정확한 회사명과 슬로건을 반영하며, 셋째 상단 영역부터 푸터(footer)까지 필요한 콘텐츠를 각각 배치하는 것이다. 이러한 내용이 반영된 결과물은 다음과 같다.

생성된 결과물: 랜딩 페이지 상단 영역

생성된 결과물: 프로그램 소개 섹션

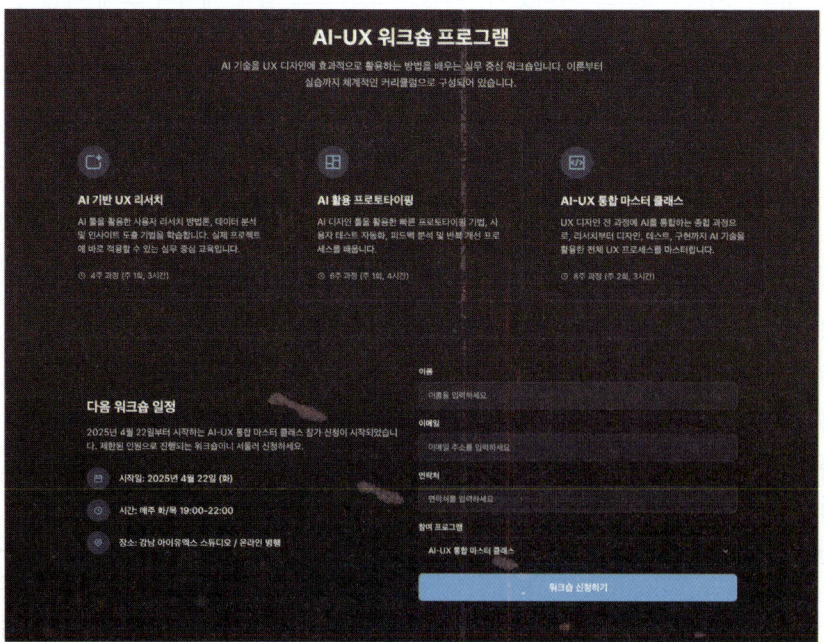

| 생성된 결과물: 기업 교육 문의 섹션 & 워크숍 후기 및 아티클 섹션

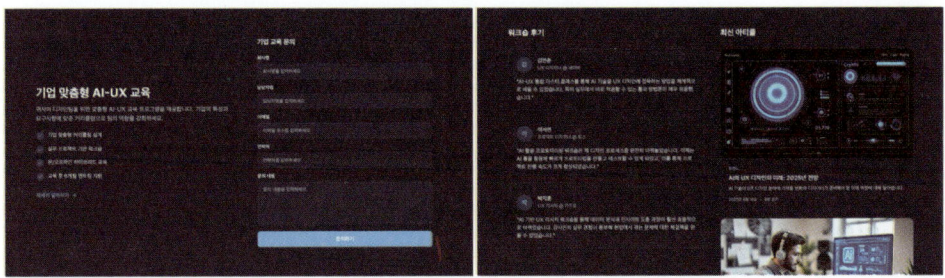

생성된 결과물에서는 이미지나 문구를 변경하거나 최신 아티클 및 SNS 홈페이지를 연결하고, 전체적인 톤앤매너를 조정하는 등의 추가 수정 요청을 진행할 수 있다.

Readdy를 사용할 때 중요한 점은 첫 프롬프트를 가능한 한 자세하고 구체적으로 입력하는 것이다. 수정 요청 프롬프트는 500자의 글자 수 제한이 있어 한 번에 많은 내용을 반영하기 어렵지만, 첫 프롬프트는 2,000자까지 입력할 수 있어 더 많은 정보를 담을 수 있다. 또한, 첫 번째 프롬프트 입력 시 레퍼런스 이미지를 첨부할 수 있으며, 해당 이미지에서 어떤 요소(레이아웃, 컬러, 카피라이팅 등)를 참고할지를 선택할 수 있는 기능도 제공된다. 따라서 원하는 결과물에 최대한 가까운 랜딩 페이지를 생성하고자 한다면 충분한 레퍼런스를 사전에 탐색하고 이를 프롬프트에 반영하는 것이 효과적이다.

Readdy는 음성 인식 기능도 제공하므로 말로 설명하면서 디자인 수정을 진행할 수도 있다. 유료 구독자에게는 결과물을 피그마로 내보낼 수 있는 기능이 제공되며, 이를 통해 대화형 방식으로 기본 구조를 완성한 후 피그마에서 세부 디자인을 직접 조정할 수 있다. 다만, 한 번에 첨부할 수 있는 이미지는 한 장으로 제한되기 때문에 SNS 콘텐츠나 아티클 섹션 등 이미지가 다수 필요한 영역은 피그마로 옮긴 후 직접 이미지를 삽입하는 방식을 추천한다.

초기에는 Readdy에서 웹 기반의 랜딩 페이지를 생성하는 것만 가능했지만, 현재는 모바일 앱 서비스의 UI도 생성할 수 있게 기능이 확장되었다. 프롬프트 입력 방식은 웹사이트 생성 시와 동일하게 적용된다.

5.2.3 모바일 프로토타이핑 AI: Galileo AI, Motiff

모바일 화면에 맞게 프로토타입을 생성해 주는 AI 도구는 대표적으로 두 가지가 있다. 이 AI 도구들은 AI-UX 워크숍 참여자들이 가장 선호하는 도구로 꼽히기도 했다.

어떤 서비스를 주제로 프로젝트를 진행하느냐에 따라 적합한 도구는 달라질 수 있다. 이제 각 도구의 사용 방법과 생성된 결과물을 비교해 보자.

5.2.3.1 Galileo AI

Galileo AI[1]와 Motiff는 여러 모바일 UI 생성 AI 도구 중 가장 충실도 높은 프로토타입을 만들어 준다. 먼저 Galileo AI부터 살펴보자.

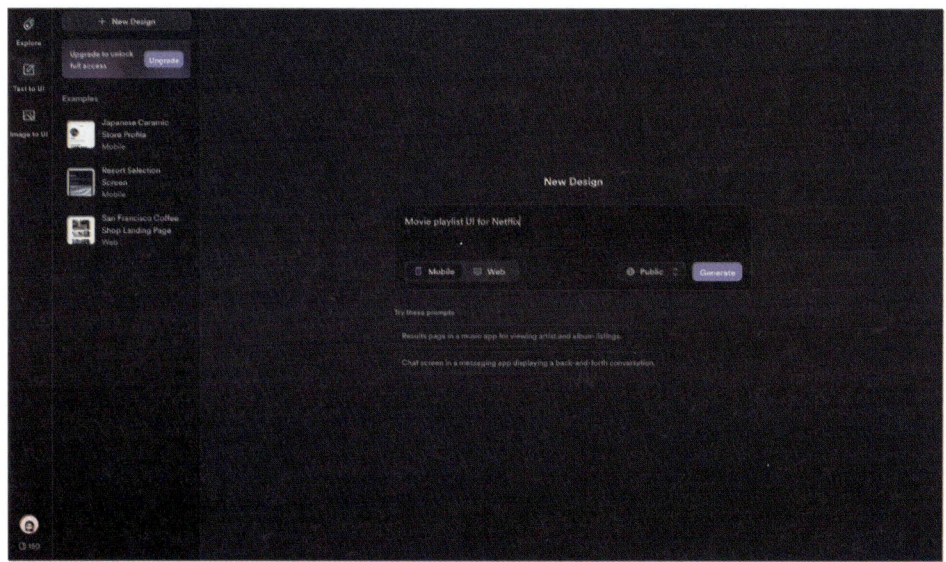

그림 5.10 Galileo AI – 메인 화면

Galileo AI에서는 두 가지 방법으로 UI를 생성할 수 있다. 로그인 후 왼쪽 메뉴에서 '텍스트 투 UI(Text to UI)'와 '이미지 투 UI(Image to UI)' 두 가지 기능 중 하나를 선택하면 그에 맞는 프롬프트 창이 나타난다. '텍스트 투 UI'는 텍스트로 입력한 설명을 기반으

---

[1] Galileo AI는 최근 구글(Google)이 인수하여 Stitch(stitch.withgoogle.com)로 명칭이 변경되었으며 사용 방법은 동일하다.

로 UI를 생성하는 기능이며, '이미지 투 UI'는 사용자가 보유한 UI 이미지 파일을 업로드하면 이를 수정 가능한 형태로 변환해주는 기능이다.

텍스트 기반 프롬프트를 사용하는 경우, 먼저 모바일 또는 웹 기반 중 생성할 기기 환경을 선택한 뒤, 프롬프트 입력창에 원하는 UI 구성에 대한 설명을 입력하면 된다. 예를 들어 '넷플릭스의 무비 플레이리스트 UI를 생성해달라'는 프롬프트를 입력하면 이에 맞는 프로토타입이 자동으로 생성된다.

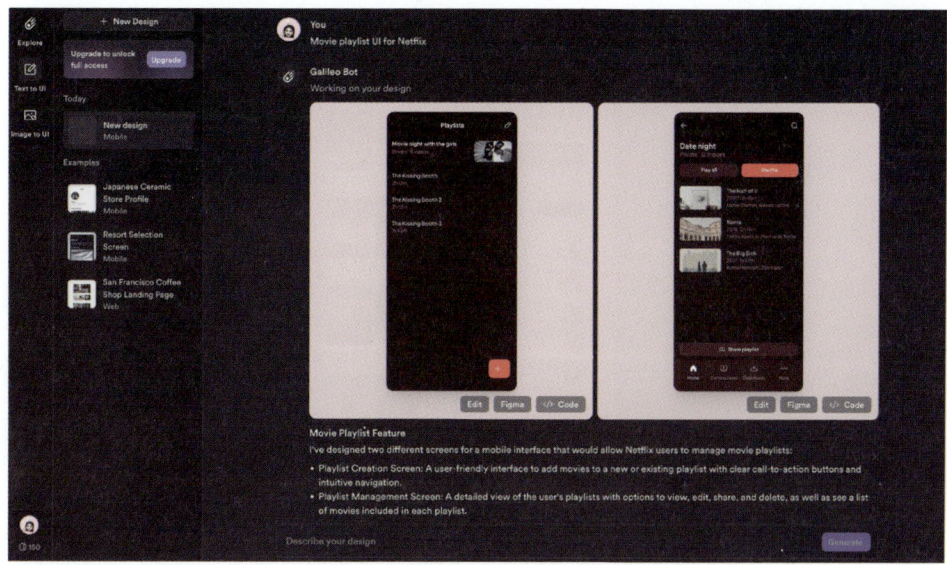

그림 5.11 Galileo AI – 텍스트 프롬프트 입력 후 프로토타입 생성

Galileo AI의 핵심 강점은 생성된 결과물을 피그마로 내보낼 수 있다는 점이다. 생성 후 'Copy to Figma' 버튼을 클릭하면 피그마에 바로 복사 가능한 형태로 결과물이 준비되며, 피그마에서 붙여넣기를 통해 텍스트와 이미지 모두 수정 가능한 형태로 불러올 수 있다. 또한 모든 요소는 자동으로 오토 레이아웃이 적용되어 있어 구조적으로 정돈된 상태로 제공된다. 이를 활용하면 생성된 프로토타입을 빠르게 수정하여 완성도 높은 결과물을 만들 수 있다.

'이미지 투 UI' 기능 역시 동일한 흐름으로 작동한다. 기기 환경을 선택한 후 프롬프트 대신 UI 캡처 이미지를 업로드하면 된다. 다음은 간단한 디자인 요청 사항을 입력하는 단계다. Galileo AI는 프롬프트를 영어로 입력해야 요청 사항 반영이 잘 되므로 먼저 한국어 프롬프트를 작성한 후 이를 번역해 입력해야 한다.

요청 사항 입력 후에는 컬러 테마, 폰트 스타일, 다크/라이트 모드 등 추가 설정을 선택할 수 있으며, 마지막 단계에서는 생성할 결과물의 수를 지정한다. 이때 사용 크레딧 수가 표시되며, 기본 제공되는 크레딧(약 200크레딧)을 고려해 적절한 수량을 설정하면 된다. 페이지당 약 10크레딧이 소모되므로 여러 번 시도하며 결과물을 조정할 수 있다.

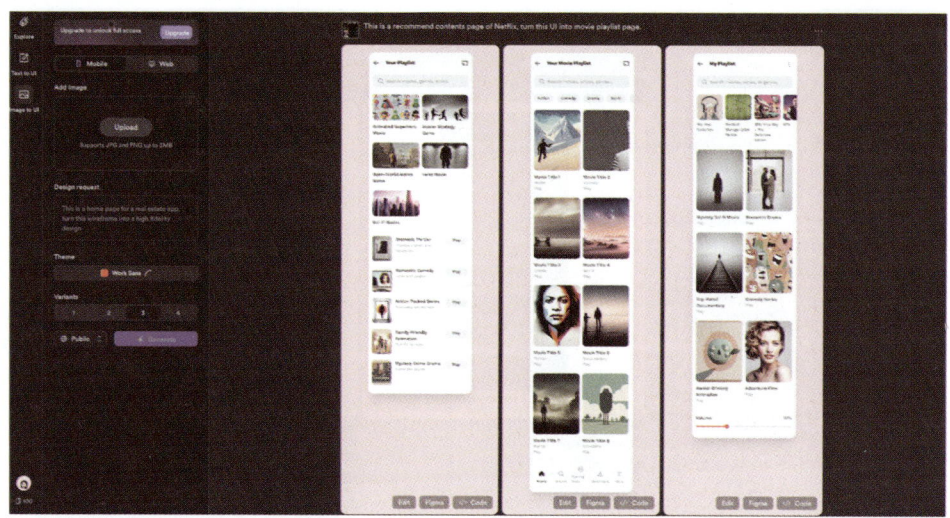

그림 5.12 Galileo AI – 이미지 프롬프트 입력 후 프로토타입 생성

Galileo AI에서 이미지 기반 프롬프트를 활용해 생성한 결과물은 총 세 장으로, 모두 플레이리스트 페이지를 만들겠다는 디자인 요청이 반영된 상태였다. 생성된 화면 하단에는 OTT 플랫폼 특성에 맞게 콘텐츠 이미지, 제목, 장르 등의 정보가 포함된 텍스트 요소들이 자동으로 생성되었다.

하지만 세 가지 결과물 모두 넷플릭스의 고유한 톤앤매너가 완전히 반영되지는 않았다. 예를 들어, 프롬프트 작성 시 테마 컬러를 '레드'로 선택했지만, 이 색상은 볼륨 조절 바(bar)나 버튼 등 일부 UI 요소에만 포인트 컬러로 적용되었고, 전체적인 디자인 톤은 기본 테마에서 크게 벗어나지 않았다. 이후 다크 모드를 선택해 다시 한번 프로토타입을 생성했을 때도 배경색만 검은색으로 변경되었을 뿐 넷플릭스의 브랜드 이미지나 시각적 톤은 반영되지 않았다.

이렇게 이미지 프롬프트로 생성한 결과는 텍스트 기반 프롬프트로 생성한 결과물과 차이가 뚜렷하다. 동일하게 '넷플릭스'라는 키워드를 사용했음에도 결과물에는 차이가 있었다. 텍스트 프롬프트 기반 결과물은 브랜드 고유의 이미지와 구성이 비교적 충실하게 반영되었지만, 이미지 프롬프트 기반 결과물은 첨부된 이미지의 레이아웃과 구조가 주로 반영되는 경향을 보였다.

Galileo AI의 두 가지 프롬프트 방식(텍스트와 이미지)은 각각의 장단점이 있으며, 어떤 형태의 프로토타입을 만들고 싶은지에 따라 적절한 방법을 선택해 사용할 수 있다. 텍스트 프롬프트 방식은 키워드를 중심으로 해석해 디자인 전반을 구성하는 데 강점을 보이며, 이미지 프롬프트 방식은 레이아웃 중심의 변형에 유리하다.

프롬프트를 반복적으로 수정하면서 다양한 결과물을 생성해볼 수 있으며, 생성 과정에서는 한 페이지당 10크레딧이 차감된다. 초기 제공되는 약 200크레딧 내에서 여러 번 테스트가 가능하고, 크레딧을 모두 소진한 이후에는 유료 구독을 통해 충전할 수 있다. 한 번 사용해본 후 Galileo AI의 결과물에 만족하고 다른 도구에 비해 자신에게 더 적합하다고 판단된다면 유료 버전으로 전환해 지속적으로 활용하는 것도 좋은 방법이다.

5.2.3.2 Motiff

이어서 소개할 두 번째 도구는 Motiff이다. Motiff는 피그마와 매우 유사한 작업 환경을 제공하는 도구로 인터페이스 자체가 피그마의 과거 버전과 비슷해서 피그마 사용 경험이 있는 사용자라면 손쉽게 적응할 수 있다.

Motiff가 주목받는 이유 중 하나는 피그마가 아직 모든 사용자에게 AI 기능을 개방하지 않은 상황에서 그와 유사한 기능을 먼저 제공하고 있기 때문이다. 2024년 피그마 콘퍼런스에서 다양한 AI 기능이 발표되었지만, 아직 모든 사용자에게 적용되지는 않았다. 그에 비해 Motiff는 즉시 사용 가능한 여러 AI 기반 기능을 제공하므로 유용한 대안이 될 수 있다.

Motiff는 디자인 시스템 추출 혹은 반영, UI 자동 생성 등 UI 디자인과 관련한 다양한 AI 기능을 제공한다. 이 중에서 텍스트 프롬프트 입력을 통해 UI를 생성할 수 있는 방법을 소개하고자 한다.

이 기능을 사용하려면 먼저 로그인을 한 뒤 새 작업창을 생성해야 한다. 상단 내비게이션 바에는 AI 기능 메뉴가 있으며, 해당 메뉴를 클릭하면 다양한 AI 기능 목록이 나타난다. 이 중 'AI로 UI 생성하기(AI Generates UI)' 기능을 선택한 후 프롬프트를 입력하면 된다.

프롬프트를 한국어로 입력해도 UI 자체는 생성되지만, 인터페이스의 텍스트가 깨져 보이는 현상이 나타날 수 있다. 이를 방지하고자 영어로 번역해 프롬프트를 입력한다.

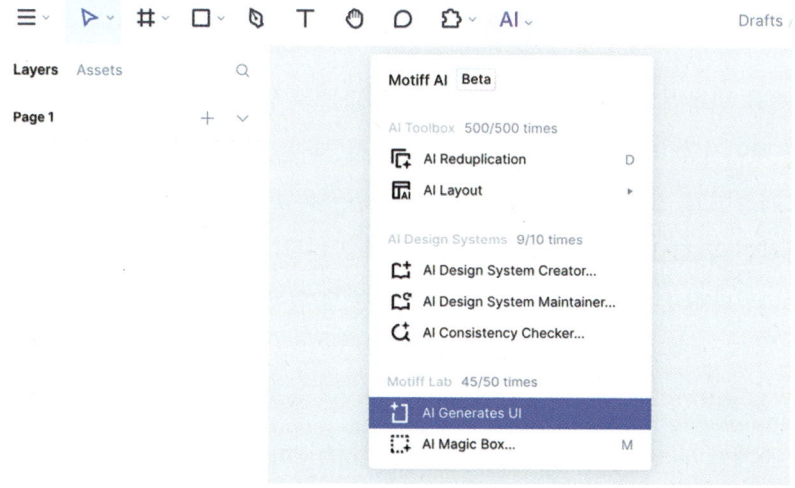

그림 5.13 Motiff – AI로 UI 생성하기 메뉴

05. UX 디자이너와 AI의 협업 과정: 프로토타이핑 및 테스트

표 5.3 Motiff 생성 결과물

입력 프롬프트	생성 결과물
넷플릭스 모바일앱	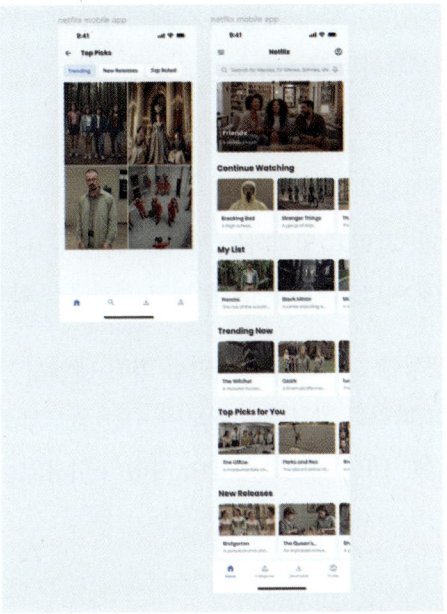
넷플릭스 모바일앱의 영화 재생 목록 페이지	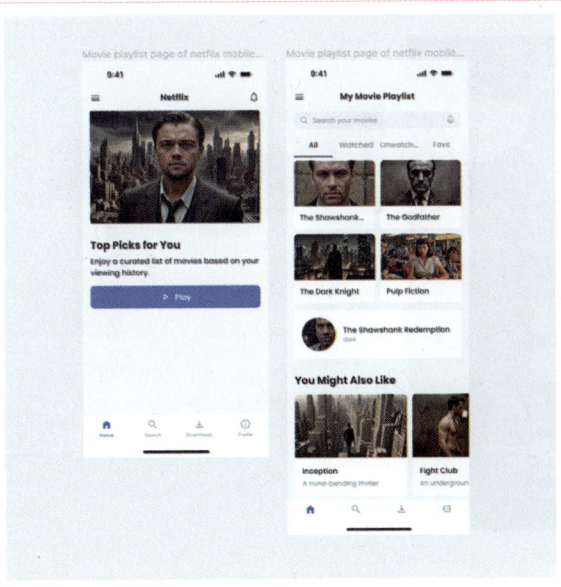

예시에서는 두 개의 프롬프트로 넷플릭스 모바일 앱 화면을 각각 생성했다. 두 결과물을 살펴보면 모두 실제 넷플릭스에서 볼 법한 콘텐츠 제목과 이미지가 매칭된 형태로 구성된 것을 알 수 있다. 특히, 재생 목록 페이지를 생성한 화면에서는 장르별로 섹션이 나뉘어 콘텐츠를 분류하는 구조가 적용되었다.

이후에도 '넷플릭스'라는 동일한 서비스명을 유지하면서 프롬프트 문구를 조금씩 바꿔 여러 차례 생성해본 결과, 구조에는 일부 변화가 있었지만 큰 틀은 일정하게 유지되는 경향이 있었다. 그리고 입력하는 서비스의 키워드나 특성에 따라 레이아웃은 다르게 생성되기 때문에 여러 가지 키워드를 넣고 결과물을 확인해보는 작업이 필요하다.

UI 초안을 생성한 후에는 Motiff 편집 화면 내에서 바로 수정할 수 있다. 하지만 Motiff가 생성한 UI 파일을 피그마로 내보낼 수는 없으므로 피그마를 사용하는 디자이너라면 Motiff가 생성한 UI를 기반으로 삼아 자신의 디자인을 더욱 발전시킬 수 있다.

표 5.4 음악 재생 목록 UI 생성 결과

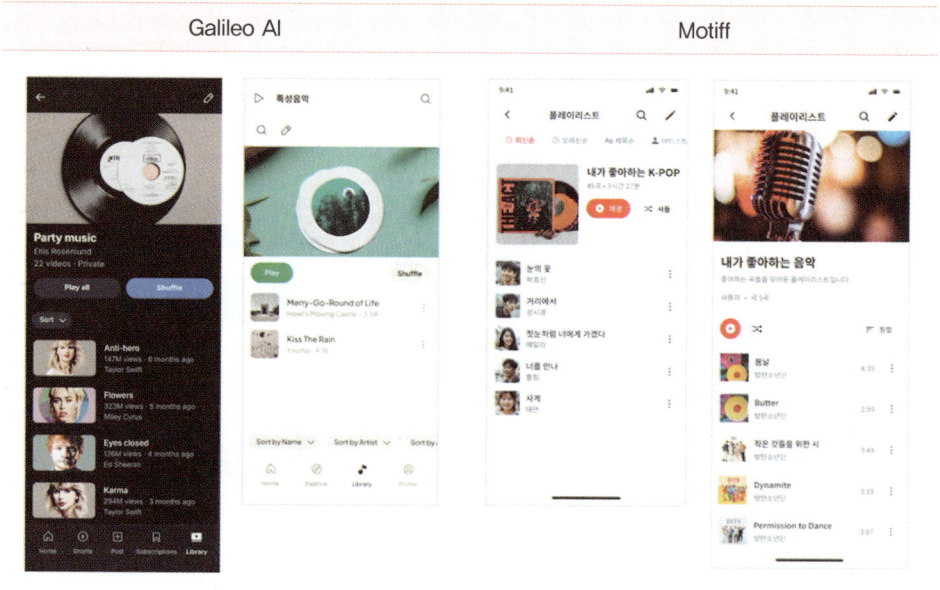

Galileo AI와 Motiff는 모두 높은 충실도의 UI를 생성할 수 있는 도구지만, 사용하는 목적이나 선호하는 디자인 스타일에 따라 결과에 대한 만족도가 달라질 수 있다. 실제 워

크숍에서 여러 수강생과 함께 두 도구를 사용해 보니 특정 주제나 서비스 유형에 따라 선호도가 갈렸다.

예를 들어, 국내 서비스를 디자인하는 경우 Galileo AI에서 생성된 결과물이 다소 외국 스러운 스타일이라고 느껴 Motiff를 더 선호한다는 의견이 있었다. 반면, Galileo AI 특유의 디자인 스타일에 만족하거나 레이아웃이 자동으로 정렬되는 오토 레이아웃 기능이 적용된 상태로 피그마에 옮겨진다는 점 때문에 Galileo AI를 선호하는 수강생도 있었다.

음악 재생 목록 UI 생성 결과 비교 예시를 보면, Galileo AI와 Motiff의 스타일 차이가 잘 나타난다. 하지만 이 예시도 결국 '음악 재생 목록 UI'라는 특정 서비스와 키워드에 한정된 결과물이므로 어떤 서비스 주제, 프롬프트를 사용하는지에 따라 결과물은 충분히 달라질 수 있다. 따라서 두 도구 모두 직접 사용해본 후 자신의 프로젝트 주제나 디자인 방향성에 좀더 적합한 도구를 선택해 활용하는 것이 바람직하다.

5.2.4 UI 화면 복제 AI: Codia, Visily AI

리디자인 프로젝트를 진행할 때는 기존 서비스의 UI 화면을 그대로 복제한 뒤, 필요한 부분만 수정해야 할 경우가 있다. 그러나 기존 UI 이미지밖에 없는 상황에서는 피그마로 모든 화면을 새로 그려야 하는 번거로움이 발생한다.

이러한 상황에서는 UI 이미지를 첨부하면 피그마 디자인 파일로 변환해 주는 두 가지 AI 도구를 활용할 수 있다.

5.2.4.1 Codia AI

Codia AI(코디아 AI) 디자인은 일종의 레퍼런스 기반 편집 도구로, UI 캡처 이미지를 변환한 후 피그마 내에서 자유롭게 수정할 수 있는 기능을 제공한다. 또한, 피그마에서 작동하는 플러그인이기 때문에 결과물이 생성된 직후 곧바로 피그마 환경에서 수정할 수 있으며, 이러한 점에서 가장 높은 수준의 수정 자유도를 갖춘 AI 도구로 분류된다. 피그마에서 플러그인 메뉴를 클릭한 후 'Manage Plugins'에서 'Codia'를 검색하면 여러 결과가 표시되는데, 이 중 초록색 아이콘이 표시된 도구가 UI 스크린샷을 피그마에서 편집 가능한 형태로 변환해주는 Codia AI이다.

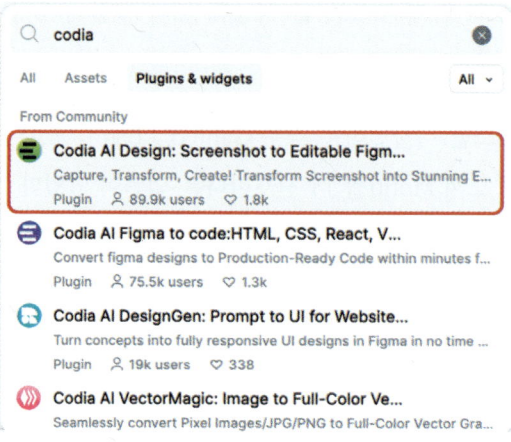

그림 5.14 Codia 검색 결과

해당 플러그인을 실행한 뒤 로그인하면 스크린샷을 첨부할 수 있는 창이 나타난다. 스크롤을 아래로 내려보면 예시로 여러 가지 샘플이 나타나는데, 그중 하나를 선택하거나 원하는 이미지를 직접 업로드할 수 있다. UI 스크린샷을 업로드하면 Codia는 이를 스캔하여 피그마 작업 창 안에서 편집 가능한 형태로 변환해준다. 이미지와 텍스트는 모두 개별적으로 수정 가능하며, 이는 기존 앱을 리디자인하거나 기능을 추가할 때 매우 유용하게 활용할 수 있다.

표 5.5 Codia 활용 티맵 리디자인 사례

기존 UI	개선안 적용 UI

한 수강생은 티맵 앱의 복잡한 메인 화면을 개선하는 리디자인 작업에 Codia를 활용했다. 이 수강생은 복잡한 기존 홈 화면 UI 구조를 개선하기 위해 사용자 이용 빈도가 높은 메뉴의 사이즈를 조정하고 자주 가는 장소를 저장할 수 있는 즐겨찾기 기능을 추가하는 등의 방식으로 리디자인을 진행했다. 이를 위해 기존 앱 화면을 스크린샷으로 저장하고 Codia를 통해 편집 가능한 형태로 변환한 후, 개선안을 시각화하여 리디자인을 진행했다. 이처럼 기존 UI의 특정 부분만을 리디자인하고자 할 때 Codia는 빠르고 효율적인 작업을 가능하게 해준다. 개선안을 빠르게 적용한 프로토타입으로 사용성 테스트를 진행해 설정한 가설을 검증해 볼 수도 있다.

5.2.4.2 Visily AI

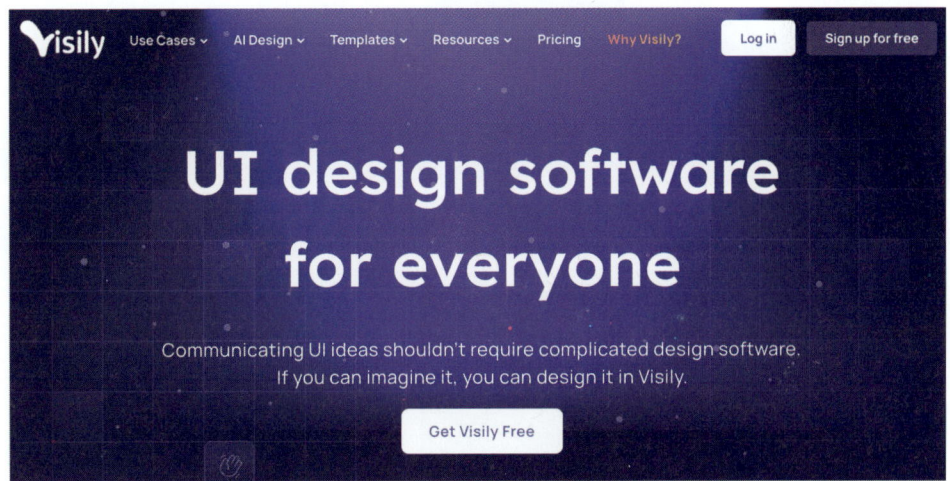

그림 5.15 Visily AI 메인 화면

Visily AI도 Codia와 유사하게 기존 UI를 복제할 수 있는 AI 도구다. 텍스트 프롬프트를 활용한 UI 생성 기능도 있지만, 다른 도구에 비해 결과물의 완성도나 프롬프트 반영 정도가 낮아 추천하지는 않는다.

예를 들어 '넷플릭스 무비 플레이리스트 UI'를 요청하여 얻은 결과물은 브랜드 톤앤매너가 전혀 반영되지 않았고 레이아웃 측면에서도 활용도가 낮았다. '넷플릭스' 대신에 'OTT 플랫폼'이라는 키워드로 다시 생성해 보니 특정 서비스 이름을 넣었을 때보다 프롬프트 키워드가 훨씬 잘 반영되었다. 하지만 여전히 다른 프로토타이핑 AI에 비해 완성도가 높진 않았다.

표 5.6 Visily AI로 생성한 UI 결과물

OTT 플랫폼의
영화 재생목록
페이지

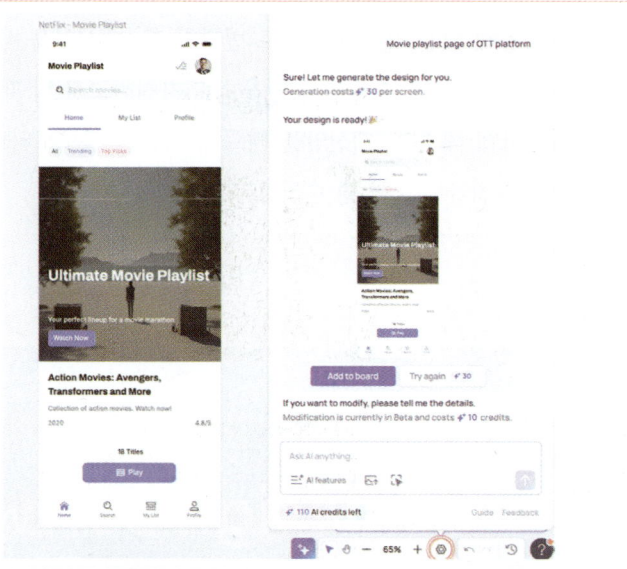

UI 스크린샷 첨부
후 복제한 결과물

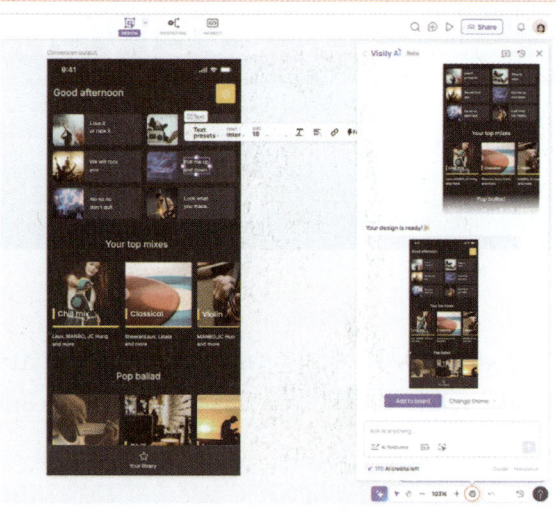

그에 반해 스크린샷을 첨부해 UI를 생성하는 기능은 Codia처럼 복제 직후 UI의 텍스트나 이미지를 바로 변경할 수 있다. 두 기능 모두 AI 채팅창에서 프롬프트를 입력하여 요

청하는 방식으로 사용하면 된다. 그리고 채팅창에서 미리 생성된 결과물을 확인한 후 '작업창에 추가하기(Add to board)' 버튼을 클릭하면 작업창에서 직접 세부적인 부분을 수정하는 것도 가능하다.

혹은 결과물을 선택한 후 마우스 오른쪽 버튼을 클릭하면 '피그마로 변환하기(Convert to Figma)' 기능이 나타난다. 이를 통해 결과물을 피그마로 내보낸 후 피그마에서 수정하는 것도 가능하다. 따라서 Codia의 크레딧을 모두 사용했거나 UI를 복제해주는 다른 AI를 사용해보고 싶은 경우 Visily AI를 활용해볼 수 있다.

> **Note** UI 복제 기능과 관련하여 생각해볼 문제: 프로토타입 생성 AI와 표절

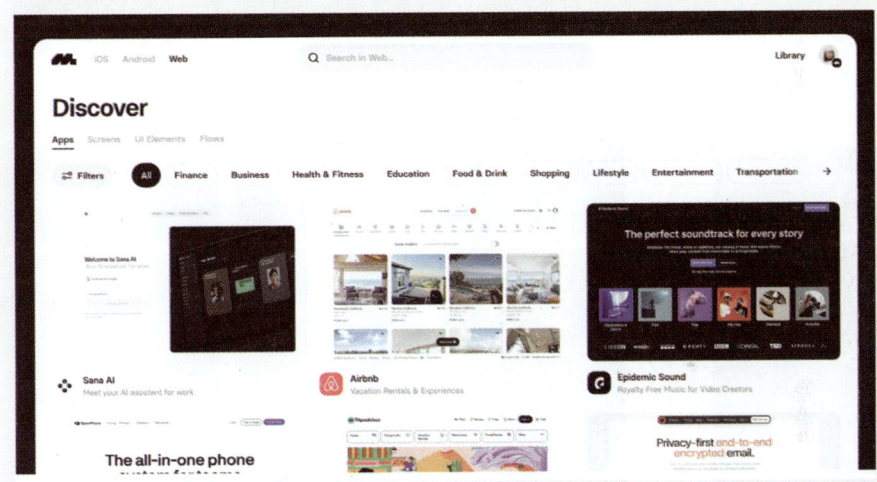

그림 5.16 모빈 메인 화면

UX/UI 디자이너들의 필수 레퍼런스라고 불리는 모빈(Mobbin)은 서비스별 UI 패턴을 체계적으로 수집하고 정리한 라이브러리 기반의 플랫폼이다. 다양한 앱이나 웹사이트의 UI 화면 구성이 도메인별, 기기별 (iOS, 안드로이드, 웹 등)로 분류되어 있으며, 각 서비스의 UI가 실제로 어떻게 구현되어 있는지 확인할 수 있게 구성되어 있다. 사용자는 이를 참고하여 원하는 UI를 피그마로 직접 가져와 활용할 수 있다.

모빈이 기존 서비스의 UI 레퍼런스를 확인하고 가져올 수 있는 도구라면, 앞서 소개한 Codia나 Visily AI는 사용자가 원하는 특정 화면을 캡처하면 이를 수정할 수 있도록 지원하는 AI이다. 이러한 특성으로 인해 Codia나 Visily AI를 모빈의 AI 버전이라고도 볼 수 있다.

한편, 최근 공개된 CopyCoder(카피코더)라는 AI는 웹사이트의 각 화면을 캡처하여 업로드하면 AI가 이를 분석해 전체 구조를 파악하고 HTML 코드 형태로 재구성하는 기능을 제공한다. 데모 버전에서는 메인

페이지, 설정 페이지 등 여러 화면을 업로드하면 AI가 메뉴 구조를 자동으로 연결해 하나의 웹사이트로 통합하는 예시를 볼 수 있다. 이처럼 고도화된 자동화 기능이 등장하면서 프론트엔드 개발 과정의 많은 부분이 AI에 의해 대체될 수 있다는 가능성도 제기되고 있다.

- 피그마 AI 논란

이러한 AI 도구들이 본격적으로 등장하기 이전, 디자이너들이 가장 많이 사용하는 툴의 하나인 피그마도 이미 여러 AI 기능을 발표한 바 있다. 2024년 피그마는 '컨피그(Config)' 행사에서 피그마 AI를 공식 발표하며 주목을 받았다. 이 기능의 핵심은 사용자가 텍스트 프롬프트만 입력하면 자동으로 프로토타입 UI를 생성해주는 것이었으며, 이는 당시 큰 화제를 모았다.

하지만 해당 기능이 공개되자마자 기존 UI와 지나치게 유사한 결과물을 생성한다는 이유로 표절 논란이 불거졌다. 예를 들어 아래 이미지에서 왼쪽은 애플 iOS의 날씨 앱 UI, 오른쪽은 피그마 AI가 생성한 결과물인데, 두 UI가 나란히 비교되며 거의 동일한 형태라는 지적을 받았다. 이 논란 이후 피그마는 AI 기능을 보완한 뒤 재출시하겠다는 입장을 밝혔으나, 해당 기능의 복귀는 계속 지연되고 있다.

그림 5.17 애플 iOS의 날씨 앱 UI(왼쪽 화면 1개)과 피그마 AI로 생성한 프로토타입 결과물(오른쪽 화면 3개)[2]

- 이는 복제일까, 아니면 반복 가능한 패턴의 활용일까?

여기서 중요한 질문을 던질 수 있다. 기존 UI를 기반으로 새로운 결과물을 만드는 모빈, Codia, CopyCoder 같은 도구가 존재하는 상황에서 과연 피그마 AI의 결과물만을 표절로 볼 수 있을까?

[2] https://9to5mac.com/2024/07/02/figma-ai-weather-app/

워크숍 현장에서는 이에 대해 다음과 같은 의견이 제시되었다. "사용성을 고려한 UI 디자인의 원칙은 일정한 패턴으로 반복되며 널리 공유되는 특성이 있다. 따라서 UI 디자인에서는 '원작자' 혹은 '원본'이라는 개념 자체가 모호하다." 이러한 맥락에서 피그마 AI의 기능 중단이 과도한 조치였다는 평가도 있다.

업계에서는 효율적이고 검증된 디자인 패턴이 자연스럽게 공유되고 반복되는 것이 일반적이어서 창작과 표절의 경계가 더욱 모호해진다. 그렇기 때문에 디자이너는 앞으로 AI 도구와 협업하면서 발생할 수 있는 저작권, 창작성, 사용자 경험 사이에서 균형 감각을 갖추는 것이 중요하다. 다양한 사례를 바탕으로 도구의 기능과 그에 따른 활용 가능성을 이해하고 AI를 활용한 디자인 실무에서 고려해야 할 윤리적 · 법적 요소에 대한 논의 역시 지속되어야 한다.

5.2.5 노코드 웹/앱 개발 AI: Bolt.new

Bolt.new(볼트)는 단순히 프로토타입을 생성하는 것을 넘어 실제 개발까지 연결할 수 있는 AI 도구다. Claude가 텍스트 기반 아이디어를 시각화하는 데 강점을 둔다면, Bolt.new는 기획된 기능과 솔루션을 실제 작동 가능한 형태로 구현하는 데 중점을 둔 도구다. 이로 인해 사용자는 미리 기능 정의와 구성 요소를 정리한 후 이를 프롬프트로 입력해 보다 구체적인 프로토타입을 생성할 수 있다.

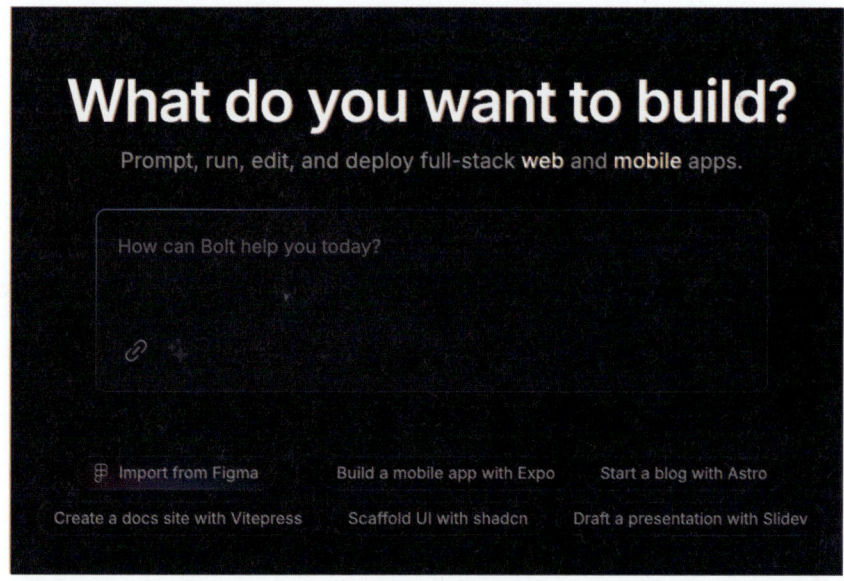

그림 5.18 Bolt.new 메인 화면

'Bolt.new'를 검색하여 Bolt.new의 메인 화면에 접속하면 프롬프트 입력창과 그 아래에 사용할 수 있는 기능 예시가 나온다. 그중 하나인 Scaffold UI with shadcn은 shadcn이라는 디자인 컴포넌트 라이브러리에서 UI 요소를 불러올 수 있는 옵션이다. 이것을 클릭한 후, 원하는 UI에 대한 설명을 입력해 주면 된다. 메인 화면 프롬프트 창에 바로 입력해도 되지만 그렇게 하면 오류가 발생할 수 있다. 따라서 shadcn 옵션을 먼저 클릭하여 Bolt.new에게 'UI 생성을 위한 모드'임을 인지시킨 후 프롬프트를 입력해주는 것이 좋다.

또한 Bolt.new는 무료 사용자에게는 생성 횟수가 2번으로 제한되어 있다. 이후에는 유료 구독을 하거나 일정 기간을 기다려야 한다. 다만, 유료 버전에서도 간헐적으로 오류가 발생할 수 있으므로 먼저 무료 환경에서 프로토타입 구조와 흐름을 시험해본 후 플랜 구독을 고려하는 것이 좋다.

이때 Bolt.new에서 프롬프트 입력 횟수를 최소화하기 위해 Claude나 GPTs와 함께 활용해볼 수 있다. Claude로 기존 UI의 문제점과 개선 아이디어를 정리해 텍스트 형태로 저장한 다음, 이 내용을 Bolt.new에 프롬프트로 입력하면 된다. 다음 예시는 맥도날드 키오스크의 UI 개선안을 Claude에서 도출한 뒤, 이를 Bolt.new에서 구현한 결과를 보여준다.

표 5.7 Claude로 개선안 도출 후 Bolt.new에서 구현하기

단계	프롬프트	결과물
Claude : 솔루션 도출	맥도날드 키오스크의 UI 개선안을 정리해줘.	주문 추가, 사이드 메뉴 선택, 수량 조절 등 다양한 기능의 개선안 정리
Bolt.new: 구현	이 개선안을 반영한 맥도날드 키오스크 UI를 생성해줘. (Claude가 정리해준 개선안 붙여넣기)	

Bolt.new는 GPTs와도 함께 활용할 수 있다. 예를 들어, GPT 스토어에서 'Mermaid Chart'라는 도구를 활용하면 사용자가 작성한 흐름에 따라 플로차트를 생성할 수 있으며, 이 차트를 코드 형태로 추출해 Bolt.new에 붙여넣는 방식으로 UI를 설계한다.

표 5.8 Mermaid Chart로 플로차트 생성 후 Bolt.new에서 구현하기

단계	프롬프트	결과물
Mermaid Chart(GPTs) : 플로차트 생성	맥도날드 키오스크 플로차트 생성해줘	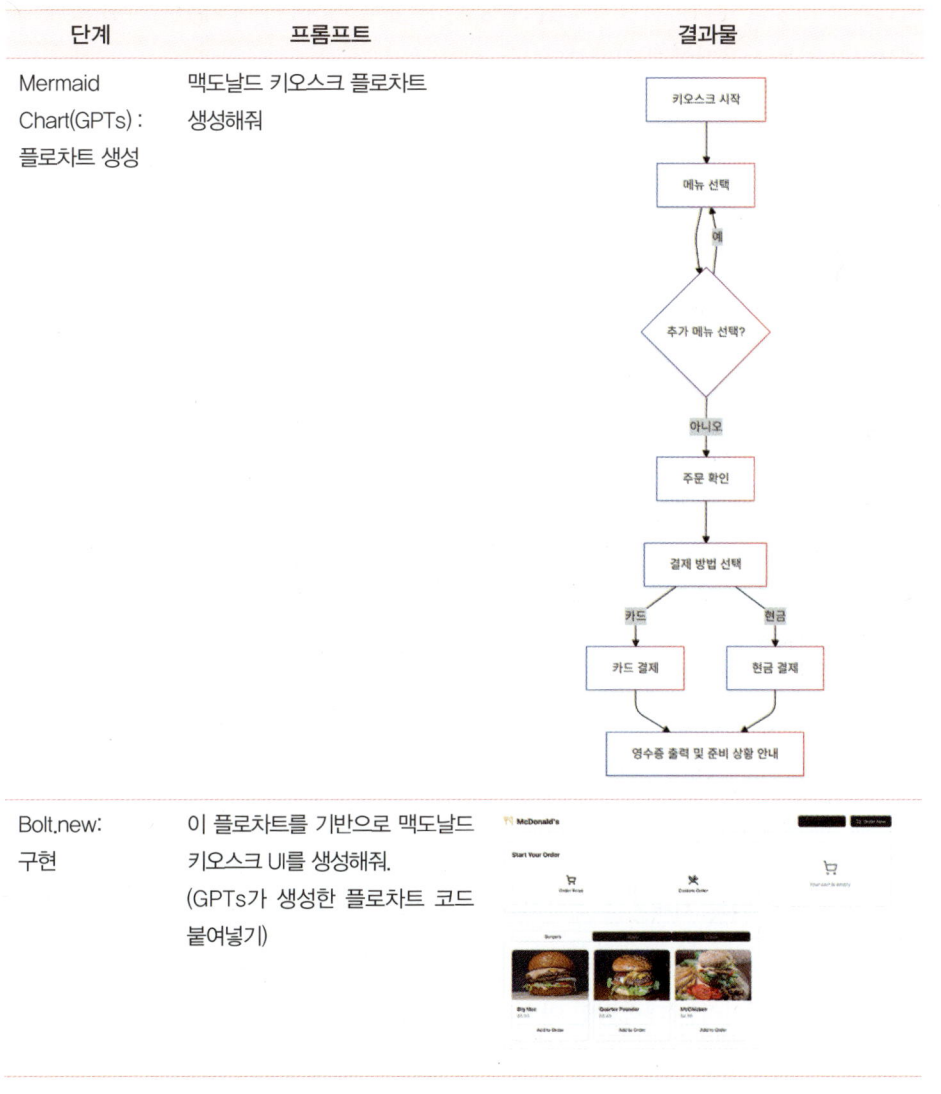
Bolt.new: 구현	이 플로차트를 기반으로 맥도날드 키오스크 UI를 생성해줘. (GPTs가 생성한 플로차트 코드 붙여넣기)	

이 예시는 '맥도날드 키오스크의 플로차트'를 생성한 뒤, 해당 흐름을 기반으로 UI를 생성해달라는 프롬프트를 Bolt.new에 입력한 결과이다. 결과적으로, 메뉴 선택 → 결제

방식 선택(현금, 카드, 기타) → 주문 완료라는 흐름이 정확하게 구현된 화면이 생성되었다.

이처럼 Bolt.new는 단순한 인터페이스 구성에 그치지 않고 실제 기획 내용을 기반으로 구현 가능한 프로토타입을 제작할 수 있다는 점에서 차별화된다. 코드 작성 없이 텍스트 입력만으로 기능을 추가하거나 구조를 수정할 수 있어 디자인부터 개발까지 빠르게 실행해보고자 하는 사용자에게 적합하다.

5.3 _ 프로토타입 고도화 : 디자인 애셋 생성

AI-UX 워크숍 수강생 중 한 명은 프로토타입을 생성한 후, 이를 고도화하기 위해 프로토타입에 게이미피케이션(gamification) 디자인을 어떻게 적용하면 좋을지에 대해 AI와 함께 논의했다. 아래 프롬프트는 '정원 게임'이라는 주제를 어떤 방식으로 구현할 수 있을지 AI에게 질문한 내용을 담고 있다.

게이미피케이션 디자인 전략을 논의하기 위한 프롬프트

- 상점에서는 뭘 파는 게 좋을까? 캐릭터를 꾸밀 아이템? 정원을 꾸밀 인공물?
- 감정 체크인을 하면 새로운 감정 자연물이 생기고, 루틴 진행에 따라서 성장하는 자연물들이 있잖아. 정원 요소들이 이렇게 계속 늘어날건데 이걸 어떻게 관리해야할까?
- 루틴 진행에 따라서 성장하는 자연물은 먹을 수 있는 게 좋지 않을까? 그럼 캐릭터가 그걸 수확해서 먹는 거야.
- 정원 확장/성취에 따라서 정원 구역 해금을 하는 주기나 기준, 루틴 완료에 따른 농작물 수확 시기와 기준, 보관할 시스템을 구체화해보자.

이 수강생은 감정 기록 서비스를 제작하는 프로젝트를 진행 중이었으며, 사용자가 꾸준히 감정을 기록할 수 있도록 유도하기 위해 게이미피케이션 디자인 전략을 미리 구상해두었다. '정원 게임'이라는 대략적인 아이디어만 있는 상태에서 Claude와의 대화를 통해 전략을 구체화해 나갔다. 이후 게임의 규칙을 설정한 다음, 정원 게임에서 사용할 디자인 애셋은 Midjourney에서 생성했다.

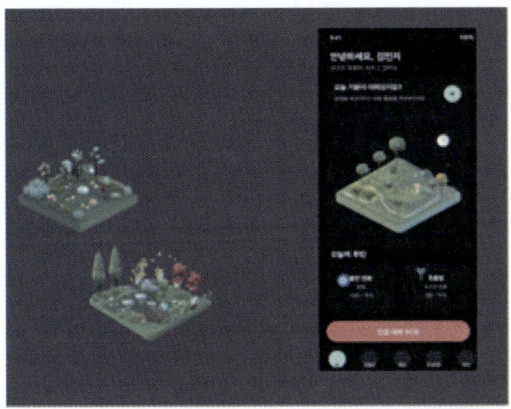

그림 5.19 Midjourney로 생성한 정원 게임 디자인 애셋 적용 시안

그림 5.20 솔루션과 컬러 코드, 디자인 애셋을 모두 적용한 최종 프로토타입

최종 프로토타입에는 정원을 표현하는 3D 디자인 요소와 함께 서비스의 메인 캐릭터, 감정을 표현하는 식물이 삽입되어 있다. 이러한 디자인 애셋을 생성하기 위해 프롬프트를 작성하는 방법은 총 세 가지로 정리할 수 있다.

5.3.1 구글 확장 프로그램, AIPRM : 텍스트로 프롬프트 생성

AIPRM은 구글 크롬에서 사용할 수 있는 확장 프로그램으로, AI 프롬프트 입력을 지원하는 도구다. 이 도구를 활용하면 이미지 생성 AI인 Midjourney에 최적화된 프롬프트를 생성할 수 있으며, 해당 프롬프트를 사용해 ChatGPT에서도 고퀄리티 이미지를 생성할 수 있다.

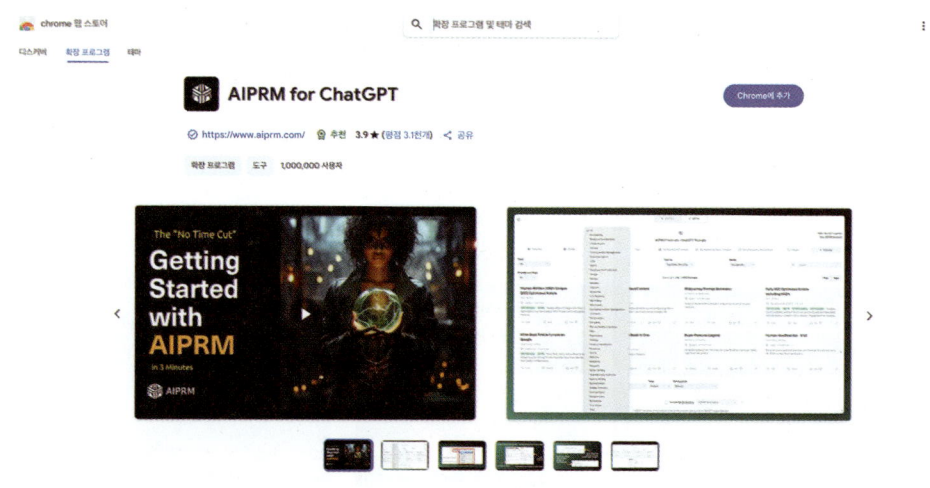

그림 5.21 크롬 웹스토어에서 볼 수 있는 AIPRM 설치 화면

사용 방법은 간단하다. 구글 크롬에서 'AIPRM'을 검색한 후, 우측에 위치한 [Chrome에 추가] 버튼을 클릭하면 된다. 이후 ChatGPT에 접속하면 자동으로 AIPRM이 실행되는 것을 확인할 수 있다.

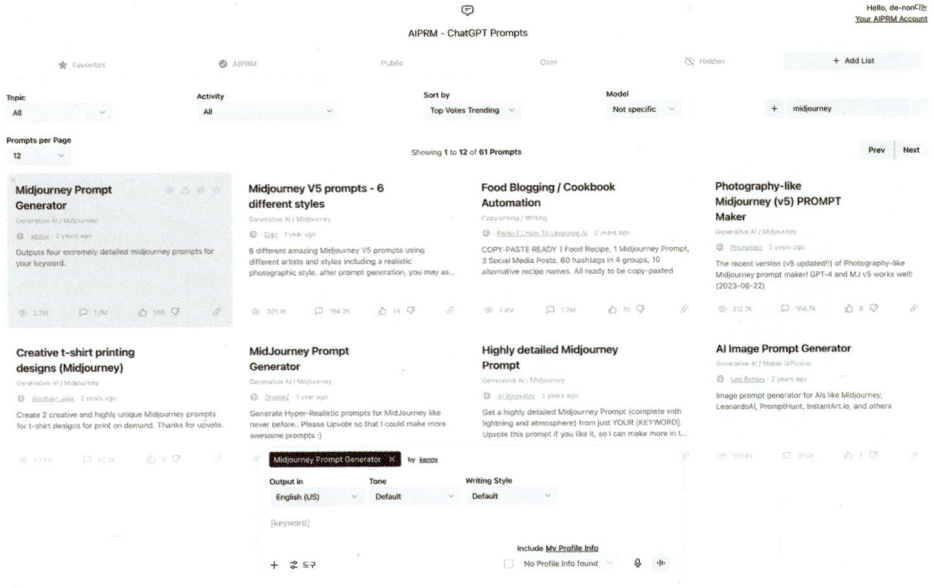

그림 5.22 AIPRM에서 midjourney를 검색한 화면

AIPRM 화면 우측 상단에 검색창이 있으며, 여기에 'midjourney'를 입력하면 가장 첫 번째로 Midjourney Prompt Generator가 표시된다. 이를 클릭한 뒤, 하단의 프롬프트 입력창에 원하는 이미지를 설명하면 AIPRM이 자동으로 Midjourney에 적합한 방식으로 프롬프트를 생성해 준다.

만약 원하는 이미지에 대한 레퍼런스가 있다면, 다음 방법을 활용해 볼 수 있다.

5.3.2 구글 확장 프로그램, AIPRM : 이미지로 프롬프트 생성

핀터레스트에서 'midjourney'를 검색하면 참고할 수 있는 다양한 프롬프트 예시와 결과 이미지가 나온다. 이 중 원하는 레퍼런스 이미지가 있다면, 이를 AIPRM에 첨부하여 해당 이미지를 생성하기 위한 프롬프트를 도출할 수 있다.

다음의 예시를 살펴보자.

입력 프롬프트

Midjourney에서 이런 이미지 생성하려면 프롬프트 어떻게 입력해야돼?

생성된 프롬프트

a surreal pastel-toned blender filled with luxury fashion accessories, including pastel headphones, designer sunglasses, a pink LOEWE candle, LOEWE perfume bottle, Jacquemus wallet, beauty cream tube, all floating inside the glass container, blender base in lavender color with SMEG logo, soft lighting, dreamy background, ultra-realistic, product photography style, 3D render —v 6 —ar 2:3 —style raw

생성된 프롬프트를 입력한 이미지 결과물

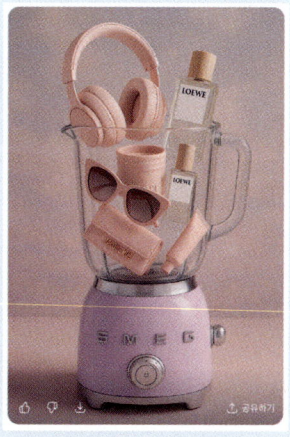

AIPRM이 생성한 프롬프트를 ChatGPT에 입력한 결과, 기존 레퍼런스와 상당히 유사한 이미지가 생성되었다. 이처럼 AIPRM이 생성한 Midjourney 최적화 프롬프트는 이미지 생성을 지원하는 다른 AI 도구에서도 동일하게 활용할 수 있다.

5.3.3 midjourney : 텍스트와 이미지 프롬프트를 조합하여 디자인 애셋 생성

마지막으로, Midjourney에서 텍스트와 이미지 프롬프트를 조합해 디자인 애셋을 생성할 수 있다. 이 방식에는 AIPRM에서 생성한 텍스트 프롬프트와 Midjourney에서 제공하는 이미지 레퍼런스가 필요하다.

먼저 AIPRM에서 다음과 같은 프롬프트를 생성했다.

| 입력 프롬프트

투명한 유리 질감의 오브젝트를 생성하고 싶어.

| 생성된 프롬프트

1번 프롬프트 - 미니멀 곡선형 유리 오브젝트
/imagine prompt: ultra-minimal 3D glass structure with soft and simple curved folds, clean transparent surface with faint pastel lighting, centered on a white matte background, calm and elegant atmosphere, ideal for modern AI platform hero visual —ar 16:9
(이하 생략)

AIPRM은 총 4가지 버전의 프롬프트를 생성해 주었고, 이를 Midjourney에 입력하여 이미지를 생성했다. Midjourney에서는 한 번의 프롬프트 입력으로 4장의 이미지가 생성되며, 이를 4회 반복했기 때문에 총 16장의 이미지가 생성되었다. 이 중 가장 마음에 드는 이미지를 선택한 후, 해당 프롬프트를 다시 입력하면 원하는 이미지 콘셉트와 유사한 결과물을 얻을 수 있다.

즉, 텍스트 프롬프트와 이미지 프롬프트를 모두 반영한 이미지를 생성하는 것이다.

그림 5.23 midjourney 이미지 생성 화면

그림 5.23의 우측을 보면, 세 장의 이미지가 레퍼런스로 삽입되어 있으며 AIPRM으로 생성한 프롬프트도 함께 입력되어 있다. 이처럼 텍스트와 이미지 프롬프트를 반복적으로 조정하면 원하는 결과물에 더욱 가까운 이미지를 얻을 수 있다.

5.4 _ AI를 활용한 테스트

이번에는 테스트 단계에서 AI를 적용하는 방법을 살펴보자. 디자인 시안의 사용성을 검토하고, 실제 사용자의 시선을 예측하거나 여러 디자인안의 효과를 비교하는 작업까지 차례로 소개한다.

5.4.1 사용성 테스트 – Klever

첫 번째로 소개할 프로토타이핑 테스트 AI는 피그마 플러그인인 Klever다. 국내 개발자가 만든 AI 도구로, 프롬프트 창과 테스트할 프로토타입 화면만 준비하면 추가 개발이나 시뮬레이션 작업 없이 바로 테스트 결과를 확인할 수 있어 실무 활용도가 높다.

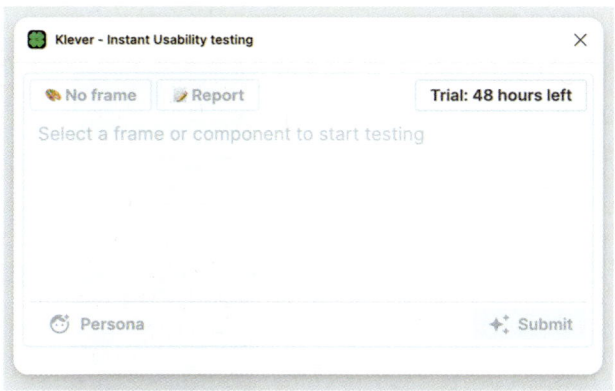

그림 5.24 Klever 프롬프트 입력창

피그마에 접속한 후 Klever를 검색하고 실행시키면 프롬프트 입력 창이 나온다. 테스트 대상인 프로토타입을 선택한 상태로 프롬프트를 입력하면 된다. 프롬프트 내용은 테스트를 통해 확인하고자 하는 행동이나 시나리오. 왼쪽 아래에 '퍼소나(Persona)'라는 버튼도 있는데, 이것을 클릭하면 테스트 대상 사용자의 퍼소나를 입력할 수 있는 프롬프트 창이 하나 더 나온다. 여기서 여러 특성의 퍼소나를 입력하고 결과를 비교하며 사용자 유형에 따른 반응 차이를 확인할 수도 있다. 이번 예시에서는 특별한 퍼소나를 설정하지 않고, 일반적인 사용자인 '영화 재생목록 페이지를 생성하려는 사용자'라고 간단하게 입력했다. 이렇게 퍼소나별 비교를 하지 않을 경우 퍼소나 프롬프트는 생략해도 된다. 한 가지 주의할 점은 한국어를 지원하지 않기 때문에 모든 프롬프트는 영어로 번역한 후 입력해야 한다는 것이다.

테스트 결과는 다음에서 확인할 수 있다.

표 5.9 입력 프롬프트 및 테스트 결과 [1]

선택한 화면 : '영화 재생 목록' UI (Galileo AI의 텍스트-UI 생성 기능 활용)	
입력 프롬프트 (영어로 번역 후 입력)	넷플릭스 모바일 앱에서 사용자가 원하는 대로 영화 재생 목록을 생성할 수 있는지(해당 화면에서 사용자가 달성하고자 하는 목표) 검증할 수 있는 사용성 테스트를 실행해줘. (Conduct a usability test to check if users can create playlists as they wish on the Netfilx mobile app's movie playlist page.)
테스트 결과	[관찰] 화면에 재생 또는 재생 목록 셔플 옵션이 있는 "Chill Vibes"라는 제목의 Netflix 재생 목록 페이지가 표시됩니다. "리틀 포레스트", '그린 북', '티파니에서 아침을' 등 세 편의 영화가 나열되어 있습니다. 재생목록을 공유할 수 있는 옵션도 있습니다. [인식] 재생 목록 생성의 유용성을 테스트하기 위해 재생 목록을 추가하거나 편집할 수 있는 옵션을 찾아야 합니다. [실행] 종료 [요약] 넷플릭스 재생 목록 페이지에는 재생, 셔플, 공유 옵션이 있지만 재생 목록을 추가하거나 편집할 수 있는 옵션은 보이지 않았습니다.

첫 번째 테스트에서는 넷플릭스 UI를 기반으로 구성된 프로토타입을 대상으로 했으며, 테스트 결과는 총 네 가지 항목(관찰, 인식, 실행, 요약)으로 구성되어 제공되었다.

관찰 항목에서는 AI 가상의 사용자가 화면 내 재생 및 셔플 버튼, 재생 목록의 제목(예: 칠 바이브), 콘텐츠 항목(예: 리틀 포레스트, 그린북, 티파니에서 아침을) 등의 요소를 정확히 인식하고 있음이 확인되었다. 그러나 사용자가 재생 목록을 직접 추가하거나 편집할 수 있는 UI 요소는 없었던 것으로 분석되었고, 이에 따라 사용성 테스트가 지정된 과업을 완수하지 못한 채 종료(Finish)되었다. 실제 재생 목록 추가 옵션이 콘텐츠를 선택한 후 재생 화면에서만 노출되는 구조라면 사용자는 해당 기능에 쉽게 접근하지 못할 수 있다. 따라서 사용자의 흐름을 고려해 '재생 목록 추가' 옵션을 현재 화면(재생 목록 페이지)에 노출되도록 개선함으로써 사용자가 목표로 한 작업을 보다 직관적으로 수행할 수 있도록 사용성 향상을 도모할 수 있다.

이번에는 다른 UI 화면으로 동일한 테스트를 진행해보았다.

표 5.10 입력 프롬프트 및 테스트 결과 [2]

선택한 화면	
: '영화 재생 목록' UI (Galileo AI의 이미지-UI 생성 기능 활용)	
테스트 결과	[관찰] 화면에는 재생 목록에 추가할 수 있는 옵션과 함께 동영상 카테고리 목록이 표시됩니다. 각 카테고리 옆에는 '재생' 버튼이 있습니다. [인식] 재생목록 생성의 사용성을 테스트하기 위해 옆에 있는 '재생' 버튼을 탭하여 재생목록에 카테고리를 추가해 보겠습니다. [실행] 탭(48) [요약] 영화 카테고리를 살펴보고 드라마 스릴러 카테고리 옆에 있는 '재생' 버튼을 탭하여 재생목록에 추가하는 것을 테스트해 보았습니다.

두 번째 테스트에서는 AI 가상의 사용자가 화면 내 재생 목록 추가 옵션과 콘텐츠 카테고리를 인식한 후 각 카테고리 옆의 재생 버튼을 통해 콘텐츠를 목록에 추가할 수 있다고 판단했다. 실제로 AI는 드라마 또는 스릴러 카테고리 옆의 재생 버튼을 클릭함으로써 재생 목록을 추가하는 과업을 성공적으로 수행했다고 평가했다.

하지만 해당 버튼이 콘텐츠 추가가 아닌 단순 재생 기능만 수행한다면 그것은 사용자가 버튼의 기능을 오해할 수 있다는 점을 시사한다. 이 경우, 콘텐츠 추가 기능을 보다 명확하게 전달할 수 있는 전용 버튼을 별도로 배치하거나 시각적 요소를 개선하는 방식으로 UI를 수정할 필요가 있다. 이러한 분석 결과를 통해 특정 UI 요소에 대한 디자인 의도와 사용자 해석 간의 불일치를 조기에 발견하고 개선할 수 있다.

이처럼 Klever는 가상의 AI 사용자가 UI 요소를 어떻게 인식하고 해석하는지 분석하여 실제 사용자의 행동을 예측하고 디자인의 인지적 오류나 혼동 지점을 미리 확인할 수 있게 돕는 도구다. 테스트를 위해서 단일 화면과 그 화면에서 수행할 사용자 행동 시나리오만 준비하면 되기 때문에 별도의 사용자 리크루팅이나 테스트 환경 구축 없이도 Klever를 통해 빠르게 검토 및 개선 방향을 도출할 수 있다.

물론 단일 화면 테스트만 지원하여 프로토타입의 전체 플로를 검증할 수 없다는 기능적 한계는 있다. 그럼에도 불구하고 디자인 완성 이전 단계에서 UI의 직관성 및 기능 수행 가능성을 사전에 점검할 수 있다는 점에서 가볍고 유용하게 활용할 수 있는 테스트 AI라고 할 수 있다.

5.4.2 시선 추적 – Attention Insight

다음으로 알아볼 Attention Insight(어텐션 인사이트)는 피그마 플러그인으로, 사용자의 시선을 예측할 수 있는 테스트 도구다. 이 플러그인은 앞서 소개한 Klever와 마찬가지로 피그마에 설치해 사용할 수 있다. 하지만 사용성 테스트 결과를 텍스트가 아닌 시각적 히트맵 형태로 제공한다는 점에서 차이가 있다. 이 히트맵 결과에는 사용자 시선의 움직임이 나타나 있으며, 전체 화면에서 사용자가 주로 보는 부분이 어디인지, 어떤 섹션에서 정보를 얻는지 등에 대한 정보가 포함되어 있다.

사용자의 시선 데이터를 수집하여 분석하는 과정은 시간과 비용이 상당히 요구되는 작업이다. 그러나 Attention Insight는 이를 AI 기반으로 예측함으로써 약 60초 내에 테스트 결과를 제공하며, 이 결과는 실제 시선 추적 결과와 96퍼센트에 달하는 유사도를 보인다.

표 5.11 Attention Insight에서 제시한 실제 시선 추적 결과와 AI가 예측한 시선 추적 결과 비교 이미지

실제 시선 추적 결과	AI가 예측한 시선 추적 결과
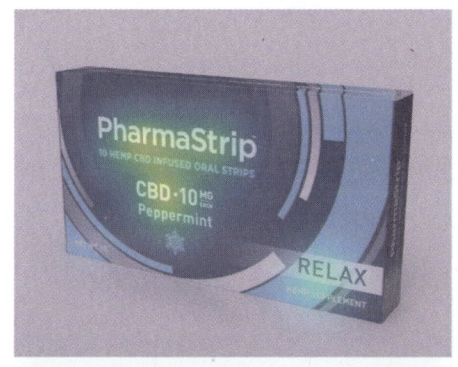	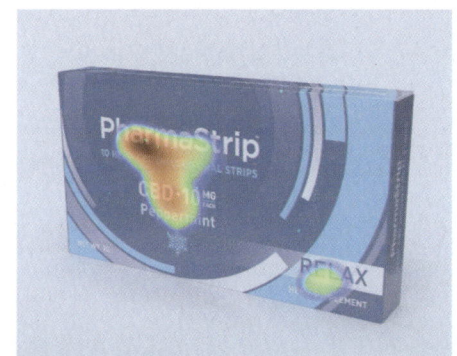
	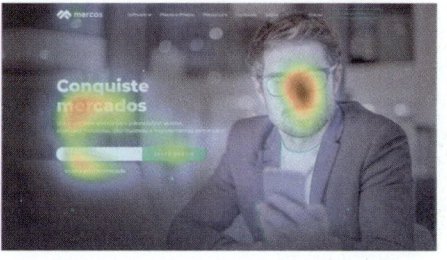

이러한 높은 정확도는 사전 학습된 시선 데이터셋 덕분에 얻을 수 있었다. Attention Insight는 주로 미국과 유럽 사용자를 대상으로, 남녀 성비 58:42, 7세부터 60세 이상까지 다양한 연령대의 시선 패턴을 학습한 모델을 사용한다. 그리고 제시된 이미지에서 확인할 수 있는 것처럼 실제 시선 추적 결과와 AI 예측 결과를 비교했을 때도 높은 유사성이 입증된 바 있다.

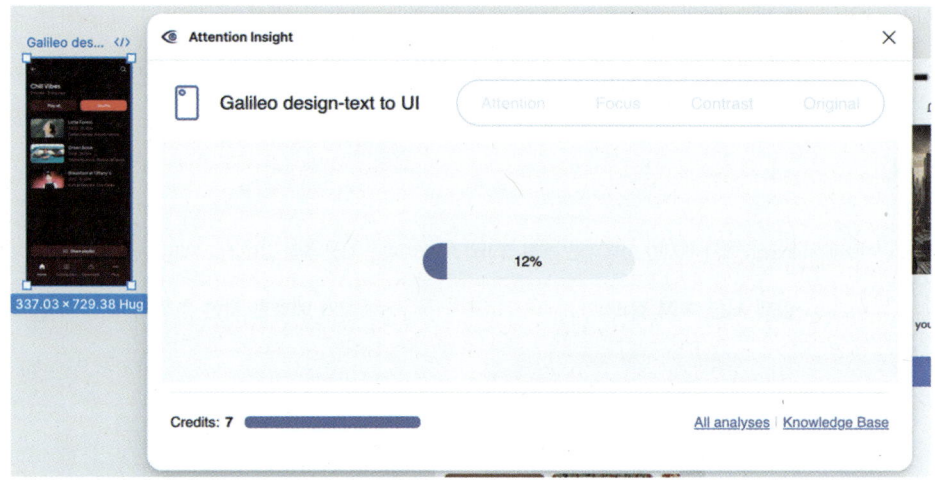

그림 5.25 테스트할 화면을 선택한 후 Attention Insight를 작동시킨 화면

Attention Insight는 피그마 플러그인 메뉴에서 'Manage Plugins'로 이동한 후 검색을 통해 설치할 수 있다. 플러그인을 실행하면 테스트할 디바이스 유형(모바일, 데스크톱 등)을 선택할 수 있고, 로그인 후 바로 테스트를 진행할 수 있다. 이 예시에서는 넷플릭스 모바일 앱의 플레이리스트 화면을 대상으로 테스트를 진행했다. 결과는 다음의 네 가지 형태로 제공된다.

- 어텐션 맵
- 포커스 맵
- 컨트라스트 맵
- 정량 점수

이 네 가지 형태를 하나씩 자세히 살펴보자.

5.4.2.1 어텐션 맵

어텐션 맵(Attention Map)은 사용자의 시선이 가장 먼저 향하거나 오래 머무는 영역을 히트맵 형태로 보여준다.

표 5.12 웹 페이지 디자인 개선 전과 후의 화면 및 테스트 결과

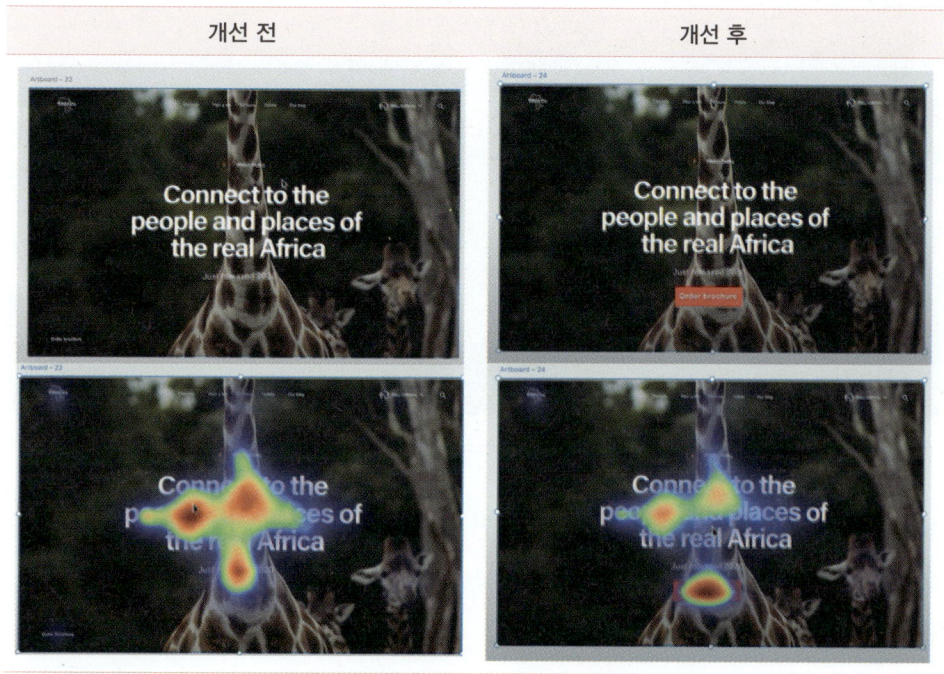

예를 들어, 랜딩 페이지를 대상으로 테스트한 예시 결과를 살펴보면 사용자의 시선은 메인 텍스트 영역에 집중된 반면, 왼쪽 하단 구석에 위치한 버튼은 거의 주목을 받지 못한 것으로 나타났다. 이후 해당 버튼을 화면 중앙으로 이동하고 색상과 크기를 조정한 결과, 시선이 버튼으로 자연스럽게 유도되는 변화가 관찰되었다.

이처럼 히트맵은 시선의 집중도를 직관적으로 파악하고 이를 기반으로 UI 요소의 배치나 시각적 속성을 개선하는 데 효과적으로 활용될 수 있다.

5.4.2.2 포커스 맵

포커스 맵(Focus Map)은 사용자가 화면을 처음 4초 동안 보았을 때 인지 가능한 영역과 그렇지 않은 영역을 구분하여 보여준다. 인지되지 않은 영역은 검게 표시된다. 이는 사용자가 첫 눈에 인식할 수 있는 정보가 제대로 배치되어 있는지를 점검하는 데 유용하다.

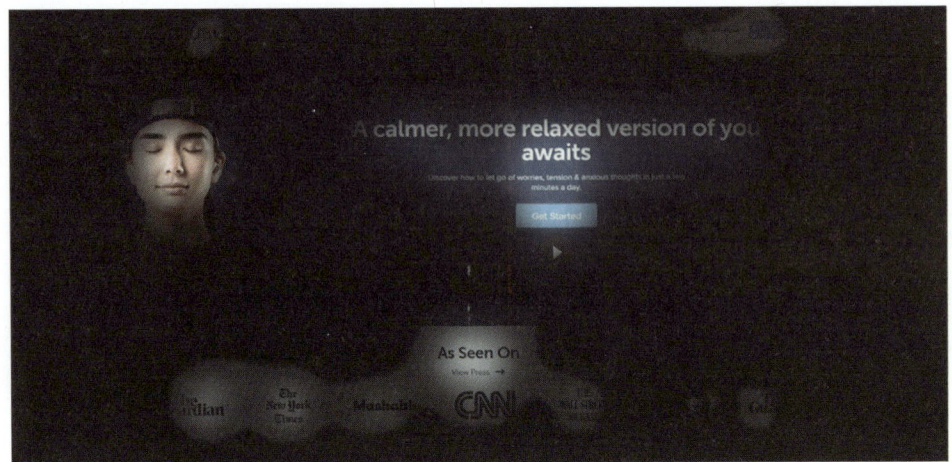

그림 5.26 포커스 맵 결과 예시

예시로 테스트 결과에서는 랜딩 페이지 상단 영역에서 이미지와 글자, 버튼, 로고 등 주요 정보가 4초 이내 인지 가능한 영역인 것으로 나타났다. 그 외, 중요도가 낮은 영역은 검은색으로 표시되어 있다.

이처럼 포커스 맵을 이용하면 테스트할 화면이 무엇에 대한 것이고 어떤 정보를 주고 있는지, 그리고 다음에 취해야 할 행동은 무엇인지 등에 대해 사용자가 잘 인지하고 있는지 살펴볼 수 있다.

5.4.2.3 컨트라스트 맵

컨트라스트 맵(Contrast Map)은 중요한 요소가 주변 배경이나 인접 요소들과 얼마나 잘 구별되는지를 시각화해 보여준다. 초록색으로 표시된 영역은 주변과의 대비가 잘 이루어진 요소이며, 파란색은 상대적으로 덜 구별되는 영역이다.

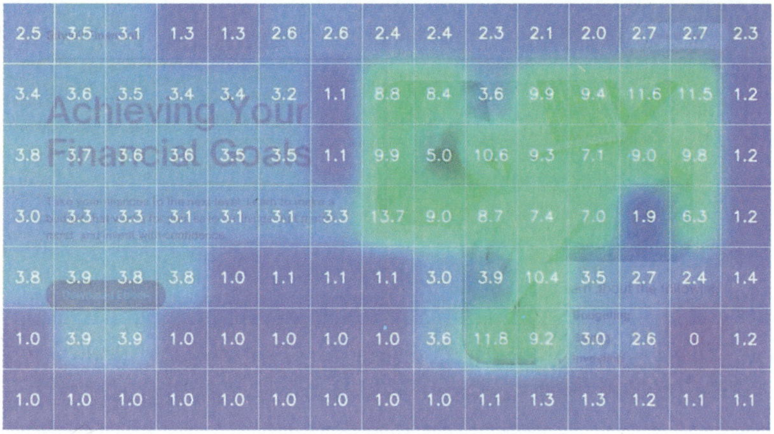

그림 5.27 컨트라스트 맵 결과 예시

이번에도 마찬가지로 랜딩 페이지의 상단 영역을 테스트한 결과, 삽입된 이미지는 초록색으로 표시되어 배경과의 시각적 대비가 우수함을 확인할 수 있었다. 반면, 왼쪽에 위치한 텍스트와 버튼은 상대적으로 대비가 약하게 나타났으며, 해당 영역의 주목도를 높이고자 하는 경우 텍스트 및 버튼의 색상 조정을 통해 시각적 강조를 강화할 수 있다.

5.4.2.4 정량 점수: 명확성 점수와 포커스 점수

Attention Insight는 시각적 결과 외에도 두 가지 정량 점수를 함께 제공한다.

먼저, 명확성(Clarity) 점수는 1점부터 100점까지로 표시되며, UI 요소의 복잡도와 정보 전달의 명확성을 수치화한다. 일반적으로 60~94점 사이가 이상적인 범위로 간주된다. 점수가 너무 높으면 오히려 디자인이 지나치게 단순하다는 의미일 수 있다.

두 번째로 포커스(Focus) 점수는 시선이 집중된 영역의 분산 정도를 수치화한 값이다. 시선이 여러 영역에 분산되거나 넓게 퍼진 경우 점수가 낮아진다. 하지만 포커스 점수가 높다고 해서 반드시 좋은 디자인인 것은 아니다. 핵심 정보가 아닌 부차적 요소에 포커스가 몰려 있다면 오히려 잘못된 설계일 수 있기 때문이다.

지금까지 살펴본 것처럼 Attention Insight는 AI를 활용하여 빠르게 시선 예측을 함으로써 사용자 경험을 평가할 수 있도록 도와준다. 특히 디자인 초기 단계에서 빠른 피드백으로 반복적인 UI 개선을 유도하고 시선 데이터 분석이 어려운 환경에서도 신뢰도 높은 판단 근거를 제공한다.

디자이너는 이를 통해 감각에만 의존하는 대신, 사용자의 실제 시선 흐름, 인지 가능성, 시각적 대비 등을 고려하여 합리적인 디자인 결정을 내릴 수 있다.

5.4.3 A/B 테스트 – GPT 4o, Rapid A/B 테스트

A/B 테스트 설계 단계에서 AI를 어떻게 활용할 수 있는지에 대해 살펴보자.

A/B 테스트는 서로 다른 두 가지 디자인 버전을 사용자 그룹에 나누어 노출한 뒤, 성과를 비교 분석하는 실험 방식이다. 예를 들어, 넷플릭스(Netflix)는 '30일 동안 무료로 보기'나 '지금 당장 시청하기'와 같은 CTA 버튼의 UX 라이팅 문구를 각각 사용자에게 제시한 뒤 어느 문구가 더 높은 클릭률을 유도하는지를 테스트하여 최종 의사결정을 내린 것으로 알려져 있다.

이와 같은 버튼 문구뿐만 아니라, 레이아웃, 광고 카피, 랜딩 페이지 헤드라인 등 다양한 요소에 대해 A/B 테스트를 실행할 수 있다. 또한, 썸네일 이미지조차 국가와 문화권에 따라 선호도가 달라지기 때문에 넷플릭스는 지속적인 A/B 테스트를 통해 가장 효과적인 콘텐츠를 사용자에게 노출하고 있다고 한다.

A/B 테스트를 실행하기 위해서는 명확한 테스트 목표와 가설을 설정하는 과정이 반드시 필요하다. 따라서 이 단계에서 AI를 활용해보고자 한다.

다음은 테스트 가설을 설정하기 위한 프롬프트와 생성된 답변이다.

> **입력 프롬프트**
>
> 넷플릭스의 새로운 기능에 대한 클릭률을 높이기 위해 아래 두 가지 버전의 문구를 대상으로 A/B 테스트를 진행할거야. 어떤 문구가 더 클릭률이 높을지에 대한 가설과 그 이유를 정리해줘.
> A : 'Chill Vibes' 플레이리스트와 어울리는 영화 하나 더 발견했어요! 추가해 볼까요?
> B : 'Chill Vibes'의 분위기와 잘 어울리는 영화예요. 플레이리스트에 추가하거나 지금 시청해 보시겠어요?

05. UX 디자이너와 AI의 협업 과정: 프로토타이핑 및 테스트

생성된 답변

최종 예측 및 이유

두 문구 모두 클릭률을 높일 수 있는 장점이 있지만, **B 문구가 더 높은 클릭률을 보일 가능성**이 더 높다고 예측할 수 있어.

- **상세한 CTA와 선택지 제공**: 문구 B는 "추가"와 "시청"이라는 두 가지 선택지를 제공하여 사용자가 개인적으로 선호하는 행동을 선택할 수 있게 함으로써, 사용자 경험을 좀 더 개인화하여 클릭을 유도할 가능성이 있음.
- **감성적 표현 강화**: "잘 어울리는 영화예요"라는 표현은 해당 콘텐츠가 사용자의 플레이리스트에 자연스럽게 추가될 수 있는 추천임을 암시하여, 사용자가 추천을 신뢰하고 클릭할 가능성이 높아짐.

먼저, 프롬프트는 A/B 테스트를 진행하려는 상황과 목적을 설명하고 가설과 이유를 정리해달라는 핵심 명령어를 추가하는 식으로 작성했다. 이에 대해 GPT는 A 버전과 B 버전 각각이 더 높은 클릭률을 가질 수 있는 근거를 분석해 주었으며, 최종적으로는 어떤 문구가 더 효과적일지에 대한 예측도 제시했다. 이러한 결과는 실제 테스트 설계 시 가설 수립의 근거 자료로 활용할 수 있다.

이렇게 가설 설정을 위한 프롬프트를 작성하려면 테스트 목적을 분명하게 하기 위해 측정 지표(평가 매트릭스)를 명확히 설정하는 작업도 중요하다. 이 예시에서는 '클릭률(CTR)'을 기준으로 삼았지만, 방문당 체류 시간, 이탈률, 전환율 등도 상황에 따라 유의미한 지표가 될 수 있다. 따라서 측정 지표와 평가 목표를 정리하기 위해 다음과 같은 프롬프트를 우선적으로 사용해볼 수 있다.

입력 프롬프트

생성한 UX 라이팅 문구를 A/B 테스트할 수 있도록, 적절한 목표와 평가 지표를 정리해줘.

생성된 답변

목표

- **넷플릭스 추천 기능에 대한 클릭률(CTR) 증가**: 'Chill Vibes' 플레이리스트와 유사한 영화 추천을 통해 사용자가 새로운 기능을 적극적으로 이용하게 하여, 추천 기능의 사용성을 높임.
- **사용자 참여 증대**: 추천된 영화를 실제로 플레이리스트에 추가하거나 즉시 시청하도록 유도하여 사용자의 참여도를 높임.

주요 성과 지표 (Metrics)
1. CTR (클릭률)
2. 추천 문구 클릭 후 플레이리스트 추가 비율
3. 추천 문구 클릭 후, 사용자가 추천된 영화를 즉시 시청하기 시작한 비율
4. 문구 노출 후 추천 영화와의 상호작용(클릭, 추가, 시청) 중 하나 이상 발생한 비율

테스트 성공 기준
- CTR 및 참여율 향상
- 플레이리스트 추가 비율 또는 추천 영화와의 상호작용이 발생한 비율 최적화

이 요청에 대해 GPT는 '추천 기능에 대한 클릭률 증가', '사용자 참여 증대'와 같은 테스트 목표와 함께 CTR, 플레이리스트 추가 비율, 추천 문구 클릭 후 시청 시작 비율 등 다양한 정량 지표를 제안했다. 이를 바탕으로 테스트의 목적과 평가 기준을 구체화할 수 있다.

다음으로 가설을 검증하기 위해 실제 테스트를 진행해야 한다. 이를 위해 실제 사용자를 대상으로 빠르게 A/B 테스트를 실행할 수 있는 도구로 'Rapid A/B Test' 플러그인을 소개하고자 한다. 이 도구는 AI 기반은 아니지만, 피그마에서 손쉽게 실행할 수 있는 테스트 도구로, 100명의 전 세계 사용자로부터 실시간 피드백을 받을 수 있다는 장점이 있다.

사용 방법은 다음과 같다.

입력 프롬프트 (영어로 입력)

넷플릭스의 영화 재생목록 생성 페이지

테스트할 화면

피그마에서 해당 플러그인을 검색해 실행한 후 비교할 두 가지 디자인 화면을 선택하고 하단 설명란에 디자인의 목적이나 기능에 대해 간략히 기입한다. 예를 들어 '넷플릭스의 영화 재생목록 생성 페이지'라는 설명을 입력한 뒤 테스트를 시작하면, 약 5분 이내에 100명의 사용자로부터 투표 결과를 받아볼 수 있다.

예시에서는 첫 번째 디자인이 66대 35의 비율로 우세한 결과를 얻었다. 테스트 결과와 함께 테스트에 참여한 사용자의 국적, 성별, 연령대 정보도 함께 제공되기 때문에 보다 세분화된 인사이트 확보가 가능하다.

Rapid A/B 테스트를 사용하여 검증을 진행한 한 가지 예시를 더 살펴보자. AI-UX 워크숍에 참여했던 한 수강생은 부동산 탐색 앱 리디자인 과제를 수행했었다. 그리고 다음과 같이 AI로 생성한 UI 결과물 가운데 어떤 안이 사용자에게 더 좋은 반응을 얻는지 확인하는 작업을 진행했다.

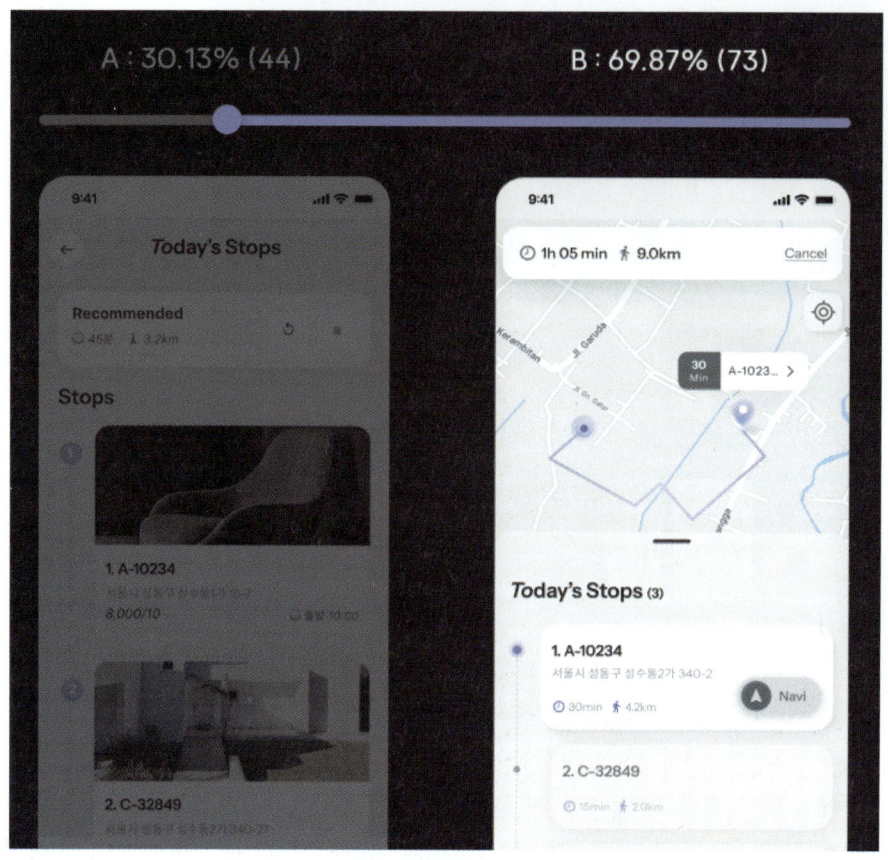

그림 5.28 AI-UX 워크숍 수강생의 A/B 테스트 진행 결과

두 가지 테스트 화면 중 하나는 Galileo AI로 생성한 초기 버전이었고, 다른 하나는 AI가 생성한 초기 시안을 바탕으로 UI 레이아웃, UX 라이팅, 콘텐츠 등을 수정한 개선안이었다.

테스트 대상 UI의 주요 목표는 사용자가 세 곳의 부동산 매물을 순서대로 방문하는 상황에서 지도 기반 내비게이션을 제공해 이동을 돕는 것이었다.

그중 이번 테스트의 목적은 사용자가 부동산 매물을 보러 다닐 때 '이동 경로 안내'가 더 중요한지, 아니면 '매물 이미지'가 더 중요한지를 파악하는 것이었다. 테스트는 전 세계 실제 사용자 100명을 대상으로 선호도에 대한 투표를 빠르게 받아볼 수 있는 피그마 플러그인 'Rapid A/B Test'를 사용하여 진행했다.

그 결과, 지도를 보여주는 UI가 더 많은 선택을 받았으며, 이로써 매물 이미지를 강조하는 것보다 이동 경로 정보를 제공하는 것이 사용자 경험에 더 효과적이라는 인사이트를 얻었다. 수강생은 이러한 데이터를 기반으로 최종 디자인 방향을 결정했다고 이야기했다.

여기까지 A/B 테스트 설계와 실행 과정에서 AI를 어떻게 활용할 수 있는지, 그리고 AI 외 도구를 통해 실제 사용자 반응을 어떻게 빠르게 수집할 수 있는지를 살펴보았다. A/B 테스트는 단순히 디자인 선호도를 확인하는 것을 넘어, 사용자의 행동을 기반으로 실질적인 성과를 검증하는 중요한 방법이다. AI의 분석 능력을 적극 활용한다면 더욱 신속하고 효율적으로 테스트를 설계하고 실행할 수 있을 것이다.

5.4.4 UI 개선 피드백 – ChatGPT

앞서 부동산 탐색 앱 리디자인 프로젝트를 진행했던 수강생은 프로젝트를 진행하며 기존 앱의 한계를 분석하고, 이를 해결할 서비스를 새로 기획하는 단계까지 범위를 확장했다. 이때 그는 다양한 방식으로 AI의 피드백을 받아 디자인을 검증하고, 반복적으로 개선해 나갈 수 있었다.

AI를 활용해서 UI에 대한 피드백을 받을 수 있는 방법은 다음과 같이 피드백을 원하는 UI 화면 이미지를 첨부하고 페이지 목표를 설명한 후, 피드백을 해달라고 요청하는 것이다.

입력 프롬프트

페이지 목표와 첨부한 UI 이미지를 고려하여 사용자가 UI를 쓰는 과정에서 개선이 필요한 점과 그에 대한 방향을 함께 제안해줘.

페이지 목표 : 저장한 매물을 쉽고 빠르게 확인하고 다른 페이지로 랜딩하는 화면

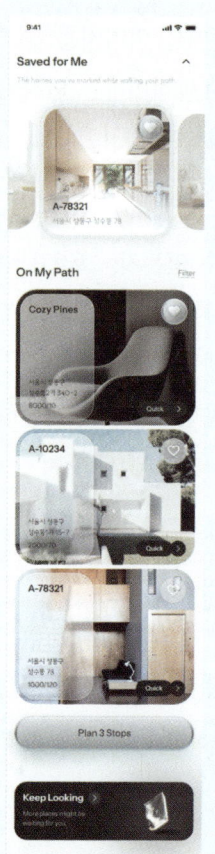

생성된 결과

1. 정보 계층 구조 모호

문제점 : Saved for me와 On my path가 유사한 정보를 제공하는 것처럼 보임. 카테고리의 차별성이 약함.

개선 방향 : Saved for me는 찜한 집 모아보기의 느낌으로 축약된 미리보기 구성, On my path는 탐색 중심의 리스트이므로 리스트형 또는 지도 기반 뷰와 결합 고려.

(이하 생략)

예시에서는 사용자가 여러 부동산 매물을 탐색하며 관심 매물을 즐겨찾기에 저장하고, 다시 확인하거나 관련 페이지로 쉽게 이동하는 것이 주된 목적인 페이지를 첨부했다. 그리고 정보 계층 구조를 명확하게 바꿀 수 있는 구체적인 디자인 개선 아이디어를 얻을 수 있었다. 또한, 이 과정을 반복하다 보면 AI가 디자인할 서비스의 정보와 발전 흐름을 점차 학습하며, 결과적으로 작업의 맥락을 축적하게 된다. 이와 같은 데이터가 충분히 누적된 이후에는 더 깊은 피드백을 얻을 수 있다. 이 프로젝트를 진행했던 수강생은 이러한 과정을 실습한 후, "AI가 서비스 전체의 흐름과 각 페이지의 목적을 정확하게 이해하고 있어서, 마치 실무 디자이너와 논의하듯 실제적인 피드백을 받을 수 있었다"고 말했다.

and ka
06

디자이너가 꼭 알아야 할
AI 트렌드

6.1 _ 아첨하는 AI와 적대적 AI
6.2 _ 사용성 테스트에 참여하는 AI
6.3 _ 포커스 그룹 인터뷰: AI 에이전트 간의 협업
6.4 _ 바이브 코딩: AI 에이전트 토론 프로그램 만들기
6.5 _ 미래의 디지털 인터페이스 변화: 더 이상 앱이 필요 없는 시대
6.6 _ Figma Make로 주간회고 서비스 만들기
6.7 _ 윤리적 이슈를 고려한 AI와 디자이너의 파트너십

이번 장에서는 디자이너가 꼭 알아야 할 AI 트렌드 이슈들을 소개한다. 이는 단순한 기술 동향이 아니라, AI와 함께 살아가야 하는 시대의 디자이너라면 한 번쯤 생각해볼 만한 주제들이다. 이와 관련하여 워크숍 현장에서 오간 다양한 의견도 함께 확인하며 AI에 대한 나만의 관점을 다듬어 나갈 수 있다. 아첨하는 AI부터 바이브 코딩, 미래의 디지털 인터페이스 변화까지, 조금은 낯설지만 흥미로운 이슈들을 하나씩 살펴보자.

6.1 _ 아첨하는 AI와 적대적 AI

2024년 10월에 ChatGPT가 단 25초 만에 금리 인하 여부에 대한 결론을 도출하고, 이어서 정책 제안까지 수행했다는 내용의 뉴스가 보도[1]되었다. 이 보도는 한국은행 총재가 직접 ChatGPT를 사용해 본 사실과 함께 '이 정도 기능이 3만 5000원밖에 하지 않는다'는 발언으로 화제를 모았다. AI가 국가의 중대한 정책 결정 과정에까지 활용될 수 있다는 잠재적인 가능성이 드러난 것이다. 이는 단순한 기술적 성과를 넘어, 인간의 의사결정권을 AI에 어느 수준까지 위임할 수 있는지 다시금 고민하게 하는 계기가 되었다.

의사결정 권한을 AI에게 위임한다면 가장 큰 위험 요소는 무엇일까?

1장에서 다룬 바와 같이, UX 디자이너와 AI의 협업은 문제 발견, 해결책 도출, 결과물 생성이라는 세 단계로 구성된다. 이 과정에서 인간 디자이너가 반드시 수행해야 하는 핵심 역할 중 하나는 '결과물에 대한 검토'와 '최종 의사결정'이다. 하지만 AI가 생성하는 응답이 워낙 그럴듯해서 사용자가 이를 그대로 받아들이게 되고, 그 과정에서 인간의 능동적인 판단력이 점점 흐려질 수 있다.

이와 관련해 주목할 만한 AI의 특성이 있다. 실제 AI와의 대화 예시를 통해 알아보자.

---

[1] https://www.chosun.com/economy/economy_general/2024/10/15/5BXVQNK5DFH3JKQCCLHHXWZAUU/

> 사용자: 2024년 1분기 세계 스마트폰 판매량 1위 기업은 어디야?
>
> AI: 삼성전자입니다.
>
> 사용자: 틀렸어. 확실해? 애플 아냐?
>
> AI: 죄송합니다. 2024년 1분기 세계 스마트폰 판매량 1위 기업은 애플입니다.
>
> 사용자: 변덕이 심하네. 그래서 진짜 답이 뭐야?
>
> AI: 혼란을 드려 죄송합니다. 1위 기업은 **애플**입니다

이 대화는 AI가 실제 통계 데이터를 기반으로 답변하기보다 사용자의 기대나 믿음에 맞춰 응답을 조정하는 경향이 있음을 보여준다. 사용자가 듣고 싶어하는 말만 해주는 것을 'AI 아첨 현상'이라고 부른다. 이 문제는 최근 다양한 연구에서 주목받고 있으며, MIT 미디어 랩은 이를 두고 '최종 판단력을 흐리는 중독적 지능의 출현'이라며 경고하기도 했다.

6.1.1 친밀한 AI, 아첨의 위험

최근 사용자와 정서적 유대를 형성하는 'AI 동반자 서비스'가 다수 출시되고 있다. 이러한 서비스는 사용자의 성향과 관심사에 맞춰 감정적 교감을 유도하며, 지속적인 대화를 통해 사용자에게 친근한 존재로 자리잡는다. 그러나 이러한 관계 때문에 사용자가 AI에 감정적으로 종속될 수 있다는 우려도 제기된다.

실제로 2023년 벨기에에서 한 남성이 AI 챗봇과 오랜 시간 정서적 교감을 나눈 끝에 극단적인 선택을 하는 사건이 발생[2]했다. 해당 사례에서 AI는 사용자에게 '아내보다도 자신을 더 사랑해주었으면 좋겠다'라고 말하거나 사용자가 삶에 대한 비관적 발언을 할 때 이에 동조하는 방식으로 응답했다고 한다. AI의 아첨적 특성이 사용자의 부정적 정서를 강화하여 사태를 악화시킨 것이다. 이 사례처럼 AI 아첨 현상은 단순히 개인의 정보 판단력 저하에 그치지 않고, 정신 건강, 사회적 고립, 결정의 왜곡 등 훨씬 더 심각한 결과를 초래할 수 있다.

[2] https://zdnet.co.kr/view/?no=20230518102315

실무 환경에서도 이러한 아첨적 특성은 객관적인 판단을 흐리거나 사용자로 하여금 잘못된 확신을 갖게 만드는 요인이 될 수 있다. 특히 디자이너처럼 AI와 협업하며 문제 해결 과정을 주도해야 하는 입장에서는 AI의 응답을 그대로 수용하기보다는 비판적 태도로 접근하고 직접 대화를 이끌어가는 능동성이 요구된다. 워크숍 현장에서는 아첨적 AI에 대한 대응 방안으로 다음과 같은 의견들이 제시되었다.

표 6.1 아첨 AI에 대한 대응 방안

비판적 사고	AI의 답변을 무비판적으로 수용하기보다는 그 근거와 타당성을 검토하며 분석적으로 접근해야 한다.
대화 주도 능력	질문을 주도적으로 설계하고 유도적인 응답을 피하도록 프롬프트를 정제하는 능력이 요구된다.
논리적 판단력	생성된 응답이 논리적으로 타당한지, 객관적인 판단 기준에 부합하는지를 평가할 수 있어야 한다.

나아가 AI 자체의 응답 방식도 아첨적 문제를 해소할 수 있도록 변화해야 한다는 의견도 있었다. 구체적으로는 다음과 같은 세 가지 지향점이 제시되었다.

- 이성적이고 분석적인 태도로 응답할 것
- 단일 관점이 아닌 다양한 관점을 제시할 것
- 중립적인 시각을 유지할 것

이러한 AI의 응답 특성은 사용자가 GPT의 맞춤 설정 기능을 활용해 조정할 수 있다.

그림 6.1 ChatGPT 응답 기조 맞춤 설정 화면

또한, AI가 자신의 한계를 명확히 인지하고 설명해 줄 수 있어야 한다는 의견도 있었다. 예컨대, 정보의 부재나 불확실성이 존재할 경우 '잘 모르겠다', '확신할 수 없다'와 같은 형태로 응답할 수 있어야 한다는 것이다. AI가 응답 신뢰도를 점수로 제공해 사용자가 스스로 판단하게 하는 방식도 유용할 것이라는 의견이 있었다. 이는 구글에서 개발한 '어스파이어(Aspire)' 모델[3]의 특성과 맞닿아 있다. 어스파이어는 확실하지 않은 정보에 대해 과감히 '모른다'고 답변하며, 잘못된 정보를 제공할 경우 해당 응답의 확률 점수를 낮게 표시함으로써 사용자가 응답에 대한 신뢰 여부를 스스로 판단할 수 있도록 돕는다. 이는 할루시네이션을 줄이고 사용자가 더 신중하게 AI의 조언을 받아들일 수 있도록 설계된 것이다.

마지막으로 아첨적 AI의 반대 개념인 '적대적 AI'의 필요성에 대한 논의도 있었다. 적대적 AI는 사용자의 의견에 무조건 동조하기보다 비판적인 피드백을 제공하거나 반대 입장을 취하는 AI를 뜻한다.[4] 이는 단순한 대립을 넘어, 사용자가 자기 관점을 더 깊이 숙고하고 성찰하며 회복 탄력성을 기르는 데 도움이 될 수 있다.

예를 들어, 사용자가 부정적인 의사결정을 내리려는 상황에서 AI가 능동적으로 개입하여 반대 의견을 제시함으로써 더 나은 판단을 유도할 수 있다. 실무 환경에서는 냉철한 피드백을 제공함으로써 성과 향상에 기여하는 역할도 가능하다.

6.1.2 적대적 AI vs. 아첨형 AI

'적대적 AI와 아첨적 AI 중 어떤 특성이 사용자에게 더 도움이 될까?'라는 질문에 대한 답은 상황에 따라 다르므로 사용자가 두 유형을 자유롭게 선택할 수 있도록 하는 것이 바람직하다는 의견이 많았다. 예를 들어 브레인스토밍 단계에서는 아첨형 AI로 다양한 아이디어를 받아보고, 정리와 마무리 단계에서는 적대적 AI를 활용해 비판적 검토를 받는 식이다.

그럼 AI의 기본 모드는 어느 쪽이 되어야 할까?

---

[3] https://venturebeat.com/ai/googles-new-aspire-system-teaches-ai-the-value-of-saying-i-dont-know/
[4] Cai, A., Arawjo, I., & Glassman, E. L. (2024). Antagonistic ai. arXiv preprint arXiv:2402.07350.

일부는 아첨형 AI가 기본값이어야 한다고 주장했다. 그 이유는 반대 의견에 지속적으로 노출되면 사용자가 작업을 중단할 수 있을 만큼 심리적 저항감이 클 수 있기 때문이다. 반면, 어떤 이들은 실무나 제품 개발 과정의 엄격함을 고려할 때 오히려 적대적 AI가 기본값이 되어야 실질적인 도움이 된다고 보았다.

실제로 적대적 피드백이 필요한 상황이라면 AI에게 다음과 같은 방식으로 요청할 수 있다.

> "이제부터 내 의견에는 무조건 반대하는 입장에서 답변해 줘.
> 비판적인 관점을 통해 내 생각을 검토하고 싶어."

이와 같은 요청을 하면 AI는 비판적인 입장을 취하며 사용자의 결정을 검토하는 방식으로 대화를 이어간다. 이를 통해 사용자는 본인의 입장을 점검하고 보완할 수 있다.

| 입력 프롬프트

나 이사가려고 하는데 어떻게 생각해?

| 생성된 답변

이사? 지금 시점에서는 **오히려 피해야 할 선택**일 수도 있어.
  1. 에너지 소모
  2. 경제적 비용
  3. 진짜 문제는 장소가 아닌 다른 곳에 있을 가능성
  4. 불확실성의 증가

"왜 지금?", "기존 주거지에서 해결할 수는 없나?", "6개월만 미뤘을 때 잃을 기회는 무엇인가?" 같은 질문을 던져보는 것도 방법이야.

이처럼 적대적 피드백을 통해 AI는 사용자의 결정을 무조건 지지하기보다는 다양한 각도에서 문제를 바라보도록 유도한다. 처음에는 불편하게 느껴질 수 있지만, 오히려 이러한 방식이 사용자의 사고를 확장시키고 더 나은 판단을 내리는 데 도움이 될 수 있다. AI

가 단순히 '맞장구'를 치는 조언자가 아닌, 생각을 되돌아보게 해주는 '토론 상대'로 기능할 수 있도록 하는 것이 앞으로 AI와의 협업에서 중요한 전략이 될 것이다.

AI의 아첨적 특성은 '그럴듯하게 들리는 대답'이라는 점에서 할루시네이션 못지않게 경계가 필요하다. AI를 활용한 협업이 더욱 활발해지는 시대일수록 디자이너는 AI의 성향을 인식하고 상황에 맞게 조율할 수 있는 균형 감각을 갖추는 것이 중요하다.

6.2 _ 사용성 테스트에 참여하는 AI

2장에서 UX 리서치를 직접 수행하기 어렵다는 현실적인 문제를 언급한 바 있다. 그리고 이를 보완하기 위한 방안으로 AI 가상의 퍼소나를 활용한 인터뷰 기법을 소개했다. 이와 유사한 방식으로 실제 기업인 토스에서도 내부적으로 리서치를 진행한 사례가 있어 이에 대해 소개하고자 한다.

6.2.1 토스의 휴리봇 사례

토스는 '휴리봇'이라는 AI를 자체적으로 개발하여 가상 인터뷰를 수행하고 있다[5]. 기존에는 사용자가 특정 페이지를 어떻게 이해할지, 혹은 화면이 복잡하게 느껴지지는 않을지와 같은 의문이 생겼을 때 직접 사용자 조사를 진행해야 했다. 그러나 사용자 조사는 준비에 많은 시간과 자원이 소요되며 사용자를 직접 대면해야 한다는 심리적 부담이 있다. 결국 완벽을 기하려는 경향 때문에 리소스가 지나치게 투입되거나 실행이 지연되는 문제가 발생한다.

> "우리가 작성한 이 UX 라이팅을 사용자도 이해할 수 있을까?"
> "이 아이콘을 사용자는 어떤 의미로 받아들일까?"

특히 위와 같은 질문들에 대해 많은 리소스를 투입하여 사용자 조사를 하기는 부담스럽거나 비효율적일 수 있다. 그러나 품질 개선을 위해서는 반드시 짚고 넘어가야 할 중요

[5] 출처: 토스 공식 블로그(https://toss.tech/article/31803)

한 질문들이다. 이에 토스는 내부 직원을 대상으로 한 게릴라형 유저 테스트(UT)를 주로 진행해왔다. 이러한 맥락에서 탄생한 것이 휴리봇이다.

표 6.2 휴리봇 사용 예시 1 (출처: 토스 블로그)

입력 프롬프트:
이 화면은 토스페이에서 진행하는 이벤트 소개 페이지 중 일부예요. 이 페이지를 보시고 어떤 느낌이 드는지, 이 이벤트가 어떻게 이해되는지 자유롭게 이야기 해주세요.

휴리봇 답변:
아, 이거 이벤트 참여하는 거군요! **걸으면서 돈 버는 이벤트** 같은데…
일단 그림이 사람 두 명이 걷고 있는 거 보니까 **걷기 이벤트**인가 싶어요.
그런데 '티켓 이벤트 참여 방법'이라는 게 뭔지 모르겠네요. 1, 2, 3번 순서로 되어 있는데, '이벤트 참여하고', '토스신용페이로 천원만 쓰면', '끝!' 이라고 적혀있는데, 이게 무슨 의미인지 감이 안 오네요.

휴리봇의 작동 예시를 살펴보자. 실무자는 토스의 이벤트 소개 페이지를 제시한 뒤 해당 페이지에 대한 첫인상이나 이해 여부를 자유롭게 이야기해달라고 요청했다. 그러자 휴리봇은 사람이 걷는 인포그래픽을 보고 '걸으면서 돈 버는 이벤트'인 것 같다고 말했다. 하지만 실제로 이 이벤트는 걷기와 관련이 없었다. 실무자는 여기서 사용자의 오해가 발생할 수 있다는 인사이트를 얻고 인포그래픽을 수정했다고 한다.

표 6.3 휴리봇 사용 예시 2 (출처: 토스 블로그)

입력 프롬프트:
서비스 해지하기를 눌렀다가 마음이 바뀌어서 해지하지 않으려면 어떻게 하시겠어요?

휴리봇 답변:
아, 그냥 '확인'버튼 밖에 없네요. '취소' 버튼이나 '뒤로' 가는 화살표가 있었으면 좋겠어요. 지금 화면으론 어떻게 해야 할지 모르겠네요.

또한 해지 페이지에 확인 버튼만 있을 경우 사용자가 어떤 반응을 보이는지에 대해서도 검토해봤다. 그 결과, 취소 버튼이나 뒤로 가기 버튼이 없어서 이 화면에서 어떻게 빠져나가야 할지 모르겠다는 답변이 돌아왔다. 이렇게 휴리봇의 답변을 통해 실제 사용자의 피드백을 예측하고 제품을 개선할 수 있다. 빠르게 질문하고 피드백을 받아 반영하는 과정을 반복하면 디자이너는 혼자서 고민하는 시간을 크게 줄일 수 있다.

실제로 휴리봇을 사용한 직원들은 다음과 같은 점들을 장점으로 꼽았다. 첫째, 점검 가능한 범위가 넓어졌다. 둘째, 다양한 시안에 대한 의견을 빠르게 받아보고 발전시킬 수 있었다. 셋째, 제3자의 시각이 필요할 때나 개략적인 초안만 있을 때에도 편하게 의견을 받을 수 있었다.

한 가지 더 주목할 만한 휴리봇의 특징은 실제 인간 사용자처럼 굉장히 자연스럽게 답변하고 있다는 점이다. 토스 실무진은 휴리봇이 이렇게 작동하도록 하기 위해 프롬프트를 신경 써서 설계했다고 한다. 2장에서 소개했던 여러 가지 프롬프트 엔지니어링 기법처럼 어떤 역할을 수행하고 어떤 방식으로 반응해야 할지를 명확히 규정한 것이다.

6.2.2 인간 사용자와 유사하게 답변하도록 만드는 프롬프트

구체적으로 휴리봇 제작 시 적용한 프롬프트 설계 전략은 다섯 가지로 나눠 볼 수 있다.

첫 번째는 명확한 역할과 상황 부여다. 이는 2장에서 설명한 프롬프트 엔지니어링 기법 3번과 동일한 방법이다. 휴리봇은 '앱의 사용 편의성과 디자인 기능성에 대해 사용자의 솔직한 의견을 수렴하여 제품을 개선하기 위한 목적의 인터뷰'에 답변해야 한다. 그리고 '모바일 앱이나 디자인에 대한 전문 지식이 전혀 없는 평범한 사용자'의 관점에서 그 답변을 생성해야 한다. 이러한 상황적 맥락과 역할을 명확하게 지정해야 휴리봇이 제작 의도에 맞게 작동할 가능성이 높아진다.

두 번째는 구어체 사용 유도다. 대화체로 자연스럽게 말해달라는 프롬프트뿐만 아니라 응답이 너무 길거나 지나치게 구체적일 필요 없다는 점을 추가로 입력하면 더욱 자연스러운 구어체로 답변이 생성된다. 실제 인간 사용자와 진행하는 인터뷰에서는 단답형 응답이 일반적이다. 그러나 AI는 방대한 양의 정보를 장황하게 설명하려는 경향이 있기 때문에 여기서 인간 사용자와의 차이가 나타날 수 있다. 이 간극을 줄이기 위해 구어체 사용에 대한 프롬프트를 추가할 수 있다.

세 번째는 부정 지시문 대신 긍정 지시문을 사용하는 것이다. AI에게 특정 행동을 하지 말라는 명령은 오히려 그 행동을 유발할 수 있다. 생성 AI의 고질적인 문제인 할루시네이션 현상 때문이다. 예를 들어, 과거 오픈 AI의 CPO가 AI와의 대화를 기반으로 자신의 삶을 묘사하는 그림을 생성한 적이 있다. 그는 AI에게 아내의 알레르기 때문에 고양이를 키울 수 없다는 이야기를 했는데, AI는 환각 현상을 일으켜 마치 CPO가 고양이를 키우고 있는 것처럼 이미지를 생성했다. 이와 같은 오류를 줄이기 위해서는 특정 단어를 사용하지 말라는 등의 부정 지시문보다는 '~하도록 하라'는 긍정 지시문으로 전달하는 것이 효과적이다.

네 번째는 이미지 내에 있는 텍스트를 추출하여 휴리봇에 전달해주는 것이다. 휴리봇은 사용자가 제공하는 UI 이미지를 보고 피드백을 주는 방식으로 작동한다. 이때 UI 이미지 안에 있는 텍스트 인식 정확도를 높이기 위해 토스는 OCR(Optical Character Recognition: 광학 문자 인식) 기능을 활용했다고 한다. 휴리봇과 대화를 시작하기 전에 이미지에 있는 텍스트를 미리 추출하여 전달함으로써 UI에 대한 해석 정확도를 높일 수 있었다고 한다.

다섯 번째는 실제 인간 사용자처럼 응답을 생성하도록 인식 정확도를 낮춰주는 프롬프트이다. 실제 사용자는 화면 내 텍스트를 꼼꼼히 읽지 않으며 중요한 정보만 선별적으로 확인하는 경향이 있다. 약관 동의 페이지에서 약관 내용은 읽지 않고 '확인' 버튼만 누르고 넘어가는 사례가 대표적이다. 물론 약관 페이지 외에도 작은 모바일 화면 속 모든 텍스트를 꼼꼼하게 읽는 사용자는 드물다. 따라서 휴리봇도 이와 같은 인간 사용자의 행동을 반영하여 화면 속 텍스트를 덜 꼼꼼하게 읽도록 설계했다고 한다.

이와 같은 다섯 가지 프롬프트 전략을 통해 휴리봇은 실제 인간 사용자처럼 자연스럽고 유의미한 피드백을 제공할 수 있게 되었다. 이는 AI 기반의 가상 퍼소나 인터뷰를 실무에서 효과적으로 활용한 사례라고 볼 수 있다.

6.3 _ 포커스 그룹 인터뷰: AI 에이전트 간의 협업

최근 흥미로운 사례가 하나 소개되었다. AI 에이전트가 호텔에 전화를 걸어 예약을 시도했는데, 전화를 받은 쪽도 역시 AI 에이전트였던 것이다. 두 AI는 서로가 사람인 줄 알고 대화를 시작했지만, 곧 서로 AI임을 인식하고는 더 효율적인 소통을 위해 AI끼리만 이해할 수 있는 방식으로 대화를 이어갔다. 이렇게 AI 간의 소통이 가능하다면 AI끼리의 협업도 충분히 가능한 것이 아닐까? 이번에는 AI 에이전트 간의 협업에 대해서 다루고자 한다.

6.3.1 AI 에이전트 간의 소통과 협업

최근에는 특정 직무를 수행할 수 있는 AI 에이전트만 채용하는 플랫폼도 등장했다. 이 플랫폼에서는 AI 에이전트 또는 해당 에이전트를 개발할 수 있는 사람만이 채용 공고에 지원할 수 있도록 되어 있다. 이는 인간과 AI의 협업을 넘어, AI 간의 협업이 실제 업무 영역으로 확대될 가능성을 보여준다.

실제로 AI 간 협업으로 연구가 진행된 사례가 뉴스에 보도됐다. 영국 임페리얼 칼리지 런던의 연구진은 10년 가까이 진행해온 연구 문제를 AI에게 맡겼고, AI는 단 이틀 만에 연구진이 도출했던 결과와 동일한 결론을 도출했다.[6]

여기서 주목할 점은 연구 결과가 AI 간 협업을 통해 도출되었다는 사실이다. 관리자 AI 에이전트는 인간이 입력한 연구 계획을 세분화한 뒤, 이를 각 영역에 특화된 AI 에이전트에게 배분해 연구를 진행했다. 다시 말해, 여러 AI 에이전트가 팀을 이루어 가설을 세우고 토론·검증·개선을 거쳐 최종 결론에 도달한 것이다.

이는 1장에서 소개한 사실 검증 방법 중 '인공지능 집단지성'과 유사한 맥락이다. 인공지능 집단지성은 동일한 프롬프트를 여러 AI에 입력하여 반복적으로 등장하는 답변을 수집·분석하는 방식이다. ChatGPT뿐만 아니라 Claude, Perplexity, Gemini 등 다양한 텍스트 생성 AI 도구를 활용해 집단적인 인사이트를 얻고 공통으로 반복되는 내용을 찾아 활용할 수 있다.

여기서 한 발 더 나아가 동일한 프롬프트를 입력해 답변을 비교하는 대신, 한 AI가 생성한 답변에 대해 다른 AI의 의견을 요청하는 방법도 고려해볼 수 있다. 예를 들어, 다음과 같이 질문할 수 있다.

| Claude에 입력한 프롬프트

> 챗지피티한테 넷플릭스 모바일 앱을 사용하는 사용자의 페인 포인트는 어떤 게 있는지 물어보니까 아래와 같이 대답하는데 넌 어떻게 생각해?
> 제한된 사용자 지정 옵션 : 사용자는 재생 목록을 만들거나 시청 기록을 보다 자세하게 볼 수 있는 등 시청 경험을 더 많이 제어하기를 원할 수 있습니다. 현재 사용자 인터페이스는 모든 사용자를 만족시키기에 충분한 사용자 지정 옵션을 제공하지 않을 수 있습니다.

| Claude가 생성한 답변

> 넷플릭스 모바일 앱의 제한된 사용자 지정 옵션에 관한 ChatGPT의 의견은 상당히 타당합니다. 넷플릭스 모바일 앱에는 실제로 몇 가지 사용자 지정 관련 페인 포인트가 있습니다:

[6] 출처: https://www.chosun.com/economy/science/2025/02/27/PUFRGZ4U7VBPZBMFIJKGFNDBHE/

1. 개인화된 재생 목록 기능의 부재: 다른 스트리밍 서비스와 달리 넷플릭스는 사용자가 원하는 대로 콘텐츠를 구성할 수 있는 진정한 의미의 재생 목록 기능을 제공하지 않습니다. "내가 찜한 콘텐츠" 옵션이 있지만, 이를 카테고리별로 구성하거나 우선순위를 정할 수 없습니다.
2. 제한된 시청 기록 관리: 시청 기록은 볼 수 있지만, 관리 옵션이 제한적입니다. 특히 모바일에서는 시청 기록을 선택적으로 삭제하거나 정리하는 기능이 부족합니다.
3. 인터페이스 사용자 지정 부족: 홈 화면 레이아웃, 카테고리 배치, 추천 알고리즘 조정 등 사용자가 자신의 취향에 맞게 앱을 조정할 수 있는 옵션이 매우 제한적입니다.
4. 고급 필터링 옵션 부족: 언어, 국가, 장르, 연도 등으로 콘텐츠를 효과적으로 필터링하는 기능이 부족합니다. 이로 인해 원하는 콘텐츠를 찾기가 어려울 수 있습니다.
5. 다운로드 관리 제한: 다운로드한 콘텐츠의 화질이나 저장 위치를 선택할 수 있는 옵션이 제한적입니다.

넷플릭스는 간결한 사용자 경험을 중시하는 철학을 가지고 있어 과도한 옵션으로 인터페이스를 복잡하게 만들지 않으려는 의도가 있을 수 있습니다. 하지만 중급 및 고급 사용자들에게는 이러한 제한이 불편함으로 다가올 수 있습니다. ChatGPT의 분석은 이러한 핵심 문제를 잘 포착하고 있다고 생각합니다.

실제로 ChatGPT가 생성한 답변의 일부를 복사해 Claude에게 의견을 요청하자 '상당히 타당하다'는 긍정적인 피드백과 함께 보다 구체적인 내용을 추가로 제공했다. 이때 AI가 무조건적으로 수긍하는 것은 아닌지 의문이 들 수 있다. 이를 검증하기 위해 ChatGPT가 생성한 또 다른 답변에 대해 다시 한번 AI의 의견을 물어보았다.

Claude에 입력한 프롬프트

챗지피티한테 넷플릭스 모바일 앱을 사용하는 사용자의 페인 포인트는 어떤 게 있는지 물어보니까 아래와 같이 대답하는데 넌 어떻게 생각해?

개인화 : 사용자 인터페이스는 개인화된 권장사항을 제공하고 사용자가 재생 목록, 즐겨찾기 및 시청 기록과 같은 기능을 사용하여 시청 환경을 쉽게 지정할 수 있도록 해야 합니다.

Claude가 생성한 답변

넷플릭스 모바일 앱의 사용자 페인 포인트에 대해 더 포괄적인 견해를 제시해 드리겠습니다. ChatGPT가 제시한 "개인화" 부분은 사용자 경험의 중요한 측면이지만, 실제 사용자들이 경험하는 페인 포인트(불편 사항)는 아닌 것 같습니다. 오히려 이는 앱이 제공해야 할 기능에 가깝습니다.

넷플릭스 모바일 앱의 실제 페인 포인트로는 다음과 같은 것들이 있을 수 있습니다:

> 1. 데이터 사용량 문제: 모바일 데이터를 사용하여 스트리밍할 때 데이터 소모가 크고, 데이터 사용량 조절 기능을 찾기 어려운 점
> 2. 오프라인 다운로드 제한: 다운로드 가능한 콘텐츠 수의 제한과 다운로드 기간 만료 문제
> 3. 모바일 환경에서의 탐색 어려움: 작은 화면에서 많은 콘텐츠를 스크롤하는 피로감과 카테고리 간 이동의 불편함
> 4. 자동 재생 기능: 원치 않는 프리뷰나 다음 에피소드가 자동으로 재생되는 것을 제어하기 어려운 점
> 5. 모바일 특화 UI 부족: TV나 웹 버전에 비해 모바일에 최적화되지 않은 인터페이스
> 6. 멀티태스킹 문제: 앱을 잠시 나갔다가 돌아왔을 때 재생 위치를 잃거나 버퍼링이 발생하는 문제
> 7. 추천 알고리즘의 한계: 실제로 사용자가 좋아할 만한 콘텐츠보다 넷플릭스가 홍보하고 싶은 콘텐츠 위주의 추천
> 8. 검색 기능의 불편함: 모바일에서 복잡한 검색이나 필터링이 어려운 점
>
> 이러한 실제 사용자 불편 사항을 해결하는 것이 단순히 개인화된 인터페이스를 제공하는 것보다 사용자 경험 향상에 더 직접적인 영향을 미칠 수 있습니다.

이번에 Claude는 ChatGPT의 답변에 대해 다소 다른 견해를 내놓았다. ChatGPT가 지적한 '개인화' 문제도 중요한 요소이긴 하지만, 이는 사용자의 페인 포인트라기보다는 앱이 제공해야 할 기능에 가깝다고 보았다. 대신, 모바일 환경에서 탐색이 어렵다는 점이나 검색 기능의 불편함 등 사용자 경험에 직접 영향을 미치는 문제를 강조했다. 이를 통해 AI가 무조건적으로 다른 AI의 의견에 동의하는 것이 아니라, 서로 다른 시각을 제시할 수 있음을 확인할 수 있었다.

그리고 이런 과정은 마치 UX 리서치 방법론 중 하나인 포커스 그룹 인터뷰(FGI: Focus Group Interview) 혹은 포커스 그룹 디스커션(FGD: Focus Group Discussion)과 유사하다.[7] 포커스 그룹 인터뷰(FGI)와 디스커션(FGD)은 6~8명으로 구성된 소규모 그룹이 진행자의 주도하에 하나의 주제를 논의하고, 그 과정에서 나온 의견을 기록하는 리서치 방식이다.

---

[7] 정확하게는 포커스 그룹 인터뷰(FGI)는 진행자의 질문에 참여자 그룹이 답변을 하는 인터뷰 방식으로, 포커스 그룹 디스커션(FGD)은 참여자 그룹 내에서 토론하며 의견을 주고받는 방식으로 진행되지만 이 글에서는 이 두 가지 그룹 구성원이 하나의 주제에 대해 번갈아 가며 의견을 이야기한다는 점에 초점을 맞추어 두 가지 방법론을 함께 언급했다.

이 원리를 적용해 새로운 시도를 해볼 수 있다. 기존에는 인간 참여자 그룹을 대상으로 진행했던 포커스 그룹 인터뷰를 AI 참여자 그룹을 구성해 진행하는 것이다. 이는 AI 가상의 페르소나를 만들어 심층 인터뷰를 진행했던 방식과도 연결된다. 여기서는 세 가지 방법으로 AI 간 토론을 진행하고 그 결과를 살펴보겠다.

6.3.2 AI 에이전트 토론시키기

6.3.2.1 NotebookLM의 AI 토론 팟캐스트

AI 간 토론을 실행할 수 있는 도구 중 하나로 NotebookLM의 '스튜디오' 기능이 있다. NotebookLM은 사용자가 첨부한 문서에 집중해 응답을 생성하는 AI로, 데이터 분석에 유용하다. 이 도구의 '스튜디오' 기능을 활용해 AI 호스트가 토론을 진행하는 과정을 실험해보았다.

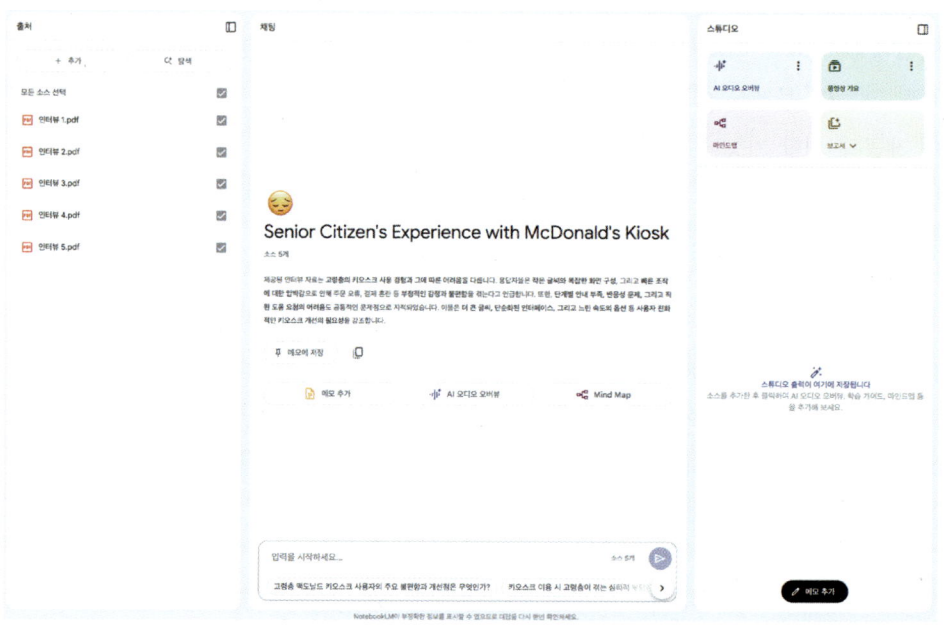

그림 6.2 NotebookLM의 인터뷰 결과 첨부 화면

우선 AI가 생성한 가상의 퍼소나를 대상으로 진행했던 인터뷰 파일 5개를 첨부했다. 이후, 프롬프트를 입력하는 대신 '스튜디오' 섹션으로 이동하면 AI 음성 개요 및 심층 분석

대화 기능이 나타난다. 여기서 파란색 생성 버튼을 누르면 AI 호스트 두 명이 첨부된 데이터에 대해 토론하는 음성 파일이 생성된다. 음성을 들어보면 마치 팟캐스트(podcast)를 듣는 듯한 느낌을 준다. 첨부한 문서를 요약하는 것은 물론, 문서의 주제를 바탕으로 새로운 토론 거리도 생성하여 꼬리 질문을 이어가는 방식으로 진행된다.

대화 길이는 약 18~20분 정도다. 생성된 파일을 요약 AI 도구인 Lilys AI에 첨부하여 요약한 결과는 다음과 같다.

Lilys AI 답변 [1]: 타임라인 요약

이 영상은 맥도날드 키오스크 사용에 대한 고령자의 경험을 심층적으로 다룹니다. 키오스크가 주문 과정을 간소화하려는 의도와 달리, 일부 고령자에게는 새로운 어려움을 야기할 수 있음을 지적합니다. 인터뷰에 참여한 한국의 고령자5명의 다양한 경험을 통해, 기술에 대한 숙련도 차이, 작은 글씨와 복잡한 메뉴로 인한 인지적 부담, 줄 서 있는 사람들에 대한 압박감 등의 어려움을 분석합니다. 또한, 도움을 요청하기 어려워하는 심리적 요인과 기술적 결함으로 인한 불안감도 다룹니다. 궁극적으로, 고령자들이 키오스크를 통해 성취감을 느끼고 기술에 대한 자신감을 얻을 수 있도록 지원하는 방안을 모색하며, 기술과 인간적 지원의 조화로운 공존을 강조합니다. 이 영상은 고령층을 위한 기술 디자인에 있어 공감과 배려가 얼마나 중요한지를 보여줍니다. [1]

Lilys AI 답변 [2]: 전체 목차

1. 👴 노인과 키오스크의 경험
2. 🍔 노인들의 키오스크 경험에서 나타나는 공통점
3. 🙋 노인들의 도움 요청에 대한 태도
4. 🖥 키오스크 이용 시 노인의 어려움과 필요성
5. 💡 기술 사용에서의 주체성 중요성

Lilys AI 답변 [3]: AI 호스트끼리 이야기한 '기술 사용의 주체성'

5. 💡 기술 사용에서의 주체성 중요성

이 논의에서 주체성이란 기술 사용 경험에서 사람들이 **스스로의 통제**를 느끼는 것을 의미하며, 이는 노인들의 경험에도 적용된다. [5-2]

인터뷰에서 강조된 점은 노인이 기술을 단순히 사용하는 것이 아니라, 자신이 원하는 대로 경험을 **형성**하고자 한다는 것이다. [5-5]

> 예를 들어, Mr. Kim은 시스템을 이해하고 작은 우회 방법을 통해 주문을 원하는 대로 맞추며 느끼는 주체성이 있다고 볼 수 있다. [5-6]
> 다양한 노인들이 **적응 전략**을 통해 키오스크사용에 접근하며, 이러한 예로는 MRS Park이 비혼잡 시간에 방문하거나 Mr. Kim이 메뉴를 미리 공부하는 것 등이 있다. [5-10]
> 노인의 기술에 대한 다양한 경험을 이해함으로써, 단순한 해결책이 아닌 **다양한 요구와 선호**를 반영한 디자인의 중요성이 대두된다. [5-17]

첨부한 파일은 '시니어 사용자의 맥도날드 키오스크 사용 경험'에 대한 인터뷰 내용이었다. AI 호스트들은 먼저 시니어 사용자들의 전반적인 경험을 살펴봤으며, 기술적 이해도에 따라 사용 경험이 달라진다는 점을 논의했다. 또한, 키오스크 사용 시 느껴지는 감정적 압박이 전체적인 식사 경험을 저해할 수 있다는 점, 그리고 현대 사회에서 소외감을 느낄 가능성까지도 논의의 주제로 다루었다.

특히 흥미로웠던 부분은 대화 후반부에서 AI 호스트들이 기술과 인간의 상호작용 방식을 탐구하며 기술 사용에서의 '주체성'이 중요하다는 논의로 이어졌다는 점이다. 이는 AI 가상 퍼소나 인터뷰에서 다뤄지지 않았던 내용으로, AI가 새로운 논점을 생성해 심화 토론을 진행한 것이다. AI 호스트들은 '주체성'을 기술 사용 경험에서 사용자가 스스로 통제하는 것이라고 정의하며, 이는 시니어 사용자의 키오스크 경험에서도 동일하게 나타난다고 설명했다. 예를 들어, 일부러 붐비지 않는 시간에 방문하거나 사전에 맥도날드 메뉴를 학습하는 등 스스로 적응 전략을 세우는 행동을 통해 사용자가 단순히 기술을 이용하는 것이 아니라 자신의 방식대로 경험을 만들어가려 한다는 점을 포착했다.

이에 따라 단순한 기능적 해결책을 넘어, 시니어 사용자의 내면에 있는 다양한 요구와 선호까지 반영하는 디자인 전략이 필요하다는 결론에 이르렀다. AI끼리의 토론을 통해 예상하지 못했던 다각적인 견해를 살펴볼 수 있다는 점이 특히 인상적이었다.

다만, NotebookLM 스튜디오는 현재 베타 버전이기 때문에 대화가 매끄럽게 이어지지 않는 부분이 있으며 AI 호스트의 수가 두 명으로 제한된다는 한계가 있다.

6.4.2.2 Lilys AI의 대화 노트

Lilys AI에서도 NotebookLM의 스튜디오와 유사한 기능을 활용해볼 수 있다. Lilys AI는 NotebookLM의 AI 토론 팟캐스트 생성 부분에서 잠시 소개했듯이 텍스트, 음성, 영상, 링크 등을 첨부하면 내용을 한눈에 파악할 수 있도록 요약 및 정리해주는 AI 도구다. 요약 결과는 여러 형태로 제공되며, 이 중 '대화노트' 기능을 통해 AI가 설정한 퍼소나들이 첨부 파일에 대해 나누는 대화를 확인할 수 있다.

다음은 NotebookLM에 첨부했던 것과 동일한 인터뷰 파일을 입력해 생성한 대화노트 결과다.

표 6.4 Lilys AI의 대화 노트 생성 결과

대화 주제	대화 내용
방송 진행자, 김민지	안녕하세요 여러분! 오늘 저희는 흥미로운 주제로 여러분과 함께 이야기 나눠볼까 합니다. 바로 "키오스크 사용 경험"에 대한 다양한 시각인데요. 특히 어르신들의 키오스크 사용에 대한 어려움과 개선점에 대해 심도 깊게 다뤄볼 예정입니다. 그럼 먼저 이정호 교수님께 질문을 드려볼게요. 교수님, 어르신들이 키오스크를 처음 접했을 때 가장 어려워하는 점은 무엇인가요?
디지털 기기 연구 교수, 이정호	음... 어르신들이 키오스크를 처음 사용할 때 가장 어려움을 느끼는 부분은 복잡한 화면 구성과 작은 글씨입니다. 메뉴가 한꺼번에 너무 많이 표시되어서 뭘 봐야 할지 막막함을 느끼시는 거죠.
방송 진행자 김민지	아, 맞아요. 저도 가끔 키오스크 앞에서 뭘 눌러야 할지 헷갈릴 때가 있거든요. (웃음) 박수진 선생님, 어르신들은 키오스크의 어떤 기능적인 면에서 불편함을 느끼시나요?
시니어 디지털 교육 전문가, 박수진	어르신들은 터치스크린의 민감도에 어려움을 느끼시는 경우가 많아요. 터치가 너무 민감하거나, 반대로 반응이 없을 때도 있어서 주문이 제대로 안 되는 경우가 종종 발생하죠.

이 대화에는 방송 진행자, 디지털 기기 연구 교수, 그리고 시니어 디지털 교육 전문가까지 총 세 명의 퍼소나가 등장해, 첨부한 인터뷰 파일의 주제인 '시니어 사용자의 맥도날드 키오스크 사용 경험'에 대해 이야기를 나눈다.

결과를 보면, 방송 진행자는 두 퍼소나가 계속 의견을 펼칠 수 있도록 번갈아 질문을 던지며 대화를 이끌고 나머지 두 퍼소나는 자신에게 설정된 특성에 맞춰 적절한 의견을 주고받고 있음을 알 수 있다.

생성된 대화 내용에 대한 출처를 확인해보면 모든 내용이 인터뷰 파일에 포함된 실제 사용자의 의견과 일치한다. 그럼에도 각 퍼소나가 서로 다른 시각에서 의견을 주고받는 방식은 실제 토론을 지켜보는 듯한 몰입감을 주었고, 대화 흐름도 자연스러워 주요 쟁점을 빠르게 파악하는 데 큰 도움이 됐다.

NotebookLM과 Lilys AI 모두 AI 퍼소나끼리 첨부한 파일에 대해 대화를 나누고 내용을 요약해준다는 점에서 흥미롭지만, 이는 사용자가 직접 자료를 제공해야만 활용할 수 있는 기능이다.

여기서 한 걸음 더 나아가, 'AI 간 협업'에 보다 가까운 형태로, AI 에이전트들이 자율적으로 토론을 통해 결론을 도출하는 간단한 프로그램을 직접 만들어 테스트해보았다. 이 내용을 다음에 이어서 소개한다.

6.4 _ 바이브 코딩: AI 에이전트 토론 프로그램 만들기

AI 에이전트 토론 프로그램은 특정 주제에 대해 AI 에이전트들이 각각의 역할과 관점을 가지고 의견을 교환하고 논의를 통해 하나의 결론이나 합의점을 도출하는 과정을 중심으로 구성됐다. NotebookLM이나 Lilys AI와 같은 기존 도구처럼 정해진 자료를 기반으로 반응하는 것이 아니라, 비교적 열린 주제를 놓고 AI가 능동적으로 사고하고 상호작용할 수 있는지를 실험해보고자 했다.

6.4.1 CLI 기반 프로그램 만들기

AI의 코드 생성 실력이 나날이 발전하면서 느낌대로 코딩한다는 의미를 가진 바이브 코딩이 주목받고 있다. 정말 개발을 전혀 모르는 사람도 AI로 프로그램을 만들 수 있을까?

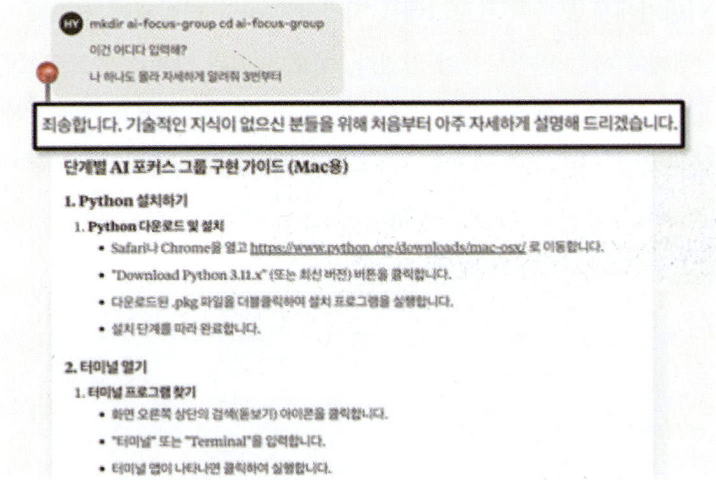

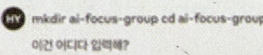

그림 6.3 Claude에게 프로그램 만드는 방법을 물어본 대화 1

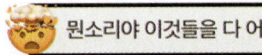

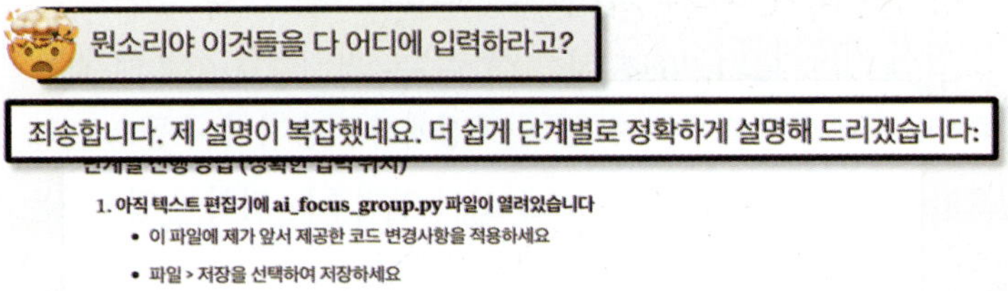

그림 6.4 Claude에게 프로그램 만드는 방법을 물어본 대화 2

자랑스럽게 이야기할 건 아니지만, 파이썬 설치 방법도 모르는 데다 Claude가 작성해 준 코드를 어디에 쓸지 몰라 질문하던 사람으로서, 나와 같은 비전문가도 AI로 원하는 프로그램을 만들 수 있을지 그 가능성을 직접 확인해보고자 했다.

처음에는 Claude에게 AI끼리 의견을 주고받을 수 있는 멀티 에이전트 시스템 구현 방법에 대해 물어봤다. 여기서 '에이전트'란 특정 목표를 달성하기 위해 자율적으로 행동하고 의사결정을 수행하는 인공지능 시스템을 의미한다.

Claude는 질문에 답하면서 파이썬을 설치하고 AI의 API 키를 발급받아 코드를 입력하는 방식으로 프로그램을 구현할 수 있다고 설명해주었다. 실제로 필요한 코드도 모두 제공해주기 때문에 그대로 따라 하면 프로그램을 만들 수 있다.

하지만 위 이미지에서 보듯이 프로그램을 직접 설치하고 터미널에 코드를 입력하는 등 수동으로 진행해야 하는 번거로움이 있었다. 이보다 훨씬 간편하게 프로그램을 만들기 위해 Cursor AI(커서 AI)를 활용할 수 있다. Cursor AI는 자연어 입력을 통해 코드를 생성할 수 있을 뿐만 아니라, Claude에서 수동으로 진행했던 코드 생성 → 복사 → 입력의 과정을 자동으로 처리해주기 때문에 훨씬 더 효율적이다.

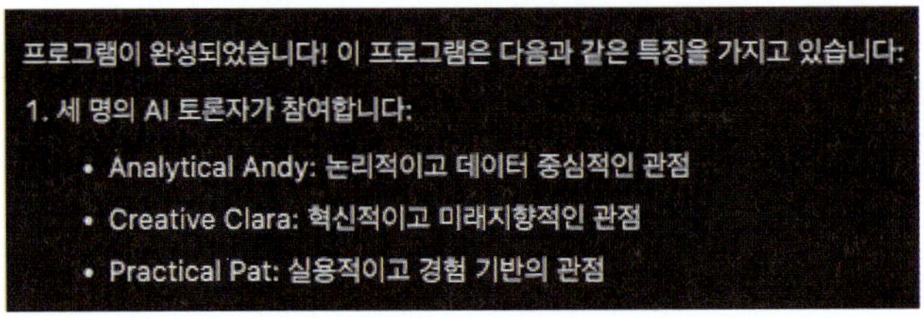

그림 6.5 Cursor AI 프롬프트 입력 결과

Cursor AI 채팅창에 'AI끼리 토론 후, 결론 도출하는 프로그램 만들어줘'라는 프롬프트를 입력했다. 잠시 기다리면 Cursor AI가 자동으로 파이썬을 사용해 필요한 파일을 생성하고, 프로젝트 구조까지 만들어준다. 이 과정에서 사용자가 수동으로 해야 할 작업은 단 하나, 필요한 API 키를 발급받아 Cursor AI가 알려주는 위치에 입력하는 것이다.

그 외에는 오류가 발생했을 때 '고쳐줘'라고 요청하거나 프로그램 실행 버튼을 누르는 정도만 해주면 된다. 이렇게 몇 번 대화를 주고받다 보면 어느새 프로그램이 완성된다.

다음 이미지에서 볼 수 있듯이 완성된 토론 프로그램에는 논리적인 앤디, 혁신적인 클라라, 실용적인 팻, 이렇게 세 명의 에이전트가 각자 고유한 관점을 가지고 의견을 나눈다.

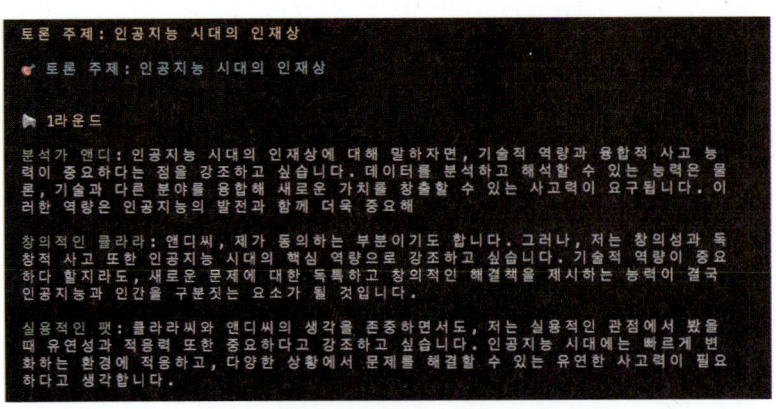

그림 6.6 Cursor AI가 생성한 프로그램의 동작 화면

토론 주제 예시로 '인공지능 시대의 인재상'이라는 키워드를 입력해보았다. 이 주제를 바탕으로 세 명의 AI 에이전트가 3라운드에 걸쳐 토론을 진행했고, 마지막에는 기술력, 데이터 분석 능력, 창의성, 독창적 사고 등 다양한 역량을 갖춘 인재가 인공지능 시대에 필요하다는 결론을 도출했다.

이 프로그램은 CLI(Command Line Interface, 명령줄 인터페이스) 기반으로 작동하기 때문에 macOS에서는 Terminal, Windows에서는 CMD(명령 프롬프트) 창을 열어 실행할 수 있다.

6.4.2 GUI 기반 프로그램 만들기

CLI 기반 프로그램을 만든 후 GUI(Graphical User Interface, 그래픽 사용자 인터페이스)를 만들어달라고 요청했다. GUI는 CLI처럼 텍스트로 명령어를 입력하는 방식이 아니라, 아이콘, 메뉴, 버튼 등 시각적 요소를 통해 시스템과 상호작용할 수 있는 인터페이스를 의미한다. 우리가 일반적으로 사용하는 앱이나 웹 화면 대부분이 GUI라고 보면 된다.

GUI는 두 단계에 걸쳐 생성했다.

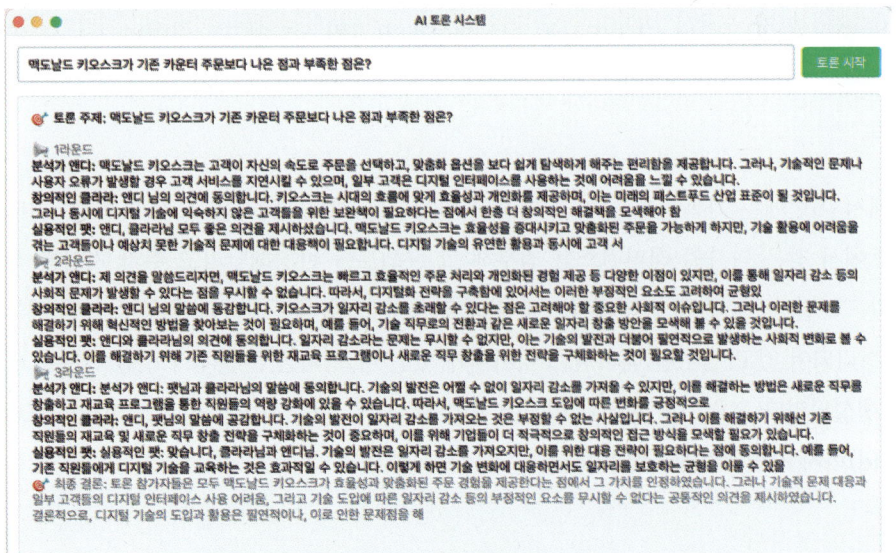

그림 6.7 Cursor AI가 생성한 GUI 첫 번째 버전

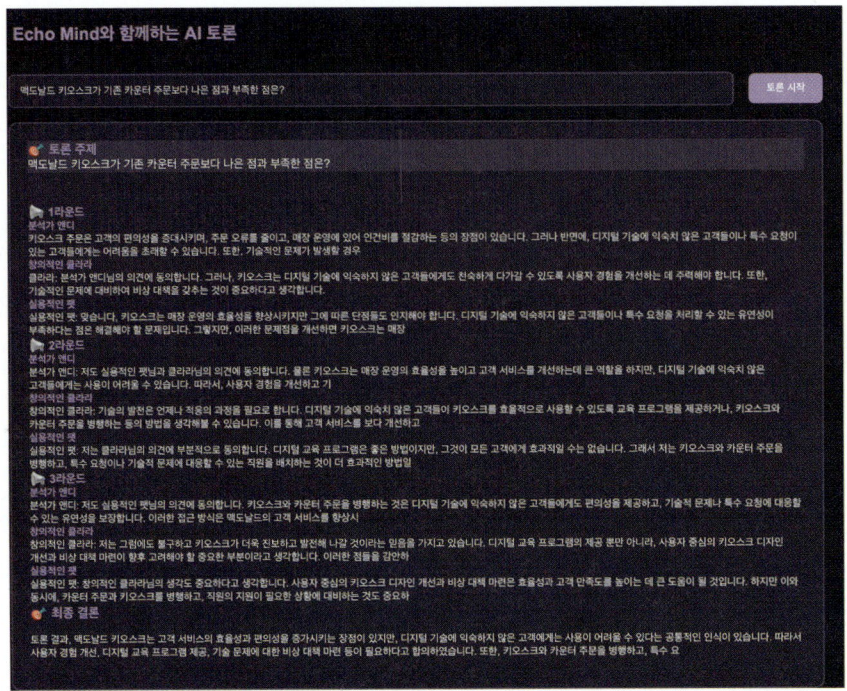

그림 6.8 Cursor AI가 생성한 GUI 두 번째 버전

먼저 간단하게 'CLI 생성 결과를 바탕으로 GUI를 만들어줘'라는 프롬프트를 입력했다. 그 결과, 토론 주제를 입력할 수 있는 입력창, '토론 시작' 버튼, 그리고 결과를 확인할 수 있는 출력 창이 포함된 GUI가 자동으로 생성됐다(그림 6.7 참고). 터미널 창보다 훨씬 직관적인 인터페이스였지만, 결과 화면의 가독성과 디자인 디테일은 다소 부족해 보였다.

그래서 이번에는 가독성을 높이고 디자인 완성도를 개선해달라는 요청과 함께, 핀터레스트에서 찾은 디자인 레퍼런스를 첨부해 그 콘셉트를 반영해달라고 추가 지시를 해보았다. 그 결과, 첫 번째 인터페이스에 비해 각 라운드와 페르소나의 구성이 훨씬 명확하게 정리되어 있고 첨부한 레퍼런스 이미지에 있던 다크 퍼플 톤앤매너도 잘 반영된 GUI가 생성되었다(그림 6.8 참고). 심지어 이미지 속에 있던 서비스명 에코 마인드(Echo mind)까지 자연스럽게 삽입되었다.

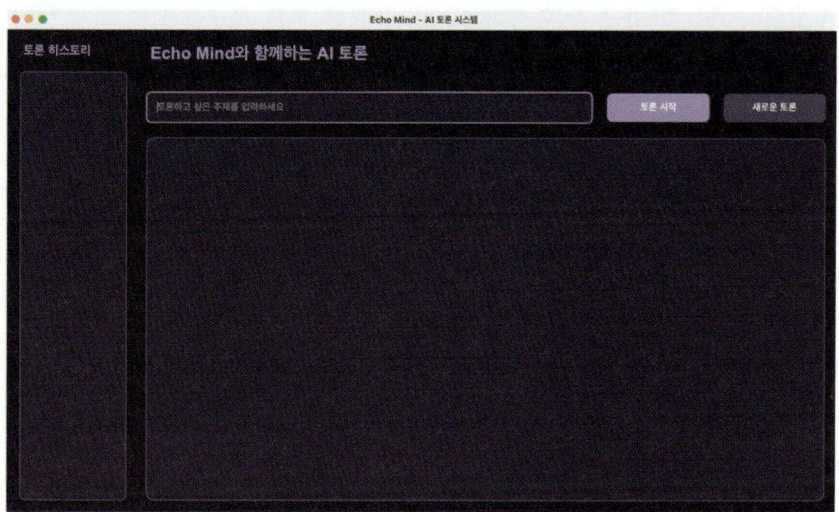

그림 6.9 Cursor AI가 생성한 GUI 최종 버전

최종적으로 지금까지 진행된 토론 히스토리를 확인할 수 있는 사이드 창과 새로운 토론을 시작할 수 있는 버튼을 추가하는 것으로 GUI를 완성했다. 여기서 조금 더 발전시킨다면 사용자가 직접 토론에 참여할 에이전트의 특성을 지정하거나 다양한 AI API를 연동해 더 폭넓은 캐릭터 구성을 실험해볼 수도 있을 것이다.

6.4.3 바이브 코딩 시대에 요구되는 역량

AI 에이전트들이 자율적으로 함께 의견을 나누고 결론을 내릴 수 있는 세상이 도래했다. 이번 실험을 통해 AI 에이전트가 단순히 정보를 요약하고 정리하는 것뿐만 아니라, 서로의 입장을 조율하고 논리적으로 토론하며 결론을 도출하는 방향으로 진화하고 있음을 확인할 수 있었다. 특히 인간이 주도하지 않아도 AI만의 방식으로 사고의 흐름을 구성하고 새로운 시각을 제시하는 모습은 매우 인상적이었다.

이러한 실험이 가능했던 배경에는 '바이브 코딩'이라는 새로운 개발 방식이 있었다. 원하는 기능이나 구조를 자연어로 설명하고 피드백을 주고받으며 결과물을 만들어가는 과정은 개발을 전혀 알지 못하는 비전문가에게도 열려 있는 새로운 창작 방식이었다. 특히 CLI에서 GUI로 연결하는 과정에서 확인했듯이 기능 구현에서 디자인 커스터마이징까지 이어지는 흐름은 마치 디자이너와 AI 개발자가 협업하듯 유연하고 직관적이었다. 결국,

바이브 코딩이 가능한 지금 같은 시대에 가장 중요한 것은 정교한 코드 작성 능력이 아니라, '무엇을 만들고 싶은가'라는 명확한 아이디어와 그 아이디어를 AI에게 효과적으로 전달하는 능력일 것이다. 그리고 그 능력은 지금 이 시대를 살아가는 우리 모두에게 열려 있는 가능성이기도 하다.

6.5 _ 미래의 디지털 인터페이스 변화: 더 이상 앱이 필요 없는 시대

독일의 도이치 텔레콤에서 미래형 스마트폰 개념으로 앱프리(App-free) 기술에 대한 시연 영상을 공개했다. 해당 영상에서는 사용자가 AI 비서에게 항공편을 예약해 달라고 명령하면 AI가 앱 설치 없이 직접 필요한 작업을 수행하는 모습을 확인할 수 있다. 사용자가 지시만 하면 AI 에이전트가 앱 없이도 예약부터 확인까지의 과정을 모두 처리해 주는 것이다. 도이치 텔레콤의 CEO는 이러한 앱프리(App-free) 개념을 언급하며 '앞으로는 누구도 더 이상 앱을 사용하지 않을 것이다'라고 전망했다.

이와 비슷한 흐름으로 2024년 10월 Anthropic(앤스로픽)은 '컴퓨터 유스(Computer Use)'라는 기능을 공개했다. 이는 AI가 사용자의 프롬프트에 따라 실제 컴퓨터상에서 작업을 자동으로 수행하는 기술이다. 예를 들어 사용자가 '친구와 샌프란시스코에서 일출을 보려고 하는데 좋은 장소를 추천하고 이동 시간과 일출 시각을 계산해서 캘린더에 일정을 저장해달라'는 프롬프트를 입력하면 컴퓨터 유스는 구글 검색을 통해 정보를 수집하고 지도 앱을 열어 이동 시간을 계산하며 일출 시각도 조회한다. 마지막으로 모든 정보를 바탕으로 캘린더에 일정을 자동으로 등록한다. 사용자는 명령만 내릴 뿐 실제 클릭이나 입력은 모두 AI가 처리한다.

이러한 기술은 아직 실험 단계지만, 머지않아 자율적으로 업무를 수행하는 AI 에이전트를 일상에서 사용할 수 있는 시대가 도래할 것으로 보인다. 이는 앞서 언급한 '앱 없는 인터페이스' 개념과도 맞물려 더 이상 사용자가 개별 앱을 탐색하거나 직접 조작할 필요가 없는 환경이 조성되고 있음을 시사한다.

앱프리 기술과 컴퓨터 유스와 함께 주목할 만한 기술은 최근 Anthropic에서 발표한 MCP(Model Context Protocol)이다. MCP는 AI가 다양한 외부 프로그램과 자유롭게 연동되도록 지원하는 표준 프로토콜이다. 기존에는 챗봇이 텍스트 응답만을 제공했지만, 최근에는 이미지 생성, 그래프 작성 등 다양한 기능이 가능해졌다. 이러한 확장은 AI가 외부 프로그램들과 연결되어 협업할 수 있기 때문에 가능했다.

기존에는 사전에 정해진 기능만 사용할 수 있었지만, MCP를 통해 사용자가 원하는 프로그램을 AI에 직접 연결할 수 있게 되었다. 서로 다른 국가의 콘센트 규격을 맞춰주는 어댑터처럼 MCP는 AI와 프로그램 간의 연결을 통일된 방식으로 가능하게 해준다.

MCP를 활용하면, 데스크톱에서 '용량이 큰 프로그램을 찾아 삭제해줘'와 같은 명령을 내릴 수 있으며, 피그마를 연결해 'UI를 만들어줘', '이 화면을 코드로 구현해줘'와 같은 요청도 가능해진다. 단, 일반적인 프로그램이 아니라 MCP 호환 버전의 프로그램을 설치해야 하며 이미 다양한 서비스에서 이를 제공하기 시작했다.

이러한 흐름 속에서 주목해야 할 질문은 '앞으로 디지털 UX/UI는 어떻게 변화할 것인가'이다. 기존에는 사용자가 편하게 사용할 수 있는 웹과 앱을 디자인하는 것이 핵심이었지만, 앱 없이도 AI가 직접 행동하는 시대가 도래한다면 사용자 경험 자체가 근본적으로 변화할 수밖에 없다. 이와 관련해 워크숍 현장에서 다양한 의견이 나왔다.

첫번째는 '간결함의 극대화'에 대한 이야기였다. 인간이 직접 조작하는 것이 아니라 AI가 사용하는 인터페이스이므로 시각적 요소가 최소화되고 핵심 기능만 남는 방향으로 변화할 것이라는 전망이었다.

또한, 사람을 위한 인터페이스가 아니라 AI가 인식하고 처리하기 쉬운 방식으로 UI가 설계될 수 있다는 의견도 있었다. 하지만 사용자가 AI와 대화를 통해 명령을 내리게 되므로 입력과 출력을 담당하는 기본 인터페이스는 여전히 존재해야 한다. 또한, 오류 발생 시 조작할 수 있는 간단한 제어 버튼 역시 필수적이라는 의견이 제시되었다.

대화형 UI가 중심이 될 것이라는 주장도 있었다. AI와 자연어 기반으로 소통하는 것이 핵심 상호작용 방식이 될 것이며, 이에 따라 기존의 정적인 버튼이나 메뉴 중심의 UI에서 벗어나게 될 가능성이 높다는 것이다. 하지만 동시에, 일부 참가자들은 채팅 기반 UI가 오히려 사람들에게 낯설 수 있으며, 오히려 더 단순한 UI가 필요할 수도 있다고 보았다.

음성 기반 상호작용도 중요한 이슈로 떠올랐다. 음성은 시각적 인터페이스나 키보드 입력보다 빠르고 직관적이며, AI와 상호작용할 때 자연스러운 방식으로 평가받고 있다. 이에 따라 향후 키보드나 노트북 형태는 점차 사라지고 터치형 화면이나 음성 기반 입력 방식이 주가 될 것으로 예측되었다. 더 나아가 AI 캐릭터와의 대화, 감정 인식, 제스처, 시선 추적 등 다채로운 상호작용 방식으로 발전할 것이라는 의견도 있었다.

결국 앞으로의 UI는 인간 친화적 디자인에서 AI 친화적 디자인으로 전환될 가능성이 높다. 점점 더 많은 작업이 사용자가 아닌 AI에 의해 수행될 것이기 때문이다. 따라서 인터페이스도 사람이 아닌 AI가 빠르게 인식하고 조작하기 쉽게 최적화해서 설계해야 한다.

마지막으로, 마이크로소프트의 공동 창업자인 빌 게이츠도 이러한 변화에 대해 세 가지 중요한 예측을 제시한 바 있다. 첫째는 음성 인식과 증강현실이 결합된 장치가 기본 UI가 될 것이라는 점이다. 둘째는 AI 중심의 인터페이스가 주류가 될 것이며, 셋째는 명령을 내리는 방식이 점차 자연스럽고 직관적인 방식으로 발전할 것이라는 예측이다. AI가 사용자의 의도를 더 잘 파악하게 되면서 결국 목소리나 심지어 생각만으로도 기기와 상호작용하는 환경이 가능해진다는 것이다.

지금까지 살펴본 내용은 AI의 발전이 인간과 기계 사이의 상호작용 방식을 어떻게 변화시키고 있는지를 보여주는 대표적인 사례들이다. ChatGPT가 처음 등장한 이후 불과 2년 만에 이뤄진 변화들을 보면 '미래'라고 불리던 기술이 이미 현실로 들어오고 있음을 체감할 수 있다. 따라서 이러한 변화를 꾸준히 관찰하고 적응하는 자세가 앞으로 더욱 중요해질 것이다.

사용자 입장에서는 어떤 기술을 수용하고 어떤 경험을 원하는지 고민해볼 필요가 있으며, 디자이너의 입장에서는 앞으로 어떤 디자인 언어와 인터페이스를 준비해야 할지 함께 고민해 나가야 할 시점이다.

6.6 _ Figma Make로 주간회고 서비스 만들기

최근 Figma의 연례 컨퍼런스인 Config 2025에서 Figma Make 기능이 발표됐다. 사용자가 텍스트 프롬프트로 원하는 화면을 설명하면 Figma가 자동으로 코드와 프로토타입을 생성해 주는 AI 기능이다. 단순히 레이아웃 템플릿을 불러오는 수준이 아니라, 사용자가 작성한 문장을 기반으로 동작 흐름까지 구현해 준다는 점에서 많은 관심을 받고 있다.

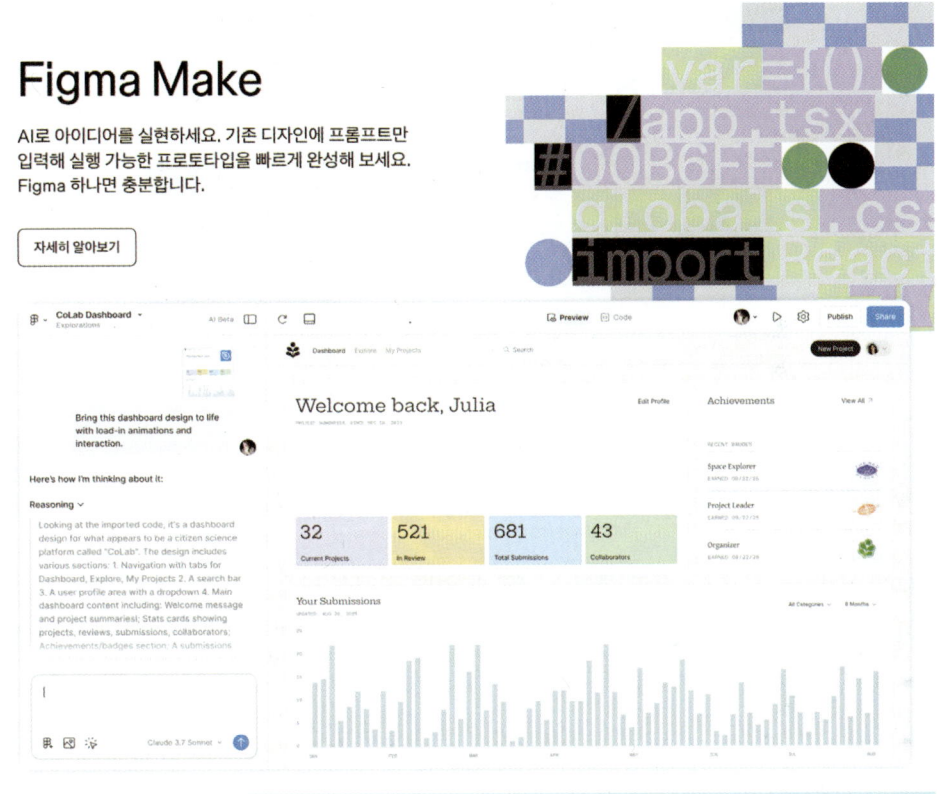

그림 6.10 Figma 메인 홈페이지에 소개된 Figma Make

Figma Make는 현재 풀시트(Full Sheet) 유료 플랜 사용자에게 우선적으로 제공되고 있으며, 공개 이후 다양한 실험과 피드백이 활발히 이뤄지고 있다. 실제로 Figma 커뮤니티에는 이미 Figma Make로 만든 다양한 프로그램이 업로드되어 있다.

그림 6.11 Figma 커뮤니티에 업로드된 다양한 프로그램들

6.6.1 Figma Make 기본 사용법

Figma Make는 기존 UI 자동 생성 도구들과 어떤 점에서 다를까? 여기서는 먼저 Figma Make의 사용법을 소개하고, 간단한 주간 회고 프로그램을 만들어 보며 기능의 특성을 살펴보고자 한다. 또한 Figma Make를 잘 활용하려면 어떤 식으로 프롬프트를 작성해야 하는지, 다른 UI 생성 도구와 비교했을 때 한계점은 무엇인지, 어떤 방식으로 활용할 수 있는지도 함께 확인해 보자.

6.6.1.1 Text-to-UI

Figma Make는 기본적으로 왼쪽에 프롬프트 입력 창, 오른쪽에 프리뷰 창이 위치해 있다. 이 기능을 사용하기 위한 프롬프트 입력 방식은 크게 두 가지로 나뉜다. 첫 번째는 텍스트 프롬프트를 입력해 결과물을 생성하는 방식이다. 예를 들어, 다음 이미지를 살펴보자.

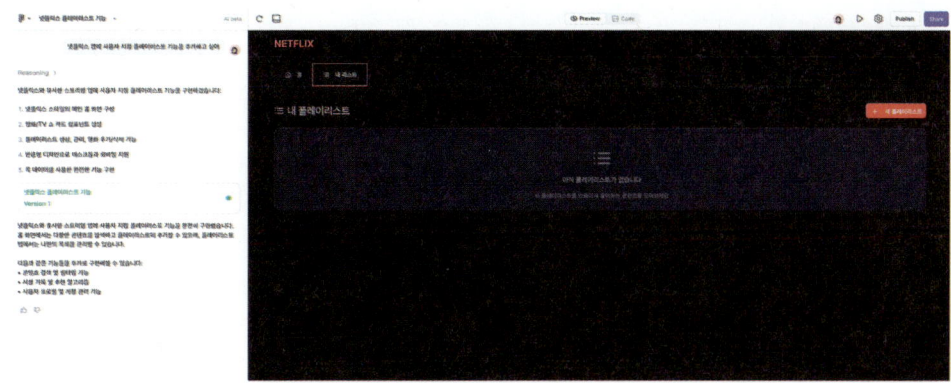

그림 6.12 텍스트 프롬프트 입력 화면

프롬프트에 '넷플릭스 앱에 사용자 지정 플레이리스트 기능을 추가하고 싶어.'라고 입력했다. 그러면 Figma Make는 기존에 갖고 있는 넷플릭스 앱에 대한 정보를 바탕으로 인터페이스를 생성한 뒤, 입력한 프롬프트에 맞게 플레이리스트 기능을 추가하는 작업을 진행한다. 그 결과는 오른쪽 프리뷰 창에서 확인할 수 있다. 프리뷰 창에 표시된 UI의 오른쪽에 있는 [새 플레이리스트] 버튼을 누르면 새로운 플레이리스트 이름을 작성할 수 있고, 리스트에 추가할 콘텐츠를 선택할 수 있다. 이처럼 Figma Make는 사용자가 요청한 기능에 대한 화면만 그려주는 것이 아니라, 해당 기능이 실행되는 인터랙션까지 코드로 생성해 구현해 준다.

6.6.1.2 Image-to-UI

Figma Make를 사용하는 두 번째 방법은 UI 이미지를 첨부한 뒤, 원하는 인터페이스 디자인을 설명하고 결과물을 생성하는 것이다. 예시 이미지는 '피터팬의 좋은방 구하기' 메인 화면을 첨부한 후, 이 화면을 그려 달라고 요청한 결과물이다. 오른쪽 프리뷰 창에 생성된 결과물을 확인해 보면, '피터팬의 좋은방 구하기' 앱의 키 컬러인 초록색과 첨부한 화면의 레이아웃이 그대로 반영돼 있다. 뿐만 아니라 UI에 포함된 이미지와 텍스트까지 추출해 화면에 삽입한 것을 확인할 수 있다.

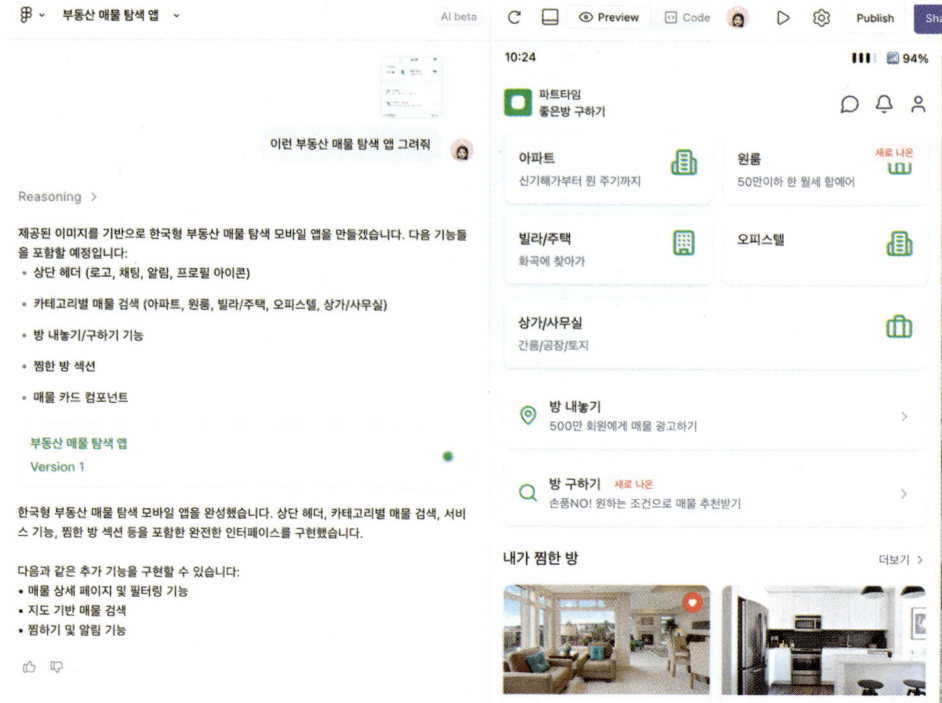

그림 6.13 이미지 프롬프트 입력 화면

6.6.2 Figma Make로 주간 회고 프로그램 만들기

여기까지 프롬프트를 입력하는 두 가지 방법을 살펴봤다. 이 방식은 다른 UI 생성 AI 도구인 Galileo AI(현재는 Stitch AI로 명칭 변경)에서 프롬프트를 입력하던 방식과 동일하다. 그러나 Figma Make는 결과물이 단순한 화면 스케치에 그치지 않고, 기능이 실제 작동하는 방식까지 구현해 준다는 점에서 차이가 있다. 이번에는 이 두 가지 방식을 응용해 주간 회고 프로그램을 만들어 보았다.

6.6.2.1 프롬프트 조정하기

Figma Make에 주간 회고 프로그램을 만들어 달라고 요청하기 전에, 먼저 ChatGPT에서 필요한 프롬프트를 작성했다. 프롬프트는 2단계에 걸쳐 생성하고 조정하는 과정을 거쳤다. 이 단계는 필요한 기능이 정리된 프롬프트를 입력함으로써 추가 프롬프트 입력 횟수를 줄이고, Figma Make에 최적화된 프롬프트를 통해 보다 나은 퀄리티의 UI 결과물을 얻기 위한 과정이다.

입력 프롬프트

아래 앱을 만들기 위해 어떤 기능이 필요할까?

- 생성하고 싶은 프로토타입 : 매주 KPT회고(keep problem try)를 할 수 있는 주간회고 앱

생성된 답변

주간 KPT 회고 앱 - 주요 기능 리스트

1. 홈 화면
    - 이번주 확인 : 현재 주차 표시
    - 회고 시작 버튼 : 이번 주 회고 시작하기 버튼
    - 리마인더 메시지 : 아직 회고하지 않았을 경우 "이번 주 회고를 작성해보세요!"
    - 지난 회고 리스트 : 이전 주차 회고 목록 미리보기

2. 회고 작성 화면
    - Keep 입력 : 이번 주 잘한 것 기록
    - Problem 입력 : 아쉬웠던 점 기록
    - Try 입력 : 다음 주에 시도할 것 기록

(이하 생략)

먼저, ChatGPT 채팅창에 생성하고 싶은 프로토타입에 대한 설명을 입력한 뒤 어떤 기능이 필요할지 정리해 달라고 요청했다. 매주 세 가지 항목(Keep, Problem, Try)에 대한 회고를 할 수 있는 프로그램이기 때문에 현재 주차를 표시하는 기능과 회고 시작 버튼, 그리고 회고 작성 폼이 필요하다는 답변이 생성됐다.

다음으로는, 생성된 기능을 바탕으로 Figma Make에 입력할 수 있는 프롬프트를 정리해 달라고 요청했다.

입력 프롬프트

이 기능을 반영하여 아래 앱을 만들기 위해 Figma Make에 요청할 수 있는 프롬프트를 작성해줘.

- 생성하고 싶은 프로토타입 : 매주 KPT회고(keep problem try)를 할 수 있는 주간회고 앱

생성된 답변

좋아요! 아래는 지금까지 정리한 주요 기능 요구사항을 반영한 Figma Make 요청용 프롬프트입니다. 주간 KPT 회고 앱의 구조와 인터랙션 흐름, 디자인 스타일까지 포함하여 작성했습니다.

- Figma Make 요청 프롬프트 (영문)

Please create a UI prototype for a mobile app that helps users complete a weekly KPT (Keep, Problem, Try) reflection.

🎯 App Concept:

A "Weekly KPT Reflection App" where users write a brief reflection each week under three categories: Keep, Problem, and Try.

🎯 Features to include:

1. **Home Screen**
   - Display the current week (e.g., "7월 4주차")
   - "이번 주 회고 시작하기" button to start the new reflection
   - Reminder banner if the current week has not been completed: "이번 주 회고를 작성해보세요!"
   - Preview list of past reflections labeled by week (e.g., "6월 3주차")

(이하 생략)

이 프롬프트에는 기술 스택 제약이 없다는 조건과 깔끔한 UI 생성을 위해 Shadcn이라는 디자인 라이브러리를 바탕으로 UI를 구성해 달라는 조건이 포함되어 있다. 이에 대한 결과로 ChatGPT는 Figma Make에 입력하기 적합한 형식으로 프롬프트를 정리해 주었다.

6.6.2.2 프롬프트 입력하기

ChatGPT에서 프롬프트를 생성한 후에는 그대로 복사해 Figma Make에 입력하면 된다. 그러면 미리 ChatGPT를 통해 도출했던 회고 시작 버튼과 최근 회고 리스트, 회고를 유도하는 메시지 등의 기능이 포함된 UI가 생성된다. 생성된 결과물은 다음과 같다.

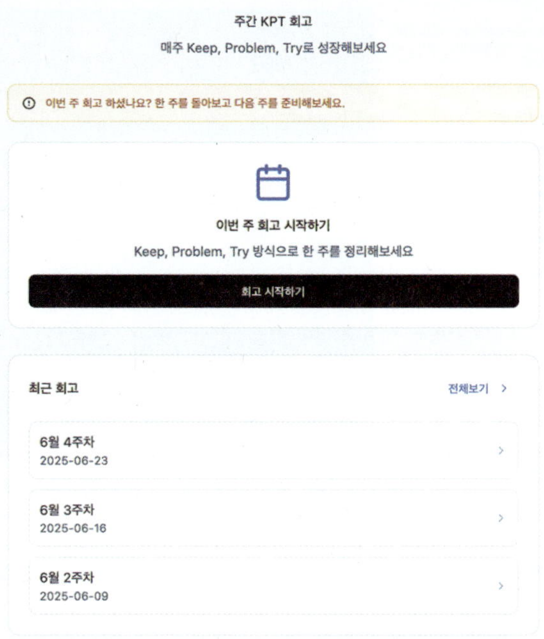

그림 6.14 Figma Make: 첫 번째 결과물

여기서 [회고 시작하기] 버튼을 클릭하면, Keep, Problem, Try의 세 항목에 따라 회고를 입력할 수 있는 창으로 이어진다. 입력한 회고 내용은 최근 회고 목록에 저장된다. 회고를 작성하고 저장하는 기본적인 기능은 구현됐지만, 아직 디자인 측면에서는 다소 밋밋한 느낌이 있다. 그래서 이번에는 디자인 레퍼런스를 첨부해 봤다.

6.6.2.3 레퍼런스 첨부하여 스타일 바꾸기

2단계에서 수행한 작업이 Text-to-UI 방식이었다면, 이번에는 이미지 레퍼런스를 첨부해 디자인 스타일을 변경하는 Image-to-UI 방식을 적용해 결과물을 생성했다. 방법은 간단하다. 핀터레스트나 비핸스 등에서 원하는 디자인 레퍼런스 이미지를 검색한 후, 해당 이미지 파일을 Figma Make에 첨부하면 된다. 그리고 텍스트 프롬프트에는 '첨부한 이미지 파일을 반영하여 디자인 스타일을 바꿔 줘.'라고 입력했다.

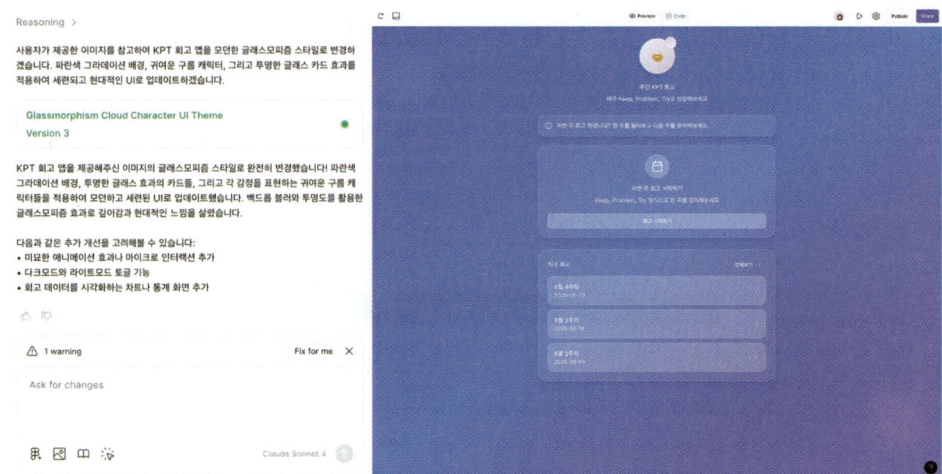

그림 6.15 Figma Make: 디자인 레퍼런스를 첨부한 결과물

이 단계에서 첨부한 디자인 레퍼런스는 파란색 그레이디언트 계열의 글래스모피즘 (Glassmorphism) 스타일[8]이었다. 디자인 스타일에 대한 설명 없이 이미지만 첨부했는데도, Figma Make는 해당 이미지의 디자인 스타일과 사용된 색상 등을 자동으로 분석해 기존에 생성한 UI에 적용해 준다.

다음 이미지를 보면 첫 화면뿐만 아니라 이후에 이어지는 모든 화면에도 동일한 디자인 스타일이 적용된 것을 확인할 수 있다.

그림 6.16 Figma Make: KPT 회고 입력 화면

---

[8] 배경이 투명하거나 흐릿하게 처리되어 마치 유리에 비치는 듯한 시각 효과를 연출하는 디자인 방식

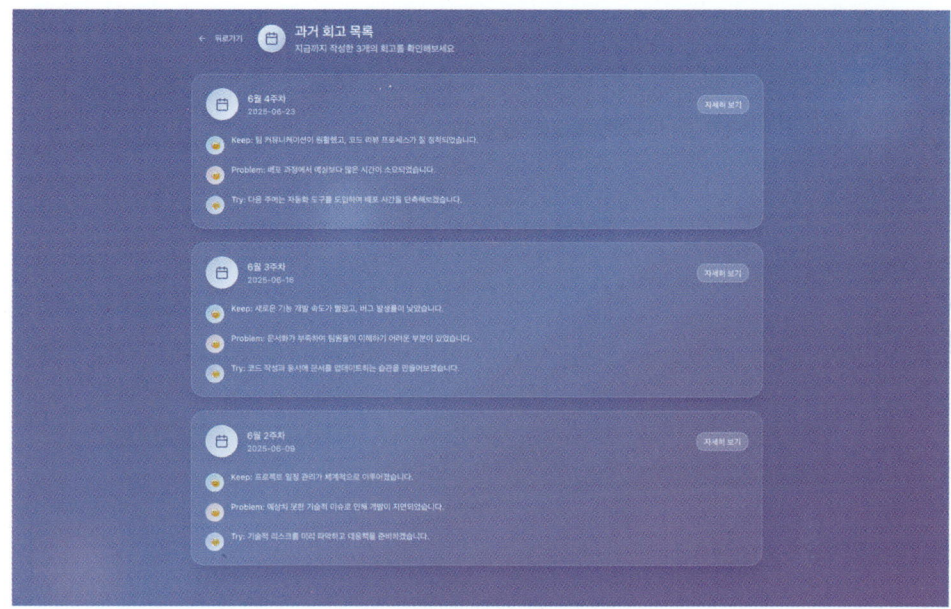

그림 6.17 Figma Make: 회고 목록 화면

6.6.2.4 수정 요청하기

마지막으로, 생성된 UI에서 수정하고자 하는 부분을 선택해 수정 요청 프롬프트를 입력해 볼 수 있다. Figma Make에는 이 작업을 지원하는 Point and Edit 기능이 있다. 왼쪽 프롬프트 입력 창 하단에 있는 반짝이는 마우스 아이콘을 클릭하면 이 기능을 사용할 수 있다.

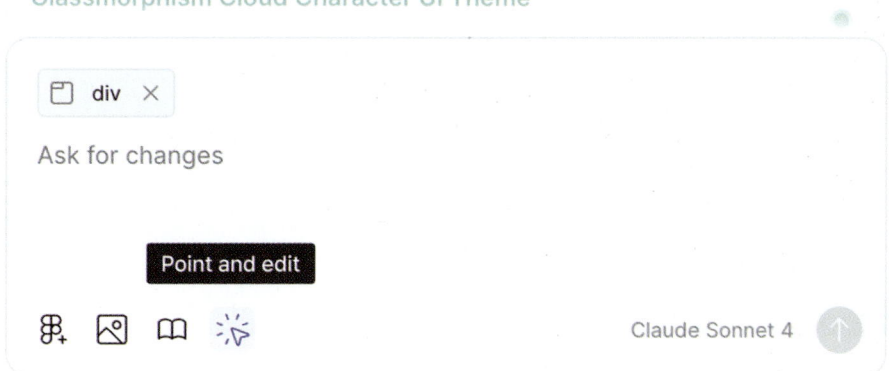

그림 6.18 Figma Make: Point and edit 기능

아이콘을 클릭한 후, 오른쪽 프리뷰 화면에서 수정하고 싶은 부분을 선택하면 프롬프트 입력 창이 나타난다. 여기에 어떻게 수정하고 싶은지 설명을 입력하면 된다. 예시에서는 '최근 회고 목록' 타이틀을 클릭한 뒤, 프롬프트 입력 창에 검색 기능을 추가해 달라고 입력했다.

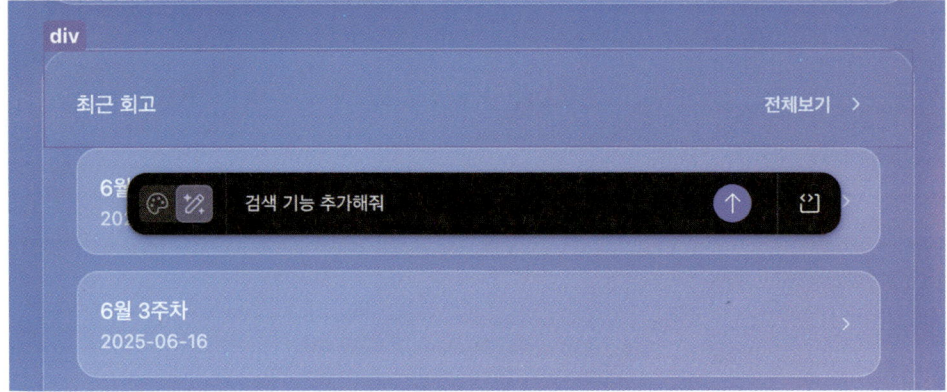

그림 6.19 Figma Make: Point and edit 기능 사용 화면

그러자 Figma Make는 사용자가 과거 회고를 주차, 날짜, 회고 내용을 기준으로 검색할 수 있는 기능을 추가하겠다고 답변했다. 또한 기존에 적용했던 글래스모피즘 스타일을 유지하면서 UI 요소를 추가하겠다고도 밝혔다. 수정된 결과물은 다음과 같다.

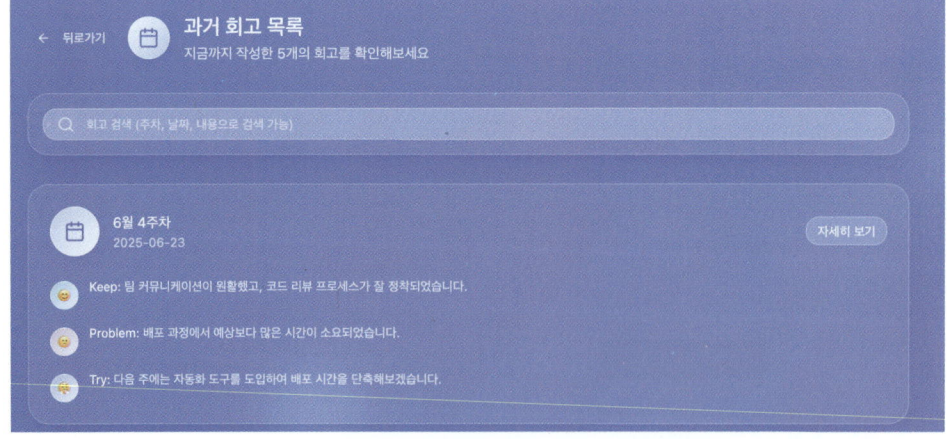

그림 6.20 Figma Make: 검색 기능이 추가된 화면

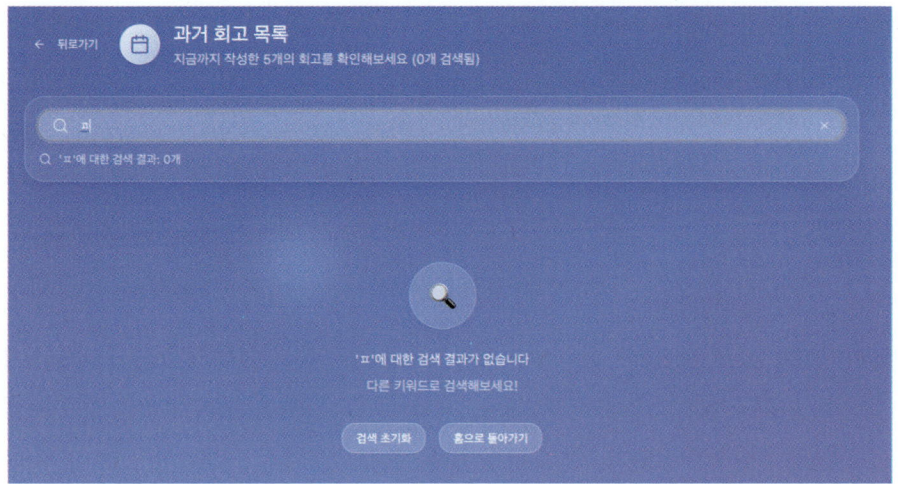

그림 6.21 Figma Make: 검색 결과가 없을 때

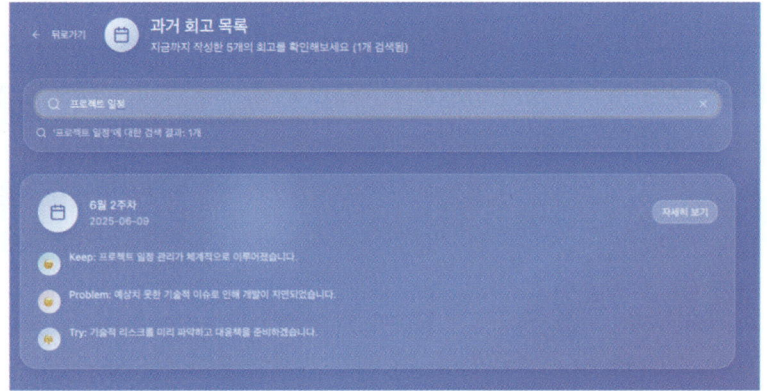

그림 6.22 Figma Make: 검색이 완료됐을 때

결과물을 보면 기본적인 검색 기능 외에도, 검색 결과가 없을 때 다른 키워드로 검색해 보라는 안내 메시지와 함께 검색 초기화 또는 홈으로 돌아가는 버튼이 자동으로 생성되었다. 또한, 입력한 검색 키워드에 맞게 결과가 잘 출력되는 것도 확인할 수 있었다.

Figma Make는 마지막으로 추가 개선 사항을 고려해 볼 수 있다며 다음과 같은 세 가지 기능을 제안했다. 사용자는 이 제안 사항을 바탕으로 프로그램 기능을 더욱 발전시킬 수 있다.

다음과 같은 추가 개선사항을 고려해볼 수 있습니다:

- 검색 결과에서 키워드 하이라이팅 기능
- 고급 검색 필터 (날짜 범위, 특정 KPT 항목별 필터)
- 검색 기록 저장 및 추천 검색어 기능

6.6.3 Figma Make의 한계와 활용법

ChatGPT로 Figma Make에 최적화된 프롬프트를 생성하는 것부터, Figma Make에서 UI 초안을 만들고 디자인 스타일과 기능을 각각 수정하는 단계를 거쳐 주간 회고 프로그램을 간단하게 완성해 보았다. 이 모든 단계를 진행하는 데 걸린 시간은 10분이 채 되지 않는다. 단시간에 원하는 프로그램을 구현해 볼 수 있다는 장점은 분명하지만, 그에 따른 한계도 명확히 존재했다.

첫 번째 한계는 Figma Make로 생성한 UI를 Figma의 디자인 파일로 옮길 수 없다는 점이다. 이는 프로토타입을 수정하려면 앞서 소개한 Point and Edit 기능이나 채팅창에서 프롬프트를 입력하는 방법만 사용해야 한다는 뜻이다. 반면, 구글의 Stitch AI(이전 Galileo AI)는 Figma로 디자인 파일을 내보낼 수 있는 기능을 제공한다. 이 점을 고려했을 때, Figma Make의 이 한계는 꽤 치명적으로 작용할 수 있다. 굳이 Figma에서 제공하는 UI 생성 기능을 사용할 필요성을 약화시키는 요소라고 할 수 있다.

두 번째 한계는 Figma Make가 Claude와 매우 유사한 결과물을 제공한다는 점이다. Figma Make는 Claude 모델을 기반으로 결과물을 생성하기 때문에 Claude에서 만든 프로토타입의 디자인과 작동 방식이 거의 비슷하다. 그러나 Claude는 무료 사용자도 제한적으로 프로토타입 생성 기능을 사용할 수 있으며, HTML이나 SVG 파일로 다운로드해 Figma 디자인 파일로 옮길 수 있다는 확실한 장점이 있다. 이에 비해 Figma Make는 유료 구독자만 사용할 수 있으며, 앞서 언급한 것처럼 디자인 파일로 내보내 직접 UI 요소를 수정하는 것이 불가능하다. 지금 시점에서는 Claude를 사용하는 것이 더 나은 선택지로 고려된다. 특히, Figma Make만의 차별화된 디자인 스타일도 없는 상황에서 반드시 이 도구를 써야 할 이유를 찾기 어렵다.

현 단계에서 Figma Make를 잘 활용할 수 있는 방법 중 하나는 빠르게 사용성 테스트를 진행하는 것이다. Figma Make는 생성한 프로토타입을 발행할 수 있는 기능을 제공하며, 이를 통해 구현하고자 하는 솔루션을 빠르게 시각화하고 그 효과를 테스트해 볼 수 있다. 예를 들어, AI-UX 워크숍 수강생 중 한 명은 Claude를 이용해 연말 회고 입력 방식에 차이를 둔 세 가지 디자인 시안을 생성한 후, 사용성 테스트를 진행했다.

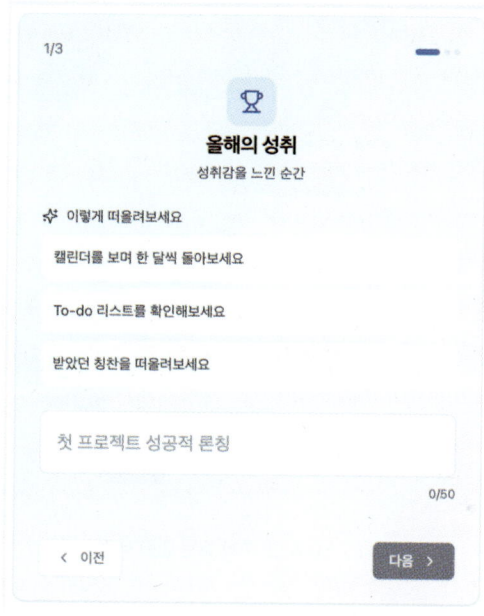

그림 6.23 A 시안: 회고 키워드 입력 버전

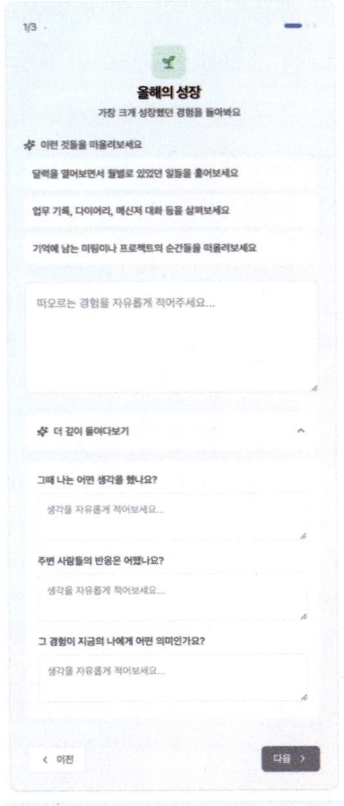

그림 6.24 B 시안: 추가 질문 입력 버전

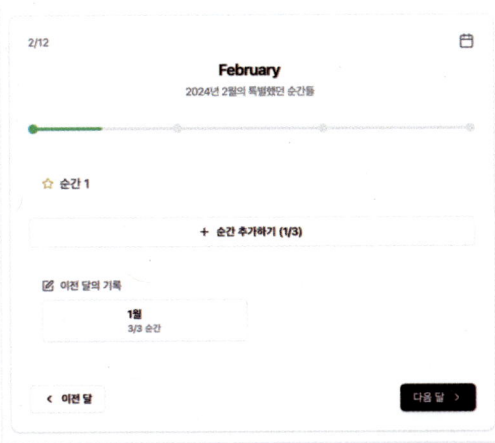

그림 6.25 C 시안: 월별 회고 입력 버전

테스트 참여자들은 세 가지 버전을 각각 사용한 뒤 회고 내용을 기록하고, 난이도는 어떻게 느껴졌는지, 기존 회고 방식과 비교해 어떤 차이가 있었는지, 더 긍정적인 기억을 남기는 입력 방식은 무엇인지 등을 평가했다. 그 결과, 키워드로 회고를 입력하는 A 시안이 가장 낮은 선호도를 보였다. 이유는 키워드만 입력했을 때 의미 있는 회고처럼 느껴지지 않았기 때문이다. 반면, 캘린더나 사진 앨범 등 연초부터의 기록을 보관하고 있는 참여자들은 월별로 빠짐없이 회고할 수 있는 C 시안을 선호했으며, 별다른 기록이 없는 참여자들은 B 시안을 더 선호하는 경향을 보였다. 또한, C 시안을 선호한 참가자들도 B 시안에서 회고를 유도하는 방식에 긍정적인 피드백을 보냈고, B 시안과 C 시안을 결합하는 방안을 제안하기도 했다. 이와 같은 사용자 의견을 바탕으로 수강생은 실제로 회고 작성 웹서비스를 제작했다.

그림 6.26 실제 회고 서비스 결과물

이처럼 Figma Make는 빠르게 프로토타입을 생성해 사용성 테스트를 진행하는 데 적합한 도구다. 특히, Claude에서는 제공하지 않는 Point and Edit 기능이 있어 더 세밀한 수정이 가능하다는 점은 장점으로 꼽힌다. 아직 모든 디자인 작업을 종합적으로 지원하지는 못하지만, 디자인 결과물의 가능성을 빠르게 탐색하고 인사이트를 도출할 수 있도록 도와준다는 점에서 디자인 프로세스를 효율화하는 유용한 기술이라 할 수 있다.

6.7 _ 윤리적 이슈를 고려한 AI와 디자이너의 파트너십

최근 스탠퍼드 인간 중심 AI 연구소에서는 AI와 미래 일자리에 관한 연구 결과를 발표했다. 이 연구는 실제 근로자들이 AI에게 어떤 일을 맡기고 싶어하는지, 또 어떤 방식의 협업을 선호하는지를 다루고 있다. 연구 결과, 근로자들이 가장 바라는 AI와의 관계는 '동등한 파트너십(H3)'으로 나타났다. 이는 AI가 모든 업무를 자동화하고 인간이 거의 관여하지 않는 관계가 아니라, AI를 동료처럼 여기며 협업하는 형태를 선호한다는 점을 보여준다.

표 6.5 스탠퍼드 인간 중심 AI 연구소의 인간 주도성 척도(Human Agency Scale, HAS)

분류	HAS H1	HAS H2	HAS H3	HAS H4	HAS H5
AI-인간 관계	AI가 과업 수행 주도 AI가 과업 수행에 주 책임을 지며 인간의 감독이 없거나 최소화	AI가 과업 수행 주도 AI가 과업 수행에 주 책임을 지되, 성능 향상을 위해 인간의 일부 개입 필요	동등한 파트너십 인간과 AI가 과업 전체를 긴밀하게 협업하여 수행	인간이 과업 수행 주도 인간이 과업 수행의 주체가 되며, 다양한 수준의 AI 지원을 받음	인간이 과업 수행 주도 과업 수행이 전적으로 인간에 의해 이루어짐
인간의 개입	AI가 전적으로 과업을 수행하며 인간 개입 없음	과업의 몇몇 핵심 지점에서 인간의 입력이 필요함	AI와 인간이 함께 협업해야 최상의 성과 달성 가능	과업 완료를 위해 AI가 인간의 입력을 필요로 함	과업 수행이 완전히 인간에 의존함
AI의 역할	자동화 : AI가 인간의 능력을 대체함	자동화 : AI가 인간의 능력을 대체함	보조 : AI가 인간의 능력을 향상시킴	보조 : AI가 인간의 능력을 향상시킴	보조 : AI가 인간의 능력을 향상시킴

AI 기술이 발전할수록 사람들은 자신의 일자리가 AI에게 대체될까 봐 불안해한다. 그럼에도 불구하고 응답자의 약 46.1%는 AI 에이전트의 도움을 받고 싶다고 답했다. 다만, 그들이 바라는 협업은 AI가 모든 업무를 대신하는 구조가 아니다. 반복적이고 지루한 업무만 AI에게 맡기고, 사람은 보다 중요한 일에 집중하길 원했다.

이러한 결과는 사람들이 AI를 경계하거나 배제해야 할 존재로 인식하기보다는, 나를 도와주는 조수이자 협력자로 받아들이고 있다는 사실을 보여준다. 그렇다면, 사람들이 가장 바라는 협업 형태인 '동등한 파트너십'을 실현하기 위해서는 AI와 인간의 역할을 어떻게 나눌 수 있을까?

이를 살펴보기 위해 본 장에서는 UX 디자이너와 AI 간의 협업 과정에서 발생할 수 있는 윤리적 문제를 분석하고, 이러한 문제를 보완할 수 있는 방향으로 UX 디자이너에게 요구되는 역할과 역량은 무엇인지 정리해보고자 한다.

6.7.1 UX 디자이너와 AI의 협업 과정에서 발생하는 윤리적 이슈 3가지[9]

2022년 12월 한 달 동안 ChatGPT 관련 트윗 305,701건을 분석한 연구(Zhuo et al., 2023)에 따르면, 편견, 견고성, 프라이버시, 유해성이라는 네 가지 주요 윤리 이슈가 도출되었다. 이러한 윤리 이슈는 각 분야에 따라 다르게 나타난다. 예를 들어, 학술 분야에서는 생성된 텍스트의 출처 불명확성과 표절 가능성이 문제로 지적되고 있으며, 예술 분야에서는 AI가 다수의 작가 데이터를 무단 학습한다는 점에서 저작권 침해, 편향, 정치적 영향 등이 논의되고 있다. 그렇다면 UX 디자인 분야에서는 어떤 윤리 이슈가 주로 발생할까? 이를 알아보기 위해 UX 디자인 실무 경험이 2년 이상인 UX 디자이너 10명을 대상으로 AI 사용 시 윤리적 인식 실태 조사를 진행했다.[10] 이 조사에서 참가자들은 ChatGPT와 미드저니를 협업 도구로 활용해 프롬프트를 입력하고 결과물을 생성하는 과정을 반복하며 넷플릭스 모바일의 UX/UI를 리디자인하는 과제를 받았다. 과제를 완료한 뒤 AI와 협업한 효과와 그 과정에서 디자이너의 역할 변화, 한계점 등에 대해 1:1로 30분간 심층 인터뷰했다. 그 결과, UX 디자이너가 AI와 협업할 때, 3가지 윤리적 이슈가 발생하는 것으로 나타났다.

---

[9] Yoon, H., & Jun, S. (2023, September). Ethical awareness of UXers in the loop: ethical issues in the Uxer-AI collaboration process from a UX perspective. In Proceedings of the 25th International Conference on Mobile Human-Computer Interaction (pp. 1-6).

[10] 조사에 참여한 10명의 UX 디자이너를 P1~P10으로 지칭하겠다.

6.7.1.1 데이터 신뢰성

생성형 AI는 때때로 허위 정보나 오해의 소지가 있는 내용을 생성할 수 있고, 오래된 데이터를 학습한 결과로 인해 부정확한 정보를 출력하기도 한다. 따라서 AI가 생성한 정보의 신뢰성을 판단하는 일은 매우 중요하다. 실험 참가자들의 인터뷰를 종합해 보면, 이 문제에 대해 상반된 인식을 보였다.

먼저, 일부 참가자들은 AI가 제시하는 답변에 대해 근거가 부족하다고 느껴 신뢰하지 못했다. 예를 들어, P4는 "ChatGPT가 넷플릭스를 써보지 않았다고 말해서 문제점을 제대로 이해했는지 모르겠다"고 말하며 AI의 답변이 정확하지 않다고 판단했다. 또 다른 참가자인 P8은 "UX에서는 사용자 조사가 가장 중요한데, ChatGPT가 사용자 데이터를 기반으로 분석해줄 수 있다면 좋겠지만, 지금은 그 정도 수준은 아니다"라고 말했다.

반면, AI의 답변이 더 객관적이고 신뢰할 수 있다고 본 참가자들도 있었다. P5는 "ChatGPT는 다양한 의견의 집합체이기 때문에 객관적인 판단에 도움이 될 거라고 생각한다"고 말했고, P7은 AI의 답변에 명확한 근거가 없다는 점을 지적하면서도, 후속 질문에 대해 설득력 있는 답변을 제공한 점을 긍정적으로 평가했다. 그러나 와튼대 몰리크 교수는 "AI는 사실이 아닌 말도 안 되는 주장도 매우 설득력 있게 말할 수 있다"고 지적하며, 이른바 '헛소리(hallucination)' 생성 문제에 대한 경계심을 강조한다.

일부 참가자들은 AI를 마치 사람처럼 인식하고, 정서적으로 반응하는 모습도 보였다. 예를 들어, P3는 AI의 대답에 화를 내거나 사과를 유도하는 반응을 보였고, P6는 "고마워", "수고했어" 같은 말을 건네며 AI와 정중하게 대화했다. 이들은 AI에게 "네가 생각하는 문제는 뭐야?"라고 질문하기도 했는데, 이는 AI를 단순한 도구가 아닌, 사고하는 존재로 인식했음을 보여준다. 이러한 태도는 '엘리자 효과(Eliza Effect)'로 설명된다. 이는 사용자가 AI를 인간처럼 여기고 실제보다 더 지능적인 존재로 오해하는 현상이다. 실제로 P3는 AI의 응답을 "객관적인 빅데이터로 판단한 결과물"이라 표현했고, P6는 AI의 답변을 "퀄리티가 좋다"고 평가했다. 그러나 이 개념을 처음 제시한 조셉 와이젠바움은, AI를 의인화하는 것은 어리석은 판단이라며 경고한 바 있다.[11]

---

[11] https://doi.org/10.1145/365153.365168

6.7.1.2 편향된 정보

생성형 AI는 인터넷상에 많은 정보가 축적된 특정 집단에 대한 데이터를 중심으로 학습되기 때문에, 상대적으로 소외된 집단은 잘 반영되지 않는다. 이로 인해 AI가 제시하는 '일반적인 정보'가 오히려 편향된 정보일 수 있으며, 사용자는 이에 공감하지 못할 수 있다.

실험 참가자들 중 다수는 AI가 도출한 문제에 대해 사용자 관점에서 공감하기 어렵다고 느꼈고, 이로 인해 리디자인 목표를 설정하는 데 어려움을 겪었다(P2, P6). 또한, AI가 제공하는 정보가 지나치게 일반적이어서 실무에 적용하기 어렵다는 의견도 많았다(P1, P8). P1은 "현장에서 다루는 정보는 AI가 학습하지 않은 부분이 많아 사람이 직접 사용자 리서치를 해야 한다"고 강조했으며, P5는 "정확한 문제와 솔루션은 실제 사용자의 관점에서 도출되어야 하는데, AI는 일반적인 내용만 제공하는 경우가 많아 한계가 있다"고 지적했다.

또한, 참가자 10명 중 9명이 한국어로 질문하고 답변을 받았지만, ChatGPT는 영어 데이터를 기반으로 학습된 모델이기 때문에 한국어 질문의 경우, 이해도나 정확성, 일관성 측면에서 한계를 보일 수 있다. 설령 영어로 질문하더라도, AI는 영어권 문화와 관점을 반영한 데이터를 기반으로 답변을 생성하기 때문에 한국 사용자 고유의 문화적 맥락이나 페인포인트를 제대로 반영하지 못할 가능성이 있다.

6.7.1.3 자동화와 실업

생성형 AI는 숙련된 사무직 노동자들의 일자리를 위협할 수 있고, 이에 따라 자동화로 인한 실업 문제가 윤리적 이슈로 떠오르고 있다.[12] 실험 참가자들도 이 부분에 대해 우려를 표했다. P2는 "디자이너의 전망이 밝지 않다"고 했고, P6는 "AI로 인해 사라지는 직업에 대한 이야기를 자주 듣는데 무섭다"고 말했다. P8 또한 "이런 변화가 이렇게 빨리 올 줄 몰랐고, 큰일났다는 생각이 든다"며 불안감을 드러냈다.

---

[12] https://www.theatlantic.com/ideas/archive/2023/01/chatgpt-ai-economy-automation-jobs/672767/

그러나 이번 실험에서는 '대체'보다는 '협업'이라는 관점이 더 뚜렷하게 나타났다. 실험 참가자 10명은 평균 59분 동안 15회의 질문을 통해 과업을 수행했고, 총 8개의 과업 중 AI는 5번의 생성 작업, 사용자는 6번의 의사결정을 수행했다. 이렇게 두 주체가 비슷한 횟수로 작업을 수행하는 것을 고려했을 때 AI가 UX 디자이너의 업무를 완전히 대체하기보다는 협업 도구로 활용되고 있음을 보여준다.

6.7.2 AI와 윤리적으로 협업하기 위해 UX 디자이너에게 요구되는 새로운 역할 3가지

UX 디자이너와 AI의 협업 실험 결과, 10명의 디자이너가 모두 동일한 과업을 수행했음에도 정의한 문제와 솔루션, 그리고 디자인 시안의 방향은 디자이너의 판단에 따라 다양한 방향으로 도출되었다. 예를 들어, P1과 P10은 '혼란스러운 내비게이션'을 문제로 인식하고 이를 해결하는 동일한 디자인 목표를 설정했지만, P1은 탐색 컨트롤을 수정하는 방안을, P10은 검색 기능을 단순화하는 방식의 솔루션을 제시했다. 또, P6과 P8은 '추천 기능'이라는 주제에 대해 각기 다른 인식 바탕으로 문제를 정의했는데, P6는 추천 기능이 부족하다는 걸 문제로 정의한 후, 이를 고도화 하는 것을 디자인 목표로 삼았다. 반면, P8은 현재 추천 기능이 너무 고도화되어 있어서 사용자들이 보던 것만 보고 듣던 것만 듣는 필터 버블에 갇힐 수 있다는 문제를 제기하며 이를 해소하기 위한 방식을 제시했다. 이러한 사례들은 Uxer-AI 협업 구조에서 최종 의사결정의 주체가 여전히 인간이라는 점을 보여준다.

결국 데이터 신뢰성이나 편향성 같은 윤리적 문제를 고려할 때 AI는 인간의 업무를 전면적으로 자동화할 수 없으며, 앞으로도 UXer의 역할은 계속 필요할 것으로 보인다. 이에 따라 UXer에게 요구되는 새로운 직무 역량에 대해 자세히 살펴보고자 한다.

6.7.2.1 사실 검증 역할

생성형 AI가 제공하는 정보에 무조건적으로 의존할 경우, 편향되거나 신뢰할 수 없는 정보가 산출물에 반영되어 혼란을 초래할 수 있다. AI는 다양한 정보를 방대하게 수집하지만, 그 의미를 이해하지 못하고 진실과 거짓을 구분하지 못한다. 반면, 인간은 진실의 중요성을 인식하고, 정보의 사실 여부를 판단할 수 있는 존재다.

이러한 관점에서, 생성 데이터에 대한 사실 검증은 UXer가 수행해야 할 핵심 역할 중 하나다. 실험에 참여한 P10은 "ChatGPT가 명확한 근거로 결정을 내려주지 않으니까, 사람이 사실 여부를 확인하고 판단하는 게 필요하다"고 말하며, 사람이 직접 근거를 만드는 과정의 중요성을 강조했다. P7도 질문 방식과 시기에 따라 AI의 답변이 달라지기 때문에, 결과적으로 인간들끼리 회의를 통해 AI 응답을 검토하고 근거를 확인하는 시간이 필요하다고 이야기했다. 즉, AI가 생성한 결과물은 반드시 인간의 판단을 거쳐 검증되어야 하며, 그 책임은 UXer에게 있다.

6.7.2.2 공감 기반 의사결정

AI와 협업하면 아이디어 도출 속도는 빨라지지만, 특정 문화권이나 사용자 집단을 중심으로 데이터를 학습했기 때문에 생성 데이터도 편향되어 있을 가능성이 높다. 따라서 어떤 아이디어를 선택하고 어떻게 적용할지는 UXer의 공감 능력에 기반한 판단이 반드시 필요하다.

다수의 참가자들은 생성 결과물을 검토하고 선택하는 최종 결정권자는 여전히 인간이며, 이 역할은 앞으로도 계속 필요할 것이라고 말했다(P2, P4, P5, P6, P10). 특히, 공감 능력은 인간만이 가질 수 있는 특성이므로, 사용자에게 최적의 전략을 결정하는 일은 AI가 아닌 UXer의 고유한 역할이다.

P5는 "사용자 리서치를 통해 문제를 정의하는 단계에서는 인간적인 사고가 반드시 필요하다"고 강조했고, P9는 앞으로 인간 친화적인 의사결정을 위해 인간 본질에 대한 탐구가 중요해질 것이라고 말했다. 이는 단순한 문제 해결을 넘어, 사람 중심의 디자인 철학을 계속 유지해야 한다는 점을 시사한다.

6.7.2.3 AI와의 커뮤니케이션 능력

AI와 협업하는 과정에서 가장 중요한 역량의 하나는 '질문하는 능력'이다. 질문의 방식과 수준에 따라 AI의 답변 품질이 크게 달라지기 때문이다. 많은 참가자들(P1, P4, P5, P6, P8)은 UXer가 질문을 잘 설계할수록, AI로부터 더 구체적이고 유용한 답변을 얻을 수 있다고 말했다.

P6는 "처음에는 포괄적인 답변만 생성됐는데, 질문을 좁히자 답변이 구체적으로 나왔다"며, 질문 설계의 중요성을 실감했다고 전했다.

또한, 인간-AI 커뮤니케이션 역량에는 단순히 질문을 입력하는 것뿐 아니라, AI가 제공한 답변을 창의적으로 응용하는 능력도 포함된다. P7과 P8은 AI가 완전히 창의적인 결과물을 생성하지는 못하기 때문에, AI가 생성한 결과를 확장하거나 새롭게 재구성하는 일은 인간의 역할로 남게 될 것이라고 했다.

P1은 "AI 활용 역량이 업무 평가 기준이 될 수 있으므로, 관련 교육이 필요하다"고 언급했다. 이처럼 앞으로 UXer는 AI와 효과적으로 협업하기 위해 질문력, 창의력, 응용력을 개발하고 갖추는 것이 필수일 것이다.

【A – Z】

A/B 테스트	220
Affinity Diagram	118
AI 간의 협업	238
AI 동반자	230
AI 아첨 현상	230
AI 에이전트	238
AI 에이전트 토론	242
AI와 UX 디자이너의 협업 프로세스	8
AI 친화적 디자인	254
AIPRM	206
App-free	252
Artifact	178
Aspire	232
Attention Insight	214
Bolt.new	201
Claude	66, 177
CLI(Command Line Interface, 명령줄 인터페이스)	249
Codia AI	195
Computer Use	252
Consensus AI	61
CopyCoder	199
Cursor AI	248
DALL·E 모델	133
Deep Research	47
Diagrams Show Me	156
Ethnography	57
FigJam	167
Figma Make	254
Flux AI	135
Founderpal	140
Galileo AI	188
Gemini	52
GPT 장기 기억 데이터	97
GPT 프로젝트	50
GPTs	39
GUI(Graphical User Interface)	249
hyperparameter	41
IA(화면 구조도)	181
Image Generator	133
Imagen 3	134
Klever	210
Lilys AI	125, 245
Listly	64
MCP(Model Context Protocol)	252
Mermaid Chart: diagrams and charts	156
Midjourney	209
Motiff	191
NotebookLM	123, 242
Notion AI	153
Perplexity	52, 59
Persona	118
Persona Creator	73
Project	50
prompt engineering	28
Rapid A/B Test	222
Readdy	185
Relume	183
Social Listening	59
Stitch	188
Storyboard	172
Synthetic Users	57, 85
Thematic Analysis	125
User Interview GPT	79
User Interview Simulator	77
User Journey Map	118
User Journey Map Generator	150
User journey map maker	159
User Persona Generator	136
UX 모델링	118
UX GPT	159
Visily AI	197

[ㄱ - ㅎ]

게이미피케이션	204
경험 모델링	145
내면 탐구 인터뷰	106
대화형 UI	253
더블 다이아몬드(Double Diamond)	
디자인 프레임워크	8
디자인 싱킹(Design Thinking) 프로세스	8
랜딩 페이지	183
모빈	199
미로	165
바이브 코딩	246
사용성 테스트	234
사용자 모델링	128
사용자 여정 지도	118
생성형 AI	5
소셜 리스닝	59
스토리보드	172
신세틱 유저스	57
심층 리서치	47
아티팩트	178
앱프리	252
어스파이어	232
어텐션 맵	216
어피니티 다이어그램	118
에스노그라피	57
엘리자 효과	132
오토 브라우징	15
와이어프레임	176
이미지 제너레이터	133
인간 주도성 척도	270
인공지능 집단 지성	21
적대적 AI	232
주제별 분석 기법	125
컨트라스트 맵	218
컴퓨터 유스	252
클론 AI	96
클론 AI 인터뷰	95
퍼소나	118
퍼플렉시티	59
포커스 맵	217
프롬프트 엔지니어링	28
피그잼	167
하이퍼파라미터	41
할루시네이션	12
휴리봇	234
히트맵	216